世界史で学べ！地政学

茂木 誠

JN230669

祥伝社黄金文庫

本書は、２０１５年６月、小社から単行本で刊行された『世界史で学べ！　地政学』を加筆・修正し、文庫化したものです。

プロローグ　いまなぜ地政学が必要なのか？

一番よく売れている高校の世界史教科書に、こういう記述があります。

「第二次世界大戦は、東アジアにおける日本、ヨーロッパにおけるイタリア・ドイツのファシズム国家が、国内危機を他国への侵略で解決しようとし、ヴェルサイユ・ワシントン体制を破壊する動きから始まった。（中略）……ドイツ・イタリアがヨーロッパで、日本が中国でそれぞれ別に始めた侵略戦争は、１９４１年の独ソ戦と太平洋戦争の開始とともに、世界戦争へと一体化した。

連合国側がはやくから反ファシズムを掲げ、大西洋憲章によって新しい戦後秩序を示して、多くの国々の支持を集めたのに対し、ファシズム諸国は自国民の優秀さをとなえ、それぞれの支配圏確立をめざすだけで、広く世界に訴える普遍的理念を持たなかった。さらに、ファシズム諸国の暴力的な占領地支配は、占領地民衆の広い抵抗運動を呼び起こした。この結果、ファシズム諸国は事実上、全世界を敵にまわすことになって、敗北した」

（山川出版社『詳説世界史Ｂ』２０１３）

要約すると、

・連合国＝新しい戦後秩序、普遍的理念を示し、多くの国々の支持を集めて勝利した。
・ファシズム諸国＝侵略戦争、自国民の優秀さを主張、暴力的な占領地支配により敗北した。

という歴史観を示しているのです。「正義は勝つ」という物語です。戦後、ドイツと日本で行なわれた戦犯法廷（ニュルンベルク裁判と東京裁判）で示された歴史観をそのまま記載しています。これが、戦後70年を経ても、高校世界史教科書の執筆者の認識を呪縛しているのです。

「連合国」の中には自国民を数百万人虐殺したスターリンのソヴィエト連邦が含まれていたこと。「強奪された主権の返還」を掲げた「大西洋憲章」の起草者チャーチルが「この宣言はイギリス植民地には適用されない」と明言していること。東アジア各国首脳が東京に集まった大東亜会議で「相互の自主独立、人種差別の撤廃」を掲げた「大東亜宣言」を採択したこと。これらの事実については、完全に黙殺しています。

第二次世界大戦が「悪に対する正義の勝利」であったのなら、戦後の世界は戦争のない理想郷であったはずです。ところが実際には、朝鮮戦争、インドシナ戦争、中東戦争、キューバ危機、印パ戦争、チェコ事件、中ソ国境紛争、ベトナム戦争、中越戦争、カンボジア内戦、ソ連のアフガニスタン侵攻、湾岸戦争、イラク戦争……と戦禍は絶えず、日々新たな紛争が生まれているのが現実です。

米ソ冷戦は、アメリカの勝利という形で終わりました。アメリカの思想家で日系三世のフランシス・フクヤマは『歴史の終わり』という著書の中で、「自由と民主主義が勝利したことにより、もはや世界に対立はなくなった」と書きました。ところが9・11テロ事件が起こり、アメリカのブッシュJr. 政権は「テロとの戦い」を宣言してアフガニスタンとイラクに派兵します。今度は「自由と民主主義の擁護者アメリカと、テロ支援国家との戦い」のはじまりであり、「歴史は終わらなかった」のです。

世界史を「悪（野蛮）に対する正義（文明）の勝利」とする見方は、古代ギリシアのヘロドトスに始まり、中世には十字軍を提唱したカトリック教会が引き継ぎ、近代になるとヘーゲルやマルクスが合理化しました。アメリカもこの理論に基づいて西部開拓（先住民迫害）、東京大空襲や原爆投下、イラク戦争を遂行してきました。「野蛮を撲滅《ぼくめつ》するためには、多少の犠牲はやむを得ない」という論法です。

世界史を正義の実現と見る「理想主義」とは真逆の立場を、「現実主義（リアリズム）」といいます。「歴史には正義も悪もない。各国はただ生存競争を続けているだけだ」という見方です。

つまり第二次世界大戦は「列強の勢力争い」であり、連合国が勝ったからといって正義が実現したわけではなく、今度は戦勝国の間で新たな勢力争い（冷戦）が始まったのだ、となります。リアリズムの歴史観では生存競争は無限に続き、「歴史が終わる」ことはありません。古代から21世紀まで、国際紛争の主要因は常に国家間の生存競争であり、これを正当化するために宗教やイデオロギーが利用されている、という見方です。

地政学（ジオポリティクス）は、リアリズムの一つです。

国家間の対立を、地理的条件から説明するものです。国境を接していれば、領土紛争や移民問題が必ず発生する。だから隣国同士は潜在的な敵だ、という考え方です。現在、日本との関係が悪化しているのは、隣国である中国と韓国です。日本がナイジェリアやアルゼンチンと争うことはありません。遠すぎるからです。

冷戦中、ソ連と中国はいずれも共産党政権でしたから、鉄の団結を示すはずでした。ところが両国は7000キロの国境を接する隣国であり、中国からの人口圧力をソ連は脅威《きょうい》に感じていました。つまり地政学的には敵対関係にあったわけです。

このことに気づいたのがキッシンジャー博士でした。アメリカのニクソン大統領の補佐官として、「アメリカが中国に接近すれば、中ソ関係に楔《くさび》を打ち込むことができます」とニクソンに進言したのです。この結果、ニクソン訪中が実現して米中蜜月《みつげつ》時代が始まり、外資導入によって中国経済は急発展を遂げたのです。

地政学は、帝国主義の論理です。国家と国家が国益をかけて衝突するとき、地理的条件がどのように影響するかを論じます。アメリカのマハン、イギリスのマッキンダーが、海洋国家（シーパワー）としての地政学を構築しました。海軍による海上交通路（シーレーン）の確保を最重視する理論です。これに対抗する形で、第一次世界大戦の敗戦国ドイツでハウスホーファーが大陸国家（ランドパワー）としての地政学を練《ね》り上げました。

大戦中に日本は「大東亜共栄圏」を提唱しましたが、モデルを提供したのがハウスホーファーでした。ドイツの軍人として日本に長期滞在し、日本学の専門家でもあった彼は、イギリスの世界支配に対抗するため、米・独・ソ連・日本による世界四分割を構想したのです。松岡洋右《まつおかようすけ》外相に代表される日本のランドパワー派がこれを採用し、日独伊三国同盟や日ソ中立条約に結実しました。しかしヒトラーがソ連に攻め込み、また日本海軍が真珠湾を攻撃したことで米・ソを連合国側に追いやった結果、世界四分割構想は挫折《ざせつ》したのです。

敗戦後の日本では地政学の研究自体が禁じられ、タブー視されました。代わりに山川教科書のような、理想主義史観が幅をきかせてきました。日本の敗北は戦略・戦術の誤りではなく「倫理的に間違った戦争をしたから」であり、「日本が深く反省し、謝罪を行なえば」戦争はなくなる、だから「憲法9条を守れ」という脳内お花畑歴史観です。

しかし日本が反省と謝罪をすればするほど、周辺諸国は居丈高《いたけだか》になり、平和が遠のいていくという現状を、私たちはいま、目の当たりにしています。

こういったお花畑歴史観、世界観を正すために、地政学は有効なのです。

アメリカ、ロシア、中国、EU（欧州連合）……。各国の指導者はリアリズムでモノを考え、行動しています。それが道徳的に正しいかどうかではなく、プーチン大統領や習近《しゅうきん》平《ぺい》国家主席が地政学的に行動しているという事実（リアリティ）が重要なのです。

相手の思考方法、世界のルールを熟知すれば近未来予想も可能になり、日本のとるべき選択肢もはっきり見えてくるでしょう。

本書は、今日の国際紛争を地政学的見方から読み解いたものです。地政学そのものの理論については、巻末の参考文献を参照してください。

2015年6月

文庫版へのまえがき

本書刊行から4年が経ち、大手の書店さんでは地政学のコーナーが置かれ、ビジネス雑誌でも地政学の特集が組まれる時代になりました。地政学を広めたい筆者にとって喜ばしいことである反面、普通の読者が地政学に関心を持たざるを得ないほど、日本をめぐる国際情勢が緊迫してきた証左でもあります。

この4年間で、アメリカにドナルド・トランプという「異形の政権」が誕生し、イギリスはEU離脱を宣言し、フランスでもEU離脱を訴える国民戦線のマリ・ルペンが大統領選で大躍進しました。

中東ではシリア内戦に軍事介入してテロ集団ISを崩壊させたロシアとイランが存在感を強め、中国は習近平政権が米国に代わる覇権国家への野心をあらわにし、これを警戒するトランプ政権は米中貿易戦争を発動しました。

朝鮮半島では金正恩《キムジョンウン》政権が米国本土を脅かす核とミサイル開発を急ピッチで進め、トランプを米朝首脳会談の席に引きずり出すことに成功、親北朝鮮派の文在寅《ムンジェイン》政権のもとで韓国のアメリカ離れが加速しています。

日本では安倍晋三《あべしんぞう》政権によるアベノミクスで脱デフレは実現しましたが、憲法改正も、拉致問題解決も、日露交渉も目処《めど》がたたないまま、長期政権の維持が自己目的化している感があります。

世界はどこへ向かうのか？

われわれはどのような立ち位置を取るべきか？

もう一度立ち止まって考えるためにも、本書がお役に立てれば幸いです。

2019年3月

茂木《もぎ》 誠《まこと》

世界史で学べ！地政学　目次

プロローグ　いまなぜ地政学が必要なのか？……3
文庫版へのまえがき　9

［第1章］
アメリカ帝国の衰退は不可避なのか？……17
アメリカは「島」である／貧農たちが開拓者精神を育《はぐく》んだ／カリフォルニアへの道／「シーパワー」理論を見出したマハン／日本の対米戦争戦略はマハンから学んだ／エアパワー時代の到来／9・11後の世界／2050年にアメリカの時代は終焉《しゅうえん》を迎える／大国の草刈り場、中南米

［第2章］
台頭する中国はなぜ「悪魔」に変貌したのか？……49
そもそも「中国」とは何か？／「ランドパワー帝国」中国がとった三つの政策／海戦が不得手だったモンゴル軍／北虜南倭《ほくりょなんわ》――漢民族を脅かすランドパ

ワーとシーパワー／数百隻の大艦隊で南海を遠征した鄭和《ていわ》／清朝崩壊を早めた海防・塞防《さいぼう》論争／ランドパワー派・毛沢東の大躍進政策／シーパワー派・鄧小平の改革開放政策／中国はシーパワー大国になれるのか？

［第3章］ **朝鮮半島――バランサーか、コウモリか？**……85

侵略されつづけた半島国家／夷狄《いてき》を排斥しつづけた李氏朝鮮／東アジアのシーパワーによる支配／竹島問題を引き起こした「反日大統領」李承晩／日韓条約を結んだ現実主義者の朴正煕／冷戦終結がもたらした北朝鮮の核開発危機と韓国通貨危機／韓国政治を読み解くカギ――激しい地域対立／中国への急接近／日・米による韓国切り捨て／「血の盟友」が「不倶戴天《ふぐたいてん》の敵」に

［第4章］ **東南アジア諸国の合従連衡《がっしょうれんこう》**……111

なぜ東南アジアは雑多な世界なのか／中国vsベトナムの2000年戦争

世界を読み解くポイント チョーク・ポイント

インドシナ半島三国志／ミャンマーの華麗な寝返り／最後の王制国家タイの苦悩／南の巨人インドネシア

世界を読み解くポイント　華僑・華人・客家《ハッカ》・苦力《クーリー》
夢から覚めたフィリピン

［第5章］ インドの台頭は世界をどう変えるのか？……141

「インド人」という民族は存在しない
世界を読み解くポイント　そもそもインドって何？
チベットという防波堤／植民地支配が生み出したインド・ナショナリズム／イスラム国家パキスタンの誕生／インド外交の柱、非同盟中立／ソ連のアフガニスタン侵攻がアルカイダを生んだ
世界を読み解くポイント　ガンディー・ネルー王朝
そして核武装が始まった
世界を読み解くポイント　核の拡散は核戦争を助長するのか？
インドが世界最大の国家となる日
世界を読み解くポイント　ヒンドゥー教とシク教

[第6章] ロシア——最強のランドパワーが持つ三つの顔……171
ロシアは三つの顔を持つ
世界を読み解くポイント ビザンツ帝国とギリシア正教
世界最大のランドパワー／海洋覇権を回復した共産主義国家
世界を読み解くポイント マッキンダーのランドパワー理論
ソ連崩壊後の混乱を制したプーチン／地政学的に中露は敵対関係／なぜロシアはウクライナを手放したくないのか／北方領土の解決策はあるのか／ロシア復活のラストチャンス

[第7章] 拡大しすぎたヨーロッパ——統合でよみがえる悪夢……201
ヨーロッパは「世界島」から突き出した半島／オフショア・バランシングー島国イギリスの世界戦略／シーパワーになりたかったフランス／ランドパワーとして生き残ったドイツ
世界を読み解くポイント グレート・ゲーム（the Great Game）
強いロシアを掲げるプーチン／ギリシア危機を地政学で読み解く／バルカン半島をめぐる奪い合い／ギリシアに公務員が多い理由／ユーロ危機は「ギリ

シアの嘘」から始まった／ドイツに対し戦時賠償問題を持ち出した

[第8章] **永遠の火薬庫中東①**
サイクス・ピコ協定にはじまる紛争……237
輸送ルートをめぐる争い／中東紛争の種はまかれた――サイクス・ピコ協定／サウジアラビアの誕生／英仏がアラブ諸国に対して間接支配を行なった／ナセルの偉業――スエズ戦争の勝利
世界を読み解くポイント 傀儡《かいらい》国家（Puppet State）
アラブ民族主義の時代／90年代に始まるアラブ民族主義政権への打撃／「アラブの春」が招いた新たな混乱／「イスラム原理主義」という解決策？
世界を読み解くポイント イスラム原理主義

[第9章] **永遠の火薬庫中東②トルコ、イラン、イスラエル**……269
オスマン帝国はセーブル条約で切り刻まれた／日韓関係とそっくりなトルコ・ギリシア関係／「トルコはヨーロッパではない」と見ている欧州諸国
世界を読み解くポイント アルメニア問題、クルド問題

ペルシア帝国の復活を目指すイラン／イラン革命が世界に与えた衝撃
世界を読み解くポイント シーア派とスンナ派
なぜパレスチナにユダヤ国家が建設されたのか／パレスチナに流れ込むユダヤ人たち／「約束の地」は地政学的には最悪だった
世界を読み解くポイント ホロコーストと日本

［第10章］

収奪された母なる大地アフリカ……299

人類の母なる大地／黒人奴隷狩りの真相／紅海ルートに注目した欧州列強
世界を読み解くポイント ブラック・アフリカ
ソマリアvsエチオピアという米ソ代理戦争／スーダンは一日として統一国家だったことはない／石油利権の陰に中国が／マグリブ諸国とナイジェリア／アフリカが抱える問題の基本構造は同じ／日本にできることは何か？

エピローグ　2050年の世界と日本　329

地政学を学ぶための参考図書　334

［第1章］

アメリカ帝国の衰退は不可避なのか？

introduction

ローマ人は自らの帝国の全盛期を「パクス・ロマーナ」と呼びました。「パクス」は力による強制的な「平和」を意味します。ローマ軍が地中海世界を征服して対抗勢力を壊滅させてしまったため、2世紀に及ぶパクスを実現したのです。ローマに征服されたイギリスの先住民の指導者はこう皮肉《ひにく》っています。

「ローマ人は廃墟を作ってこれをパクスと呼ぶ」と。

19世紀、イギリス人は強大な海軍力と金融の力で植民地帝国と自由貿易ネットワークを築き上げ、これを「パクス・ブリタニカ」と呼んで誇りました。しかし二度の世界大戦で疲弊し、アメリカにその地位を譲りました。

20世紀の後半は、「パクス・アメリカーナ」の時代でした。それは日本とドイツに対する圧倒的な勝利に始まり、「ソ連（ロシア）の脅威から自由主義を守る」という大義を掲げて冷戦にも勝利しました。しかし過去のすべての帝国と同様に、アメリカ帝国も21世紀に入って急速に衰えを見せはじめました。イラク戦争後の中東政策の混乱と、リーマン・ショックに始まる金融危機はその象徴です。いま私たちは、「アメリカの世紀」の終わりを見守っているのです。

アメリカは「島」である

アメリカ合衆国の地政学的特質は、その孤立性にあります。欧州大陸から2000キロ離れているため、欧州列強から直接攻撃を受けることは稀《まれ》でしたし、アメリカ大陸には合衆国の安全を脅かす大国は存在しません。歴史上、アメリカ合衆国の本土が直接攻撃されたのは、ナポレオン戦争中の米英戦争（１８１２－１４）だけです。第二次世界大戦では日本軍にハワイの真珠湾を攻撃されましたが、アメリカ本土は最後まで無傷でした。欧州諸国の紛争から自由だったという意味ではイギリスとも似ており、オフショア・バランシング（沖合＝オフショアから対象を観察し、パワーバランスを崩しかねない国が現われた場合、他の国と共闘して叩く↓Ｐ２１１）が可能だったのです。よって英米系地政学ではアメリカを「巨大な島」と考えます。

このような特殊な環境にイギリスから渡ってきたのは二種類の人々でした。

第一のグループはピューリタン（清教徒）です。宗教改革の中から生まれたキリスト教の原理主義者です。

ユダヤ教から分かれたキリスト教は厳格な一神教でした。イエスを神と同一視し、それ以外のものを祀ることを禁じたのです。しかしローマ帝国に広がるにつれ、キリスト教会は各地の多神教の伝統を取り込んで妥協を図りました。イエスの母である聖母マリアや、イエスの弟子たちを「聖人」と呼んで教会に祀ったのは、多神教の影響です。イエスの弟子のペテロを埋葬したローマが聖地となり、ついにはローマ教会の指導者（ローマ教皇〔法皇〕）が「神の代理人」と称するようになりました。こうして西欧化したキリスト教が、ローマ・カトリック教会です。

16世紀に宗教改革を起こしたルターやカルヴァンが主張したのは、「キリスト教を本来の姿に戻せ！」ということでした。「キリスト教本来の姿は『新約聖書』に書いてあるはずだ。そこにはローマ教皇が神の代理人だとか、聖母マリアを祀れとか書いてないじゃないか！」といったのです。こうして生まれたのがプロテスタント教会です。プロテスタントの過激派はカトリック教会を襲撃し、聖人たちの像を破壊しました。「偶像崇拝はけしからん！」という理由です。イスラム過激派がいまやっていることとほとんど同じです。

イギリスのカルヴァン派がピューリタンです。キリスト教を清浄化（ピュリファイ）することを目指し、ぜいたくを禁じ、勤労と祈りに喜びを見出す人々です。イギリスの教会制度を批判して国王と対立し、ピューリタン革命を引き起こして国王を処刑してしまいました（１６４９）。しかしその厳しすぎるモラルを国民に強制したため疎《うと》んじられ、間もなく政権を追われました。その後のイギリスは国王を頂点とするイギリス国教会という穏健な宗派に統一されます。

イギリスから追われたピューリタンが目指したのがアメリカでした。ピューリタン革命が起こる約20年前、メイフラワー号で東海岸のプリマスに渡った約100名がその始まりで、**ピルグリム・ファーザーズ（巡礼の父祖）**と呼ばれます。彼らが目指したのはプロテスタント的にピュアな国家、「真のキリスト教国」でした。最初の年は飢饉《ききん》で多くの餓死者を出し、先住民（インディアン）からトウモロコシを分けてもらって食いつなぎます。翌年の収穫を祝って始まったのが感謝祭（サンクス・ギビング・デイ）——アメリカの代表的な祝日の始まりですが、彼らは先住民に対してではなく、自分たちの神（キリスト）に対して感謝したのです。移民の増加により勢力を拡大したピューリタンは、やがて「異教徒インディアン」に対する攻撃を開始します。

「アメリカに理想国家を実現する」「イギリス国王からの干渉《かんしょう》は受けない」というピューリタンの精神は、イギリスの支配を脱し、自由と平等を求めるアメリカ独立戦争の原動力となりましたが、同時に**先住民排斥《はいせき》やメキシコ侵略を合理化する思想**ともなったのです。カトリック教徒のスペイン人がアステカ王国を征服し、先住民と混血して生まれたメキシコは、ピューリタン的視点から見れば、「存在すべきでない汚れた国」となるからです。

1840年代、オレゴンをめぐるイギリスとの緊張が高まったとき、アメリカの作家オサリヴァンは「神の摂理により割り当てられたこの大陸全体にアメリカが広がるのは、**明白な天命（マニフェスト・デスティニー）**である」と論じました。このマニフェスト・デスティニーという言葉は、**西部開拓という名の膨張政策を正当化するスローガン**となったのです。

アメリカにおけるキリスト教原理主義はやがてさまざまな宗派に分裂しますが、「宗教右派」と総称され、いまでも共和党の強固な支持基盤です。歴代大統領は就任の際に聖書に手を置いて宣誓をしますし、宗教右派が「不道徳」とみなす妊娠中絶や同性婚の是非《ぜひ》についても、選挙公約で必ず問われるのです。

このような宗教的情熱を「自由と民主主義」というイデオロギーにうまく転換したのが、1913年に就任したウィルソン大統領でした。「軍国主義ドイツ」からヨーロッパを守るという大義名分を掲げて第一次世界大戦に参戦し、国際連盟の設立を実現します。ウィルソンの忠実な後継者が対日戦争を指導したフランクリン・ローズヴェルトであり、イラク戦争を指導したジョージ・ブッシュJr.です。

貧農たちが開拓者精神を育《はぐく》んだ

第二のグループは、土地を求めて渡ってきた貧しい農民たちです。

イギリス本国における貧農は、都市部に流れて産業革命を支える工場労働者となりました。しかし、アメリカに渡った彼らは無限の原野を切り開き、大自然の脅威や先住民からの反撃に耐える開拓農民となったのです。政府からの保護をあてにせず、丸太小屋を自分で建て、銃を離さず、家族の命も自分で守る。この開拓者精神も、アメリカ人独特のものです。

アメリカの「草の根保守」の源泉がまさにこれです。政府による銃規制や増税に断固反対し、一切の社会保障を求めず、小さな政府をよしとする人たちです。誰にも頼らず、誰も助けないという、究極の自由主義。通常の自由主義（リベラル）とは区別して、リバタリアンとも呼ばれます。彼らも共和党の強固な支持基盤ですが、同性婚や妊娠中絶は「個人の自由」と見なし、宗教右派とは対立関係にあります。

この開拓者精神が国家レベルに投影されると、孤立主義となります。モンロー大統領の

アメリカ西海岸はメキシコから奪った領土

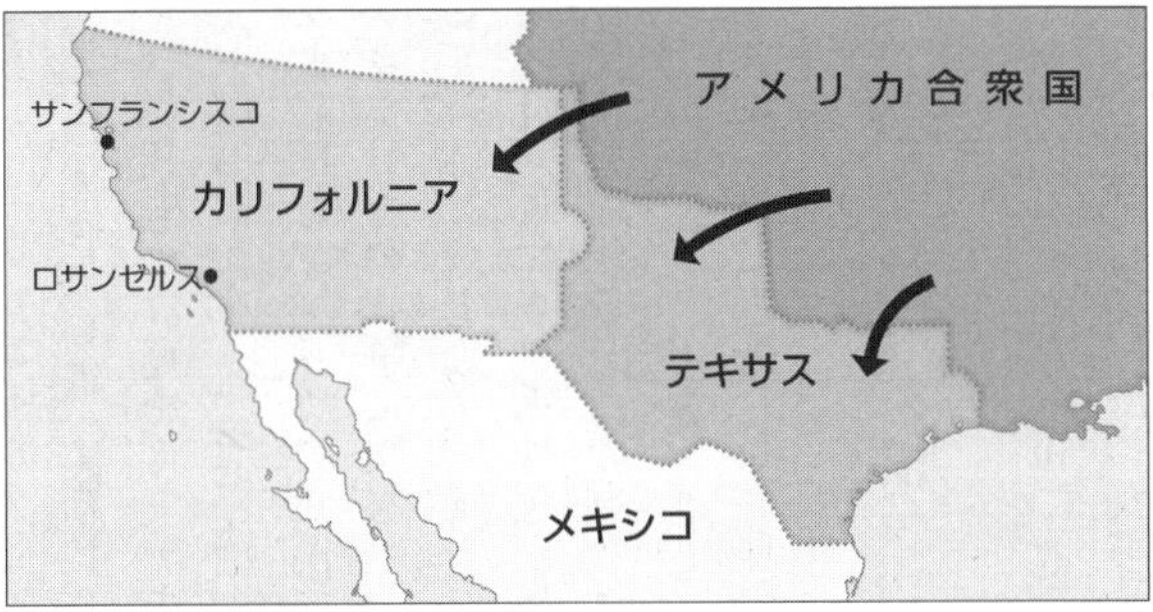

メキシコ領だったテキサスにアメリカ人が入植、一方的に独立を宣言し、これを承認したアメリカはメキシコを挑発して、1846年に戦争を仕掛け、カリフォルニアまでを奪った。

年次教書（議会報告）で有名になったのでモンロー主義とも呼ばれます。欧州諸国はアメリカ大陸に干渉するな、という宣言です。当時はメキシコなど中南米諸国がスペインからの独立運動を展開しており、アラスカを領有するロシアが南下しようとしていました。「欧州諸国は中南米の独立運動に干渉するな」、ということですが、裏を返せばアメリカが中南米に口出しするのを邪魔するな、ということにもなります。実際、このあとアメリカ合衆国はメキシコを侵略します。

メキシコとの戦争はテキサスの領有問題から始まりました。現在のテキサス州からカリフォルニア州までの広大な領域は本来メキシコ領で、スペイン語を話すメキシコ人が住んでいました。「ロサンゼルス（天使たち）」、「ラスベガス（牧草地）」、「コロラド（赤い川）」など、スペイン語の地名がたくさん残っています。

メキシコ政府の許可を得てテキサスの荒れ地に入植したアメリカ人たちは、人口でメキシコ人を圧倒すると、「テキサス共和国」の独立を宣言します。メキシコ軍を撃退したテキサス共和国はアメリカ合衆国に加盟を申請し、28番目の州となりました。これを不服とするメキシコとの戦争に圧勝したアメリカは、カリフォルニアまでの広大な領土を割譲させ、太平洋岸に達したのです。

２０１４年にロシア系住民が多いクリミアが、ウクライナからの独立と、ロシアへの編入を住民投票で決議したのを受け、ロシアはクリミアを併合しました。アメリカのオバマ政権はこれを激しく非難しましたが、「クリミアをウクライナに返せ」という前に、テキサスをメキシコに返還しない理由を説明すべきでしょう。

カリフォルニアへの道

メキシコとの戦争の勝利により、アメリカは大西洋国家から、大西洋・太平洋にまたがる国家へと変質しました。太平洋岸のカリフォルニアでは金鉱が発見され、移民が殺到す

西海岸に向かうのにどのルートが一番効率的か

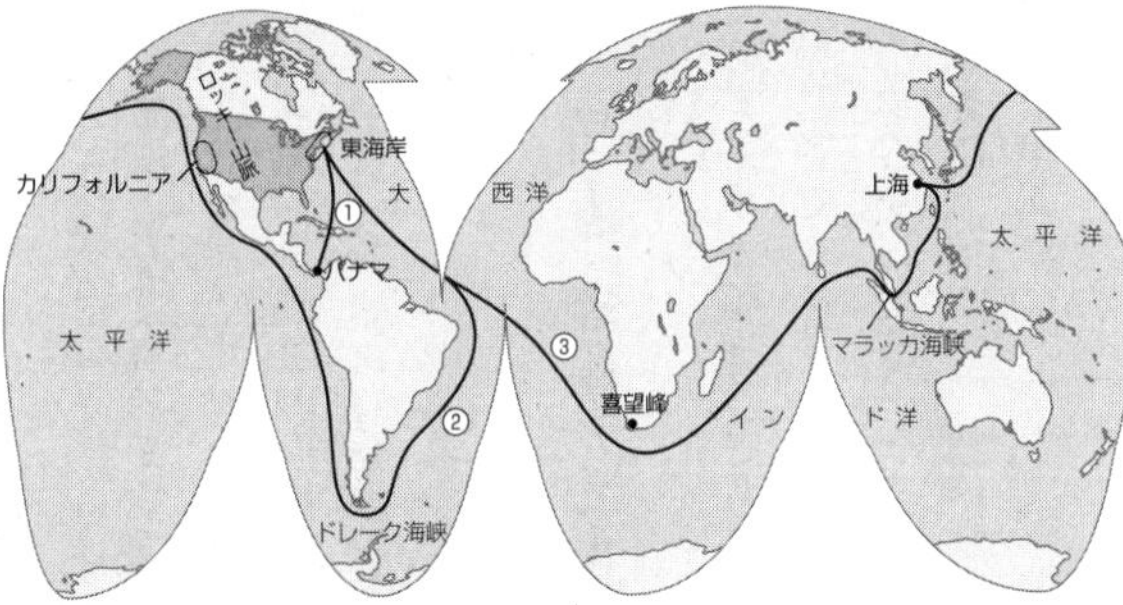

パナマ運河ルート①が開通するまでは、海の難所であるドレーク海峡ルート②より、地球をぐるっと一周する航路③が使われた。

るゴールド・ラッシュが起こります。大陸横断鉄道の開通（１８６９）以前、馬車でロッキー山脈を越えるのは極めて困難でした。そこで、東海岸（大西洋岸）からカリフォルニアへ向かう海路が開拓されます。

この場合、三つのルートが考えられます。

①カリブ海・パナマ経由
②南米最南端のドレーク海峡経由
③喜望峰《きぼうほう》・インド洋・マラッカ海峡経由

一つずつ検討してみましょう。

まず①です。パナマ運河の開通（１９１４）までは、パナマ地峡を鉄道で越えて、太平洋岸で別の船に乗り換えなければなりません。距離的には一番近いのですが、乗り換えが多くて割高です。

②は一つの船でカリフォルニアへ直行できますが、ドレーク海峡は絶えず暴風雨が吹き、海の難所として有名です。乗客の安全を考えると、リスクが高すぎます。

そこで③です。イギリスの中国貿易ルートに便乗した形でアメリカ商船が往来するようになり、メキシコ戦争の直前に起こったアヘン戦争で清《しん》朝が貿易自由化を認めると、広東《カントン》や上海《シャンハイ》にアメリカ領事も常駐するようになりました。スエズ運河が開通する（1869）まで、ロンドン・上海間よりもニューヨーク・上海間のほうが近かったのです。

「シーパワー」理論を見出したマハン

当時のアメリカ商社の主力商品は、中国向けアヘンと、「クーリー（苦力）」と呼ばれた中国人労働者でした。アヘン貿易で財をなしたウォーレン・デラノは、のちの合衆国大統領フランクリン・デラノ・ローズヴェルトの母方の祖父です。日本に経済制裁を科して真珠湾攻撃を決意するまで追い詰めたローズヴェルトの反日親中政策の背後には、デラノ家の中国利権があったのです。

上海からカリフォルニアまでは、**琉球《りゅうきゅう》（沖縄）・日本・北太平洋・カリフォルニア**、と

アルフレッド・マハンは、アメリカ海軍の軍人・歴史家・戦略研究者。海洋国家系地政学を確立した。写真：アフロ

いうルートになります。すでにアメリカの捕鯨船が北太平洋で操業しており、鎖国中の日本に関する断片的な情報はもたらされていました。

マシュー・ペリーはアメリカ海軍の士官として蒸気船を率いてメキシコ戦争に従軍し、ベラクルス上陸作戦で名をあげました。メキシコ戦争終結の5年後に、今度は東インド艦隊の司令官として上海経由で日本に来航したのです。つまりメキシコ戦争は、日本の運命をも左右したということです。

ちょうどこの頃、海軍兵学校を卒業した**アルフレッド・マハン**は、南北戦争で北軍士官として従事したあと極東派遣艦隊の一員として日本を訪問、最後の将軍・徳川慶《とくがわよし》喜《のぶ》を自らの軍艦に乗せたりしています。マハン来日の年（1867）、慶喜は朝廷に対する大政奉還を行ない、翌年の明治維新で江戸幕府は崩壊します。このときマハンは日本の潜在的な発展力に気づいたようです。

海軍大学校で戦史の教官となったマハンは、『**海上権力史論**』（1890）で古代から18世紀までの戦争を概観したあと、『アジアの問題』（1900）でこう結論づけました。

①**海上権力**（**シーパワー**）を握った国が世界の覇権を握ってきた。
②中国貿易ルートとカリフォルニア防衛のため、**パナマ運河**を建設せよ。
③パナマ運河防衛のため、**カリブ海をアメリカ海軍の内海**にせよ。
④太平洋上の**ハワイ・フィリピンに米軍基地**を建設せよ。
⑤ロシア海軍の太平洋進出を阻止するため、**米・英・日・独の海洋国家同盟**を構築せよ（ドイツは中部太平洋のマーシャル諸島などに植民地を建設していた）。

ところが、日清戦争（1894‐95）で日本が圧勝するとマハンの視線は変化します。

「日本の発展により東洋と西洋の両文明が急速に接近し衝突に向かっている。米国はハワイ、カリブ海に前哨《ぜんしょう》基地を獲得しパナマ運河を建設し、黄禍《こうか》に対峙すべきだ」（『二十世紀への展望』１８９７）

「問題は、最も重要なハワイ諸島の将来を日本に委《ゆだ》ねるかどうかだ」（海軍次官セオドア・ローズヴェルト宛の書簡　１８９７）

マハンの進言を受けた**セオドア・ローズヴェルト**は、**ハワイ王国の併合**、フィリピン・グアム・キューバを領有する**スペインとの戦争（米西戦争**　１８９８）を主導します。のち合衆国大統領になると**ポーツマス会議**を主宰して日露戦争（１９０４‐０５）終結を仲介し、パナマ運河の建設に着手します。ハワイのカメハメハ王朝はアメリカ移民を受け入れた結果、彼らが引き起こした「ハワイ革命」によって倒され、50番目の州としてアメリカに併合されてしまいます。テキサスの併合と同じパターンです。ハワイの真珠湾にはアメリカ太平洋艦隊の基地が建設されます。

中南米諸国に対しては「棍棒《こんぼう》外交」で恫喝《どうかつ》し、パナマ運河を建設するなど政治的・経済的に従属させます。こうして「モンロー主義」は、アメリカ帝国主義の中南米支配を正当化するイデオロギーになっていくのです。

日本の対米戦争戦略はマハンから学んだ

日本海軍は早くからマハンに注目し、伊藤博文《いとうひろぶみ》の秘書役だった金子堅太郎《かねこけんたろう》が訳した『海上権力史論』は明治天皇の勅命で全国の中学・高校・師範学校に配布されました。司馬遼太郎《しばりょうたろう》『坂の上の雲』の主人公である秋山真之《あきやまさねゆき》は、アメリカ留学中にマハンに直接師事し、マハンから学んだ軍略は日露戦争における旅順《りょじゅん》港の封鎖作戦で成果をあげます。

日露戦争の結果、アメリカにとって最大の脅威はロシアから日本に変わりました。アメリカはすべての列強との戦争プランを練っていましたが、対日戦争プランは**「オレンジ計画」**と名付けられました。その概要は、こうです。

①フィリピン・グアム・ハワイの防衛は無理なので一旦放棄する。
②カリフォルニアとパナマ運河は死守する。
③パナマ運河経由で艦隊を派遣し、**北太平洋上で日本海軍と艦隊決戦**を行なう。

そして同じ頃、日本側も「帝国国防方針」で対米戦争プランを策定しています。起草者の佐藤鉄太郎《さとうてつたろう》も、マハンから軍略を学んでいます。

①太平洋上に米艦隊をおびき出し、徐々に損害を与える。
②そのあと艦隊決戦を行なう。
③よって**対米7割の戦艦**を常備していれば、対米戦争に勝利できる。

この「対米7割」を巡《めぐ》って、日米が激論となったのが第一次世界大戦後の**ワシントン会議**（1921・22）です。世界初の海軍軍縮条約をまとめたこの会議で、アメリカは日本に艦船数で「対米6割」までの軍縮を要求したのです。それまで日英同盟で日本を擁護していたイギリスもアメリカと同調し、孤立を恐れた日本政府は、「協調外交」の名の下にこの理不尽な要求を受諾しました。日英同盟も解消され、「太平洋の現状維持」を建前とする米英日仏の四カ国条約によって、日本の手足は縛《しば》られたのです。アメリカ外交の勝利、日本外交の敗北です。

10年後、日本は軍縮条約を破棄して日米間の軍拡競争が始まり、ついに太平洋上で両国はぶつかります。

マハンが予測できなかったのは、航空戦力の登場でした。艦隊決戦の前に、空母に爆撃機・雷撃機を搭載してハワイ真珠湾を奇襲攻撃した日本海軍は、世界の軍事戦略を一変させました。

しかし、このことの意味を正確に理解したのはアメリカ海軍のほうでした。軍艦の建造に代えて空母と航空機を大量生産し、日本のシーレーンを空爆で徹底的に破壊する作戦に出たのです。ミッドウェー海戦は、空母艦隊同士の決戦となり、米軍の完勝に終わりました。

ミッドウェー海戦敗北の報告を握りつぶした日本海軍は、最後まで大艦巨砲主義と艦隊決戦にこだわり、パナマ運河の幅を超える超大型戦艦、大和《やまと》・武蔵《むさし》に命運をかけました。しかしフィリピンのレイテ沖で艦隊決戦のチャンスが到来したときには、すでに制空権を完全にアメリカに奪われていました。米軍機の集中攻撃を受けた戦艦武蔵は、その巨砲を生かすことなく海底に沈んだのです。戦艦大和に至っては航空戦力の援護なしに沖縄特攻を命じられ、東シナ海に沈みました。

エアパワー時代の到来

日米戦争が始まった頃、戦後の世界を見通したのが**ニコラス・スパイクマン**です。オランダ出身のジャーナリストで、アメリカに帰化して国際関係論を教え、大戦末期に病死しました。日米開戦翌年（1942）の講演をまとめた『平和の地政学』で、彼はこう指摘しています。

①**ユーラシア大陸の縁《へり》＝リムランド**の争奪が世界大戦の原因である。
②リムランドを制した日・独を倒すため、米・英はランドパワーのソ連・中国と同盟して第二次世界大戦を戦っている。
③日・独の敗北後、**ソ連・中国が台頭してリムランドに進出する**だろう。
④アメリカはエアパワー（空軍）を強化し、**日・豪・フィリピンに空軍基地を持つべき**だ。
⑤長い国境を接するソ連と中国は、やがて対立することになる。

すでに戦後の冷戦構造や日米安保体制、中ソ対立まで見通しているのは驚くべきことです。スパイクマンの予言通り、戦後はソ連が東欧と北朝鮮に衛星国家を樹立し、中国では共産党政権が内戦に勝利しました。アメリカ国務省のジョージ・ケナンが「対ソ封じ込め」を提言し、トルーマン政権がこれを採用します。米ソ冷戦の始まりです。

「封じ込め」の実行部隊がアメリカ海軍の機動部隊（空母艦隊）でした。日本海軍が掌握していた西太平洋はもちろん、イギリス海軍が掌握していたインド洋・地中海までもが戦後はアメリカ海軍の作戦区域となり、**横須賀《よこすか》を母港とする第七艦隊が西太平洋とインド洋の防衛をカバーする**ことになりました。

これからはエアパワーの時代になる、と予言したスパイクマンでしたが、核ミサイルの登場までは予測できませんでした。ソ連の核武装は、アメリカ本土への核攻撃を可能にしました。これに対抗するには、敵の数倍の核戦力を保持し、いざという場合には大量報復を行なうと脅迫して、敵に先制攻撃の誘惑を持たせないようにするという「核抑止力」「恐怖の均衡」理論が採用されます。このメカニズムが実際に機能したのが、キューバ危機（1962）でした。全面核戦争の恐怖に耐えられなくなったソ連が、キューバからの核ミサイル撤去に応じたのです。

米ソ両国は１万発を超える核ミサイルを保有してにらみ合い、朝鮮やベトナムでは米ソの代理戦争が行なわれ、膨大な軍事費が米ソの財政を圧迫しました。アメリカは「世界の警察官」を自任して世界中に米軍基地を置き、「共産主義の脅威」から「自由世界」を守ろうとしました。しかし韓国にせよ、南ベトナムにせよ、親米政権の実態は腐敗した独裁政権であり、とくに**ベトナム戦争の失敗以降は「戦争の大義」をアメリカ人自身が疑問視するように**なったのです。

また、「世界の警察官」を支えたのは経済力でした。アメリカの国力の絶頂は第二次世界大戦直後の１９５０年代で、その卓絶した地位は、大戦によって西欧諸国と日本の工業力が破壊し尽くされた結果、得られたものでした。１９６０年代に日本と西ドイツが「奇跡の経済復興」を成し遂げたあとは、アメリカの生産業は徐々に衰退し、国際通貨であるドルの流出が止まらなくなりました。

ニクソン政権（１９６９-１９７４）はドル切り下げとベトナムからの撤兵で危機を乗り切り、レーガン政権（１９８１-１９８９）はソ連のアフガニスタン侵攻に対して最後の大軍拡を行ないつつ、ドル安政策で輸出産業を守ろうとしました。しかしアメリカの重工業はもはや完全に衰退し、冷戦終結後、民主党のクリントン政権下では、金融とIT産業がアメリカ経済の牽引《けんいん》役となります。金融工学の発達が巨額のマネーを動かし、詐欺《さぎ》まがいの方法で投資家に利益をもたらしましたが、国内でのモノづくりや雇用には結びつかず、貧富の格差がどんどん拡大します。

上位10％の高所得者が総所得の約50％を保有する超格差社会。欧州諸国や日本では当たり前の社会保障制度がなく、最底辺に置かれた黒人たちの鬱積は、何かきっかけさえあれば、乾いた干し草のように火がついて、暴動に発展します。

9・11後の世界

冷戦終結で敵を見失ったアメリカ人が、**「イスラム過激派」という新たな敵**を見出したのが9・11事件（2001）でした。ブッシュJr.政権はアフガニスタンとイラクを「テロ支援国家」と名指しして軍事侵攻しましたが、アメリカが介入すればするほど混乱は深まり、テロは一向に収まる気配がなく、アメリカ人の間に厭戦《えんせん》気分が高まります。リーマン・ブラザーズ社の破綻《はたん》に始まる金融バブルの崩壊（2008）が追い打ちをかけ、イラクからの撤退と医療保険制度の整備を公約したバラク・オバマが大統領に当選しました。

「アメリカはもはや世界の警察官ではない」

と言い切ったオバマ政権の8年間は、世界に混沌《こんとん》をもたらしました。「余計なトラブルに巻き込まれたくない」という及び腰が、各地の反米勢力を勢いづかせたのです。中国は東シナ海・南シナ海に、ロシアはクリミアに勢力を拡大し、イラクとシリアは内戦状態に陥《おちい》ってイスラム過激派のＩＳ（イスラム国）が国家の樹立を宣言し、これに対抗してイランがペルシア湾岸地域に勢力を拡大しています。

各地の親米政権も動揺しています。イスラエルとサウジアラビアがアメリカからの離反の動きを示し、韓国は中国に擦り寄り、日本も自主防衛を強めて対米従属から脱しようとしています。

さらに深刻なのは、アメリカ合衆国の内部分裂です。

２０１４年にミズーリ州ファーガソンで起こった白人警官による黒人青年の射殺事件で州の大陪審が白人警官に無罪判決を下した結果、全国主要都市で黒人の暴動が発生しました。初の黒人大統領であるオバマは「この国に黒人も白人もない、みなアメリカ人だ！」と訴えて当選したのに、黒人の多くが貧困層という現実が、オバマ政権下でも何も変わっていなかったのです。２０１２年の国勢調査では、白人の10人に１人が貧困層であるのに対し、黒人の2人に1人が貧困層です。この格差は縮小するどころか、年々拡大しています。

2050年にアメリカの時代は終焉《しゅうえん》を迎える

もう一つは移民問題です。

欧州では北アフリカ・中東からの移民が問題になっていますが、アメリカの場合は**メキシコなど中南米からの移民**——スペイン語を話す人々なので「**ヒスパニック**」と呼ぶ——が圧倒的です。

クリントン政権時代に、EU（欧州連合）に対抗して**NAFTA（北米自由貿易協定）**が成立（1994）し、カナダ・アメリカ・メキシコの三国が貿易を自由化しました。この結果、メキシコにはアメリカ産の安価な農産物が大量に流れ込みました。自給率100%だった主食のトウモロコシが打撃を受けて自給率60%台にまで低下し、経営難に陥った農民がコカインなどの麻薬生産に手を染め、マフィアが台頭して政府軍との間に「麻薬戦争」を引き起こしました。また治安の悪化と農村の荒廃が生み出した経済難民が、麻薬の売人とともにアメリカに流入することになったのです。

アメリカ西海岸はメキシコから奪った領土

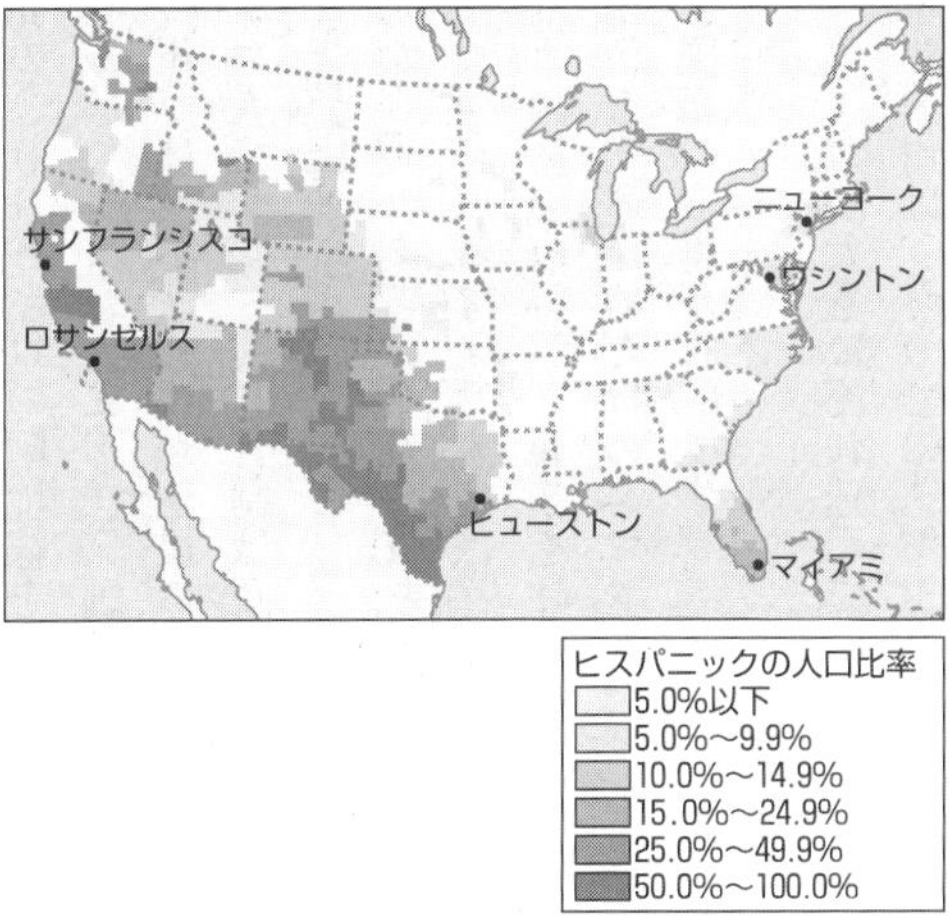

総人口における人種の割合(%)

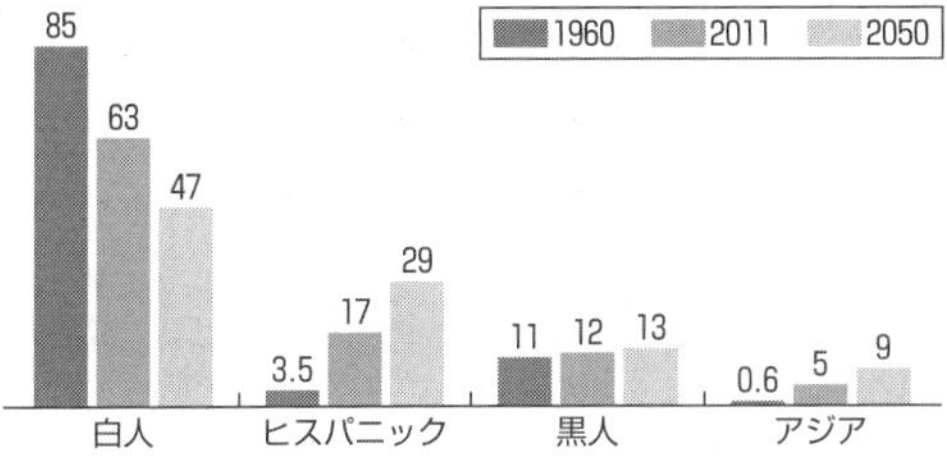

旧メキシコ領を中心にヒスパニック系を多く抱えるアメリカは、近い将来、白人と有色人種の構成比が逆転する。

ＥＵとは違い、ＮＡＦＴＡは人の往来の自由は認めていません。しかし、アメリカ・メキシコ間の３０００キロの国境線を完全にコントロールするのは不可能で、無人の鉄条網をくぐり抜けてアメリカに不法入国する者が後を絶たず、国境沿いのアリゾナ州、ニューメキシコ州では、不法移民が住民の多数を占める郡が出現しています。不法入国者の８割はメキシコ人ですが、残り２割は政情不安な中米諸国の出身者で、しかも子供が多いのです。「人道的配慮」から、アメリカ政府が子供の不法移民に対しては手ぬるいことを知った親たちが、仲介業者に金銭を支払って、自分の子供を送り込んでくるのです。

「出生主義」を取るアメリカでは、不法移民の子であってもアメリカで生まれれば自動的にアメリカ国籍を取得し、親族を呼び寄せることができます。ロサンゼルス近郊で中国人妊婦が出産をするためだけの「マタニティ・ホテル」が出現して社会問題になったのも、アメリカ国籍の取得が目的です。

ヒスパニックが大量に流れ込んでいるカリフォルニア州、アリゾナ州、ニューメキシコ州、テキサス州は、かつてのメキシコ領です。メキシコは戦争で失った領土を、不法移民で取り戻そうとしているかに見えます。

オバマ民主党が進めてきた移民受け入れ政策を、財界は支持してきました。安価な労働力を確保できるからです。これに対して、移民流入による賃金の下落を恐れる中間層や労働者層は、財界のいいなりになる民主党政権への不満をくすぶらせていました。

オバマの後継を決める2016年の大統領選挙では、不法移民を厳格に取り締まり、「メキシコ国境に長城を！」と叫ぶ共和党のドナルド・トランプが勝利しました。トランプはまた、「アメリカ・ファースト」を掲げ、海外に展開する米軍の縮小を公約しました。もはやアメリカには、「世界の警察官」を気取っている余裕はない、という姿勢はオバマと同じ。民主・共和という政党の対立を超えて、これがアメリカの支配層の共通認識になりつつあります。

人種別割合で白人は激減しており、ヒスパニック、ついでアジア系（主に中国系）が激増しています。このままいけば、2050年には白人人口が50％を切り、ヒスパニックが3割に達すると予想されます。アメリカは依然として超大国でしょうが、もはや勤労と禁欲を美徳とするピューリタン的な気質や、「世界の警察官」といった使命感は確実に消えていくでしょう。

「アメリカの時代」は、2050年には確実に終わるのです。そのほうが世界の平和のためだ、という考え方もあります。戦後70年以上、アメリカに安全保障を委《ゆだ》ねてきた日本にとっては、自立のチャンスでもあります。

大国の草刈り場、中南米

メキシコ以南の中南米諸国は19世紀にスペインから（ブラジルだけはポルトガルから）独立した後も、独立運動をリードした**少数派の白人地主が独裁によって支配体制を維持**しようとし、これに反発する多数派の先住民（インディオ）や黒人の貧困層との間の対立が、社会不安の原因となってきました。

19世紀末、工業化に成功したアメリカ合衆国は中南米の市場と資源、安い労働力に注目します。アメリカがスペインから奪ったキューバを保護国化し、コロンビアからパナマ州を独立させてパナマ運河を建設するなど、カリブ海は**「アメリカの裏庭」**と化していったのです。

他の国々でも独裁政権がアメリカから経済・軍事援助を受ける見返りに、経済的な従属国となっていきました。**油田や鉱山、鉄道はアメリカ資本に買収され、貧困層はアメリカ企業で低賃金労働者として雇用される**ようになります。このため、**反地主運動は反米運動へと転換**していったのです。

世界恐慌の時代、アメリカの力が一時衰えると、民衆の支持を受けた反米民族主義政権が登場します。メキシコはカルデナス政権が石油・鉄道を国有化し、アルゼンチンではペロン政権が外資の国有化を断行しました。

第二次大戦後、米ソ対立が激化すると、アメリカはリオ協定（米州相互援助条約）とOAS（米州機構）を通じて中南米諸国への締め付けを強化します。アルゼンチンでは親米派が軍事クーデタを引き起こし、ペロン改革は挫折します。隣国チリでは、産業国有化と社会主義を掲げるアジェンデが大統領に当選しますが、アメリカCIAの支援を受けたピノチェト将軍がクーデタを起こし、親米独裁政権を樹立しました。**国営企業の民営化と貿易自由化**を進めるピノチェトの経済顧問となったのが新自由主義の旗手、シカゴ大学のフリードマン教授でした。政治は独裁、経済は自由主義。鄧小平《とうしょうへい》以降の中国と同じです。

反米政権が生き残ったのがキューバでした。キューバ革命でバティスタ親米政権を倒したカストロは、モスクワへ飛んでソ連のフルシチョフ政権に支援を要請。ソ連は「アメリカの裏庭」であるキューバに核ミサイルを配備するという挑発行為を行ない、ミサイル撤去を要求するアメリカ・ケネディ政権との間で核戦争の一歩手前まで緊張を高めました。これがキューバ危機（1962）です。ソ連は核ミサイルを撤去しましたが、その後もキューバ支援を続けます。

中米のニカラグアでは、ソモサ家の親米独裁政権と、社会主義を掲げるサンディニスタ民族解放戦線との内戦が続きました。79年にサンディニスタが勝利すると、アメリカのレーガン政権が一切の経済援助を停止し、反政府ゲリラのコントラに武器援助を行ないました。

余談ですが、ニカラグアとパナマに挟まれたコスタリカは、内戦の教訓から憲法12条で常備軍を廃止しました。「平和憲法を持つ国」として、日本では憲法9条擁護派に高く評価されています。しかしコスタリカ憲法は、自衛戦争と再軍備の権利も認めており、リオ条約に基づいてアメリカ海兵隊が駐留しています。非武装中立は机上の空論です。

冷戦終結後、クリントン政権が中南米諸国への干渉をやめると、再び反米政権が出現します。ベネズエラのチャベス大統領、ボリビアのモラレス大統領、いずれも先住民出身の強烈な反米主義者です。ロシアに代わってこれらの政権を支えるようになったのが中国です。

胡錦濤《こきんとう》・習近平が中南米諸国を歴訪し、ボリビアからの石油買い付け契約を結んだほか、ニカラグア政府から中国企業がパナマ運河と競合する「ニカラグア運河」建設の認可を取り付けました。

これまで中国がアフリカでやってきた大規模投資をアメリカは黙認してきましたが、中南米という「裏庭」に手を出されれば、心穏やかではいられないでしょう。中南米諸国の動きは、米中関係の新たな火種となりつつあります。オバマ政権がキューバとの関係改善を急いだのも、中国に対する牽制という側面があるのです。

南米の産油国ベネズエラでは、反米民族主義を掲げるチャベス大統領が高福祉の社会主義政策を進めてきました。その財源は石油輸出で得た代金でしたが、米国のシェールガス開発に伴う石油価格の長期低迷により社会保障費の財源が枯渇し、中央銀行が通貨ボリバルを際限なく増刷した結果、年１０００万％に迫るハイパーインフレを引き起こし、国民生活は危機に瀕しています。

チャベスの後継者マドゥロ大統領は新通貨を発行するデノミネーションを実施しましたが焼け石に水。市場開放を迫る米国に背を向け、中国やロシアに支援を求めています。しかし同じ産油国のロシアも苦しい状況にあり、中国もトランプ政権との貿易戦争で輸出依存の高度経済成長は終わりました。

アメリカの最大の武器は軍事力と経済力であり、中南米諸国はいまだその巨大な影響力には太刀打ちできないでいるのです。

第2章

台頭する中国はなぜ「悪魔」に変貌したのか？

introduction

1970年代、日本にパンダを贈って「日中友好」を演出し、日本から総額6兆円の政府開発援助（ODA）を引き出して世界第2位の経済大国に成長した中国。2000年代以降、尖閣《せんかく》諸島をはじめとする南西諸島への領土的野心を隠さなくなり、歴史問題で執拗《しつよう》に日本を攻撃するようになりました。

「天使」が「悪魔」に変貌したことに多くの日本人がはじめは戸惑い、やがて嫌悪し、世論調査では8割の日本人が「中国が嫌い」と回答するまでになりました。

この「中国の変節」も、地政学で理解することができます。

相手の論理が理解できないと、相手を悪魔的に過大評価したり、逆に侮蔑《ぶべつ》したりして対応を誤ることになるでしょう。

そもそも「中国」とは何か？

「中国」は「世界の中心」、「中華」は「世界の中心の文明地帯」を意味する言葉で、具体的には**漢字・漢文を使用する地域**のことです。特定の民族を表わす概念ではありません。漢字・漢文を生みだした民族——**漢人《かん》（漢民族）**がその中核ですが、異民族もたびたび中国を征服し、中華文明を受容してきました。漢人自体、諸民族が混血して形成されたものですが、話を単純にするため「漢代までに統一され、漢文を使う民族」を漢人と考えましょう。

秦《しん》の始皇帝《しこうてい》による最初の統一から清朝最後の宣統帝《せんとう》まで、2100年続いた中国王朝——秦・漢・隋《ずい》・唐《とう》・宋《そう》・元《げん》・明《みん》・清《しん》のうち、**漢民族が建てたのは秦・漢・宋・明だけ**です。隋・唐の支配階級は、鮮卑《せんぴ》という遊牧民でしたし、元はモンゴル人、清は満州《まんしゅう》人が建てた王朝ですから、**2100年のうち約半分は北方民族が中国を支配した**のです。

少数民族問題に頭を抱える中国共産党政権は、漢族・モンゴル族・チベット族・ウイグル族・満州族……の上位概念として「中華民族」を定義しています。この考え方によると、モンゴル帝国を建てたチンギス・ハンも、満州人だった清のヌルハチも「中華民族」となり、モンゴルのユーラシア征服は、「中華民族のユーラシア征服」となるのです。中国の学校教育では、そのように教えています。

ロシアもモンゴルに征服され、その影響を受けましたが、チンギス・ハンを「ロシア民族」とはいいません。

また、「中国のかたち」は、歴史的に広がったり縮んだりを繰り返します。

中国共産党政権は、中華人民共和国の領域を歴史的な中国と同一視し、チベットやウイグルの独立は認めない、と主張します。しかし、チベットやウイグルは、長く独立を保っていた民族なのです。したがって漢人の居住地域を「本来の中国」と考えるべきです。

このように言葉の定義をきちんとしておかないと、中国共産党政権のイデオロギーにからめとられる恐れがあります。

本書では、**漢人を「中国人」**、**漢人の居住地域を「中国」**と呼びます。中華人民共和国とは、中国がチベットやウイグル、内モンゴルを征服して成立した帝国であると、私は考えます。

「ランドパワー帝国」中国がとった三つの政策

中国は、北をモンゴル高原とゴビ砂漠、西をチベット高原、東と南を東シナ海・南シナ海に面しています。これらの地理的条件は、いつの時代も同じです。

中世までは、海上から中国を脅かす勢力は存在せず、**中国最大の脅威は、北方から侵攻を繰り返す遊牧民のランドパワー**（内陸国家→P183）でした。

歴代王朝は、北方遊牧民から身を守るために騎馬戦法を採用し、大量の軍馬を保有して騎兵を育成しました。中国人がはじめて騎兵を採用したのは、戦国時代に北中国を支配した趙《ちょう》という国です。秦の始皇帝も騎馬戦法によって戦国七雄を統一し、最初の中華帝国を建てました。孫子《そんし》の兵法も陸戦のみを論じ、海戦には言及していません。遊牧民のランドパワーに対抗するため、中国自らがランドパワーになったわけです。

北方民族に対する中国歴代王朝の政策は、「攻める」、「守る」、「買収する」の三つです。

1. 攻める

王朝の初期には「攻撃は最大の防御」とばかりにモンゴル高原へ遠征を行ないます。しかし**羊の群れとともに移動し、首都という概念を持たない遊牧民との戦い**には、終わりがありません。こちらから攻めれば引き、こちらが引けば攻め込んでくる。軍事負担は中国王朝の財政をどんどん悪化させます。

2. 守る

人口は常に過剰ですので、人海戦術で巨大な防護壁——**万里の長城**を建設します。戦国時代に各国が建設した長城を、秦の始皇帝が一本につなげたものです。最初は土を突き固めたものでしたが、明代の大修築でレンガを積み上げた巨大建造物に改築されます。東は渤海《ぼっかい》湾の海中、西はタクラマカン砂漠の中まで続く長城は、中国人の遊牧民に対する恐怖心の表われです。

それでも長城はたびたび突破されました。征服王朝である元や清の時代、長城は国境ではなくなり、無用の長物と化していました。

3．買収する

周辺民族の王を、中華皇帝の臣下として任命することを**冊封**《さくほう》といいます。朝鮮や東南アジア諸国の王は、中華皇帝に貢《みつ》ぎ物を贈って恭順の意を示します。その代わり中華皇帝は彼らを「〇〇王」として冊封し、返礼の品（下賜《かし》品）を与えるのです。下賜品は中国特産の絹織物や陶磁器で、朝貢品の数倍の価値があります。

朝貢させることによって中華皇帝は威信を保ち、逆に周辺諸国の王は、下賜品という経済的メリットを与えられる、というしくみです。

遊牧民の部族長が、彼らの特産品である馬を朝貢して頭を下げれば、その数倍の価値を持つ絹織物を下賜される。軍事力で中国から掠奪《りゃくだつ》するより、朝貢したほうが得だぞ、ということです。朝貢貿易は中国側の大赤字になります。要するにカネで平和を買うのです。

貿易赤字の拡大によって下賜品を準備できなくなると朝貢貿易は滞《とどこお》り、遊牧民は下賜品を求めて再び牙をむくようになります。中国側は、ひたすら長城を防壁にして立てこもるしかなくなり、長城修築と軍事負担で人民は疲弊し、ついに長城を突破した遊牧民が中国を征服し、新たな王朝を建てる……この繰り返しです。

海戦が不得手だったモンゴル軍

遊牧民が猛威をふるったのは13世紀でした。モンゴル高原を統一した**チンギス・ハン**は、従来の血縁に基づく部族制を解体し、十進法に基づく軍隊の編成（千戸《せんこ》制）を定め、出身部族を問わず、能力主義の人材登用を行ないました。

チンギスの息子オゴタイは、西はヨーロッパまで遠征し、南は長城を越えて北中国にあった金《きん》王朝を併合して大帝国を建設します。孫の**フビライ**は北京《ペキン》（大都《だいと》）を首都とする**元朝**を建て、南中国で抵抗していた南宋を滅ぼして中国全土を支配したのです。

そもそも遊牧民は水軍を持ちません。南宋は長江《ちょうこう》支流の漢水《かんすい》（長江最大の支流）を防波堤としてここに艦隊を浮かべ、モンゴル軍の南下を阻止しようとしました。はるか昔の三国志の時代、蜀《しょく》の宰相・諸葛孔明《しょかつこうめい》が、魏《ぎ》の曹操《そうそう》の南下を長江で阻止した赤壁《せきへき》の戦いを再現するつもりだったのです。

フビライは不慣れな水上での決戦を避け、漢水中流の拠点・襄陽《じょうよう》を包囲する巨大な防塁を建設して兵糧《ひょうろう》攻めにし、イスラム教徒に作らせた投石機（回回砲《かいかいほう》）で巨石を打ち込みます。さらに襄陽の司令官・呂文煥《りょぶんかん》に、投降すれば厚遇すると呼びかけました。

失敗つづきだったモンゴル軍の海外遠征

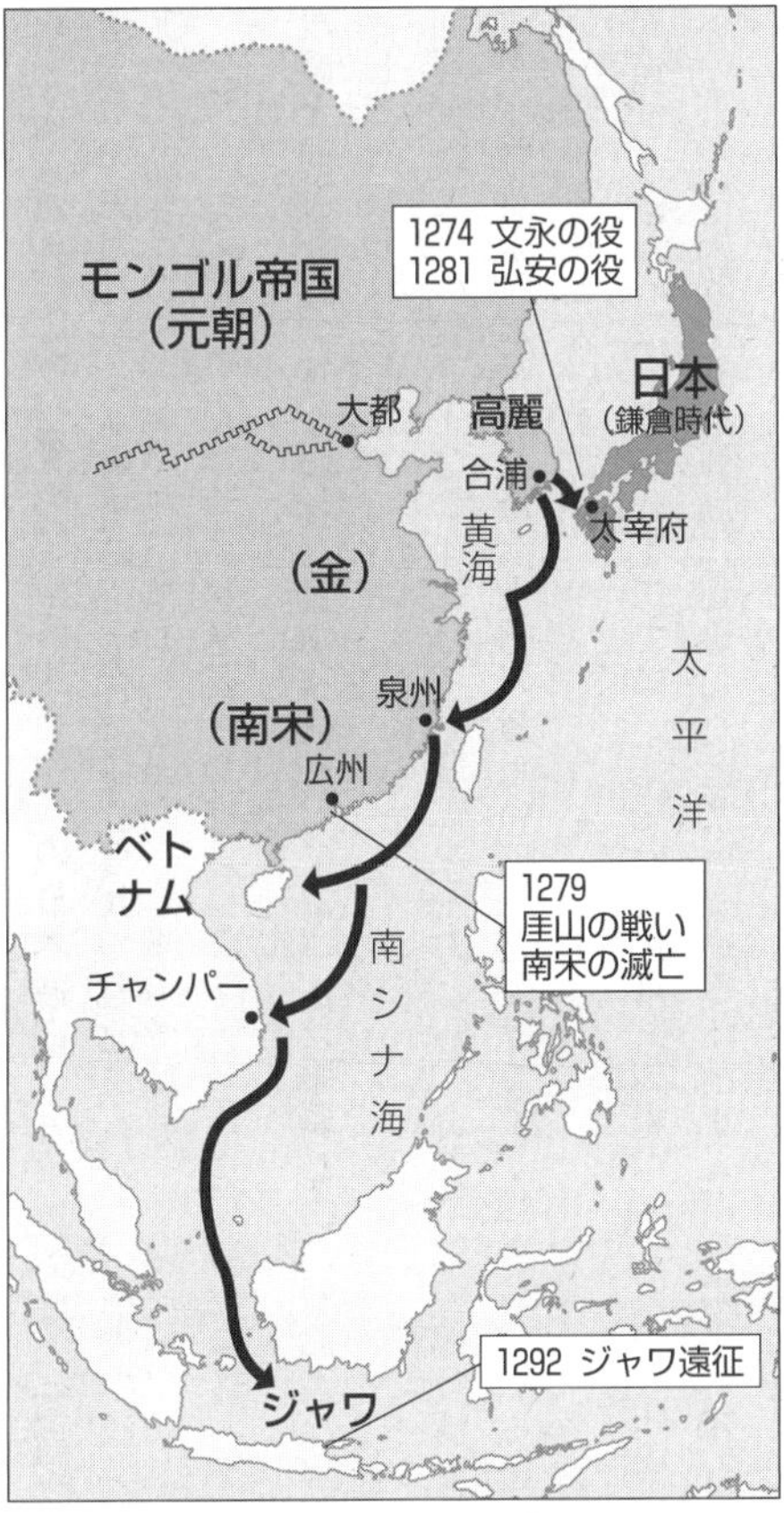

文永・弘安の役に失敗したモンゴル軍は、ジャワ遠征に向かうも、失敗に終わる。

5年間籠城を続けた呂文煥はついに投降、約束通りモンゴル軍の将軍として採用され、彼が率いる水軍はモンゴル軍に編入されました。モンゴル兵を満載した艦隊は、漢水から長江に出て南宋の都・臨安《りんあん》を攻略します。のちの**日本遠征**（日本史では**「元寇《げんこう》」**）に際し、旧南宋軍を主力とする江南《こうなん》軍の司令官に任じられて大敗するのも、南宋の武将だった范文虎《はんぶんこ》でした。

南宋攻略と同時並行で行なわれた日本遠征も、モンゴルに服属した高麗《こうらい》および南宋の水軍を動員して行なわれました。

第一回遠征（文永《ぶんえい》の役　1274）は、高麗軍を主力とし、奇襲攻撃で博多《はかた》湾上陸に成功しますが、鎌倉幕府が動員した武士団の激しい抵抗を受けてすぐに撤退、帰る途中で暴風に遭い、艦船多数を失います。

第二回遠征（弘安《こうあん》の役　1281）では、先発の東路《とうろ》軍（高麗軍）5万が、防備を固めた博多への上陸に失敗。五島《ごとう》列島に到着した范文虎率いる江南軍（旧南宋軍）10万と合流したところで台風の直撃を受け、艦船の大半を失います。戦意を失った范文虎は10万の兵士を置きざりにしてまっさきに逃亡、敗残兵は鎌倉武士団によって殲滅《せんめつ》させられ、遠征は大失敗に終わりました。

その後行なわれたジャワ遠征（1292）も、ジャワ軍の激しい抵抗と、熱帯の猛暑に妨げられ、3000名の損失を出して失敗に終わります。

史上最強のモンゴル軍が、立て続けに海外遠征に失敗したことは、次の明朝の対外政策にも深刻な影響を与えました。明の洪武《こうぶ》帝、永楽《えいらく》帝、嘉靖《かせい》帝は日本遠征を検討しますが実行せず、室町幕府将軍の足利《あしかが》家を臣下として冊封し、下賜品を与えるにとどまりました。

北虜南倭《ほくりよなんわ》――漢民族を脅かすランドパワーとシーパワー

元朝を通じて、江南のコメが、海運によって北京へ運ばれていました。フビライは北京と江南を直結する大運河の建設も命じましたが、途中の山東《さんとう》半島の高度差を克服できず、期待したほどの輸送量を確保できなかったのです。元朝末期、コメの海運を握っていた漢人商人も軍閥化して反モンゴル運動に加わります。

日本では、モンゴル撃退に成功したものの、領土が増えたわけではない鎌倉幕府が財政難に陥って間もなく崩壊し、幕府の統制を離れた武士団が流動化し、高麗や中国の沿岸を襲撃する者も現われます。

大運河建設への動員や重税への反発から、江南で大規模な反モンゴル暴動（紅巾《こうきん》の乱

1351-66）が発生します。反乱軍の中で主導権を握った貧農出身の朱元璋《しゅげんしょう》は明を建国し、南京《ナンキン》で皇帝として即位します（洪武帝）。江南からの食糧供給を断たれた元朝は動揺し、やがて明軍が北京を攻略、モンゴル人は長城以北へ撤収します。江南では、各地に割拠する軍閥の抗争が続き、明はこれを潰していきます。**東シナ海の武装海運業者は日本人と結んで明に抵抗**します。これらの武装集団を**倭寇《わこう》**と呼ぶのです。「倭人（日本人への蔑称）が寇する（掠奪する）」という意味ですが、初めから中国の反体制武装勢力も加わっていました。

中国史上はじめて、海洋民族（シーパワー）が中国を脅かすようになったのが明代なのです。「北虜南倭《ほくりょなんわ》」とは、漢民族を脅かす最大の敵は、北方騎馬民族のモンゴル（北虜）と、東シナ海の無国籍海賊集団である倭寇（南倭）である、という明代に生まれた言葉です。

ランドパワーに対する防御は長城ですが、**シーパワーに対する防御は海禁政策**です。倭寇の資金源は、日本との密貿易でした。これを断つため、明の洪武帝は**海禁令**を出します。

「寸板《すんぱん》も下海を許さず」――小さな板きれ一枚、海に浮かべてはならぬ、という徹底的な密貿易禁止令です。また日本政府（室町幕府）に対しては、朝貢と倭寇禁圧を要求します。

思想面でも明朝は、モンゴルと絶縁しました。**朱子学**《しゅしがく》は南宋で生まれた儒学の一派です。**野蛮（夷狄《いてき》）に対する中華（文明）の絶対的優位（華夷《かい》の別）**を強調し、モンゴルの中国支配を「理に反する」として糾弾しました。明はこの朱子学を科挙《かきょ》の試験科目とし、すべての官僚に学ばせたのです。この結果、明の政策は極めて硬直的なものになりました。

朱子学では理性を磨く知識人（士大夫《したいふ》）を最高位に置き、次に農業を尊び、生産活動を行なわない商業を卑《いや》しみます。**商人の蓄財を認めず、万人が土地を耕すべしという農本思想**、いわゆる「士農工商」の思想です。これはのちの毛沢東《もうたくとう》思想にもつながります。

モンゴル帝国では銀や紙幣が貨幣として流通しましたが、明では貨幣の流通も制限され、現物経済が復活しました。朝貢貿易以外の貿易を禁じた海禁令は、倭寇取り締まりという軍事的な目的のほかに、自由な貿易を「卑しむべし」という朱子学的な農本思想の表われでもあったのです。

一方で近隣アジア諸国では、中国産の絹や陶磁器の需要が急速に高まっていました。自由な貿易を行なえば、これらが中国から輸出され、代価として銀や銅が流入してきます。

すでに宋代から、江南の貿易港にはイスラム商人が来航、定住し、インド洋方面との交易に従事していました。福建省泉州《ふっけんせんしゅう》を拠点とするアラブ系大商人の蒲寿庚《ほじゅこう》はモンゴルに投降し、彼の商船隊は元軍を乗せて南宋王朝の残党を追撃し、崖山《がいざん》の戦いでこれを滅ぼしました。

数百隻の大艦隊で南海を遠征した鄭和《ていわ》

元朝はイスラム商人を「色目人《しきもく》」と呼んで経済官僚や地方長官に採用しましたが、モンゴル支配を倒した明は、色目人を「モンゴルの手先」として排斥しました。

雲南《うんなん》省はもともと大理《だいり》国という独立国でしたが、モンゴルが征服して色目人を入植させました。明軍は雲南を攻略すると色目人の大人は殺し、婦女子は奴隷とし、少年は去勢して宦官《かんがん》（後宮《こうきゆう》に仕える召使）にしました。その中に、当時13歳の少年・鄭和《ていわ》がいたのです。

鄭和の祖父はフビライ・ハンに仕えた色目人で、鄭和自身もイスラム教徒でした。彼は北京を防衛していた洪武帝の息子・燕王《えんおう》に才能を認められ、側近として取り立てられます。燕王は、洪武帝死後の帝位継承戦争（靖難《せいなん》の役）で甥の建文《けんぶん》帝を倒して三代・**永楽帝**として北京で即位すると、父の政策を１８０度転換して海外進出に乗り出します。

北虜南倭の16世紀

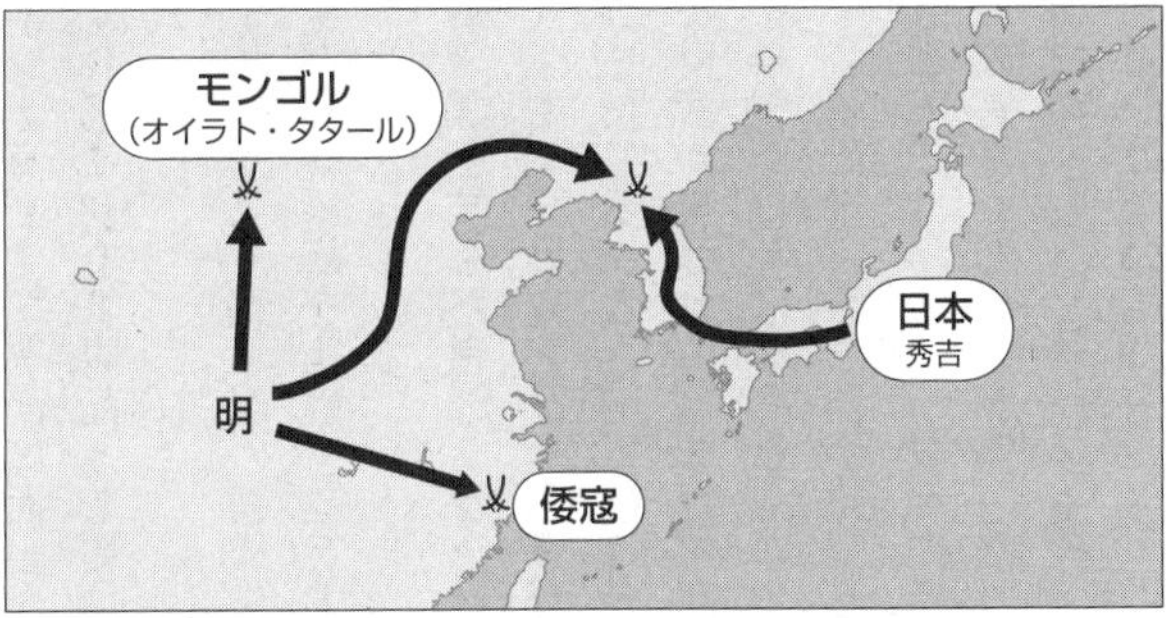

北からはランドパワーのモンゴル、南からはシーパワーの倭寇が漢民族の明を脅かした。

鄭和を司令官とする数百隻の大艦隊が建造されます。南京を出航して東南アジア諸国をめぐり、マラッカ海峡を抜けてインド諸国を訪れ、遠くアラビア半島や東アフリカまで到達しました。この数回にわたる**「鄭和の南海遠征」**は、**ランドパワー帝国の中国が初めて外洋に派遣した艦隊**として特筆すべきものです。永楽帝は、色目人を含むシーパワー勢力を排斥するのではなく、取り込もうとしたのです。

「遠征」とはいっても、のちに欧米諸国がやったような砲艦外交を行なったのではありません。鄭和艦隊が戦ったのは、マラッカ海峡の漢人海賊掃討作戦くらいです。艦隊の中心となった「宝船《ほうせん》」は巨大な貨物船で、その名のとおり絹織物や陶磁器が満載されていました。南シナ海やインド洋に面した各国の港に入港し、現地の人々にこれらの宝物を見せ、朝貢すればこれを下賜品として与えよう、と誘いをかけるための「動く見本市」だったのです。

いずれにせよ、15世紀の初めに中国艦隊がインド洋を航行したのは事実です。ポルトガル艦隊が、喜望峰を抜けてインド洋に姿を現わす80年も前のことです。しかし、鄭和の遠征は、突然中止されてしまいました。最大の理由は、**宮廷における宦官（シーパワー派）**と、**朱子学を学んだ官僚（ランドパワー派）との権力闘争**でした。

朱子学的偏見に従えば、国家経営の第一は農業振興であり、色目人を重用して商業に国家予算を投じるなどもってのほか。当時の造船技術では、船は簡単に転覆し、そのたびに莫大な財貨が失われる。また、遠征が成功すれば多くの各国が休みなく朝貢し、彼らに下賜品を与えなければならなくなる。財政が持たぬと。

永楽帝の死後、官僚側が勝利し、宝船は解体され、設計図も航海日誌などの貴重な資料も焼かれてしまったようです。今日われわれが鄭和艦隊の業績を知ることができるのは、鄭和の副官だった馬歓《ばかん》が残した『瀛涯勝覧《えいがいしょうらん》』などの個人の記録からです。

明朝は再び海に背を向けました。モンゴル人の脅威が、再び北辺を脅かしていたのです。鄭和が最後の航海から戻ってから16年後、モンゴル軍を迎撃した明の正統帝《せいとう》が、長城のすぐ北で大敗し、捕虜になるという衝撃的な事件が起こります（土木《どぼく》の変　1449）。明朝は、陸軍増強と長城修復に国家予算を傾け、艦隊に回す費用はなくなりました。朝貢貿易も途切れがちになり、自由な貿易を求める倭寇の活動が再び活発化します（後期倭寇）。北方からはランドパワーのモンゴル（北虜）、南方からはシーパワーの倭寇（南倭）に挟撃《きょうげき》されます。この**北虜南倭**に対する軍事負担は重税と労役という形で人民に転嫁《てんか》され、明朝は崩壊に向かいました。

ちょうど**大航海時代**が始まり、ポルトガル人がマラッカを占領し、スペイン人がフィリピンを占領します。戦国時代だった日本では戦国大名が銀山の開発を進め、スペイン領アメリカと日本が銀の二大生産国となります。

日本銀を目当てにポルトガル人が来航して鉄砲を売り込み、日本人はたちまちこれを量産します。織田信長《おだのぶなが》の鉄砲隊が西日本を統一、後継者の豊臣秀吉《とよとみひでよし》は日本統一の余勢をかって、明朝征服を企てます。**豊臣秀吉の朝鮮出兵（1592-98）は、中国が海洋国家から攻撃を受けた最初の事例**です。それまで倭寇という烏合《うごう》の衆だったシーパワーが、組織化された鉄砲隊を持つ日本軍に代わったわけです。

清朝崩壊を早めた海防・塞防《さいぼう》論争

日本との戦争で疲弊した明朝から独立を宣言したのが**満州人**です。満州の森林地帯で狩猟を主とし、農耕も行なう民族ですので、草原の遊牧民とは敵対関係にあります。12世紀に金という国を建て、北中国を支配したことがありますが、モンゴルに征服されています。

建国者のヌルハチが挙兵したのが秀吉軍撤退の18年後。国名を後金《こうきん》とし、二代ホンタイジが**清**と改めました。明が農民反乱で滅んだのに乗じて長城の守備隊長・呉三桂《ごさんけい》を説得し、反乱鎮圧の名目で北京に入城しました。呉三桂は清の将軍として取り立てられます。フビライが南宋の将軍を買収したのと同じ手口ですね。

清朝にとっても最大の脅威はモンゴル系遊牧民でした。**ガルダン・ハンが率いるジュンガル部**は、いまの新疆《しんきょう》ウイグル自治区を中心に東はモンゴル高原、南はチベット高原にまで勢力を伸ばし、清朝を包囲しようとしていました。清朝の全盛期を築いた3人の皇帝——康熙帝《こうきてい》・雍正帝《ようせいてい》・乾隆帝《けんりゅうてい》はジュンガル遠征を繰り返し、ついにこれを滅ぼします（1755）。ジュンガル領は清朝に編入された「新しい領土」という意味で、「新疆」と

17世紀、清をめぐる情勢

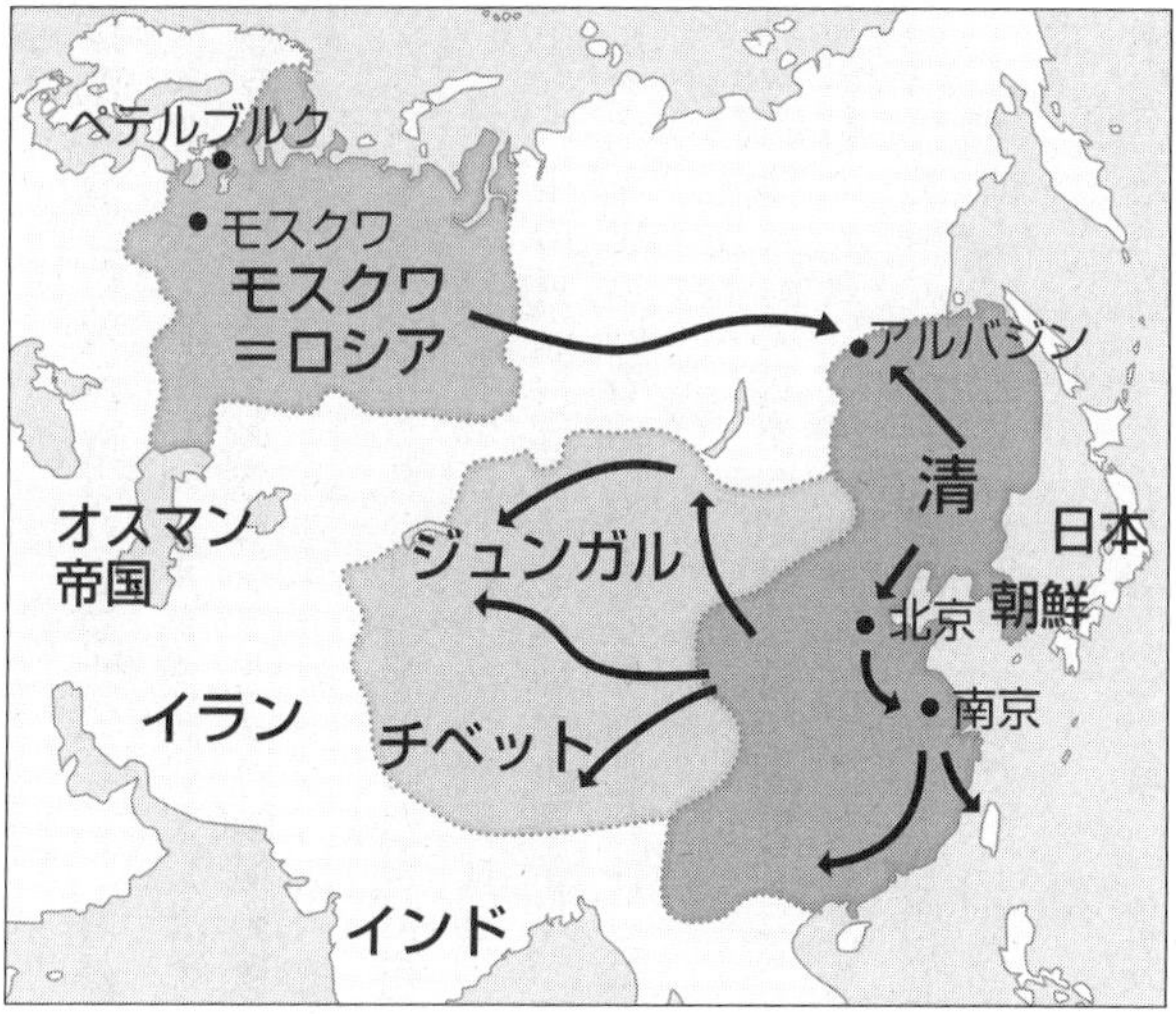

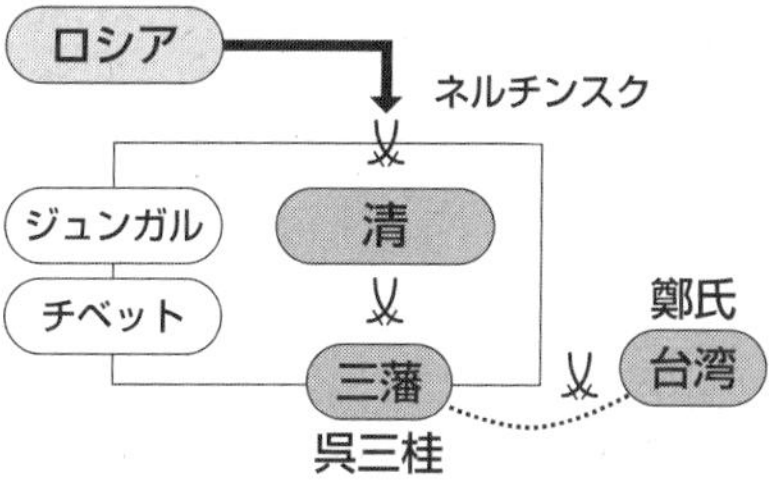

（上）ロシアのシベリア征服と清のジュンガル征服により、中露は長い国境を接することになった。（下）台湾に立て籠もる鄭氏、雲南で挙兵した呉三桂らと清が衝突している隙に、ロシアが南下を始める。

呼ばれます。

鉄砲の普及により騎馬戦法の優位性はすでに失われ、シベリアでは、ロシア帝国のコサック部隊が先住民を制圧しつつ東進を続けていました。ジュンガル帝国滅亡により、清朝は**新たなランドパワーであるロシアと長い国境を接する**ことになったのです。

ロシアの脅威が現実化したのは康熙帝のときです。若年で即位した康熙帝は、漢人の大反乱という危機に見舞われました。一つは**鄭成功**《ていせいこう》の一族。福建を拠点とする倭寇の末裔《まつえい》です。シーパワーの自立に危機感を抱いた康熙帝は、**遷界令**《せんかいれい》を発します。広東《カントン》・福建・浙江《せっこう》の海岸から15キロ以内の住民を内陸へ強制移住させ、貿易を厳禁するという強力な海禁令です。

長崎県平戸《ひらど》生まれで日本人の母を持つ鄭成功は日本の江戸幕府にも援軍を求めました。幕府は応じませんでしたが、鄭氏は台湾《たいわん》に立て籠もり、20年間にわたって抵抗します。

もう一つは雲南で挙兵した**呉三桂**。もともと明の将軍だった呉三桂は、清の北京入城に協力して「雲南王」に任じられていましたが、完全独立を求めて再び離反したのです（**三**《さん》**藩**《ばん》**の乱**）。

反乱平定のため清朝の大軍が南下した隙に、北方から侵入したのがロシアです。満州を横断するアムール川北岸にアルバジン城を築き、南下の機会をうかがったのです。火事場泥棒は、ロシアの得意技です。

三藩と鄭氏台湾の反乱を平定した康熙帝は、ようやく軍隊を北方へ向け、アルバジン城を包囲します。ロシア側はアルバジン城を放棄して話し合いに応じ、**ネルチンスク条約**で清露国境を定めました（1689）。アムール川のずっと北の外興安嶺《そとこうあんれい》を国境としたのです。

シーパワーとランドパワーによる挟撃、という最悪の事態は、200年後に繰り返されます。

アヘン戦争に続き、**アロー戦争**（1856‐60）でも大敗した清朝は、英・仏連合軍に首都北京を占領されます。これに乗じたロシア軍は南下し、**アムール川の北岸とウスリー江以東の併合**を清朝に認めさせます（**アイグン条約、北京条約**）。北虜南倭の「北虜」がロシア軍に、「南倭」が英・仏軍に代わったのです。

ペリー来航（1853）で衝撃を受けた日本は明治維新（1868）を断行し、イギリス海軍をモデルとした帝国海軍の創設に着手します。琉球漂流民殺害事件の報復として行なわれた**台湾出兵**と翌年の朝鮮に対する**江華島《こうかとう》事件**（1875）は、近代日本最初の海外出兵として成果をあげました。台湾は清朝の直轄領、朝鮮は清朝の冊封国でしたが、まともな海軍を持たない清朝は手も足も出せなかったのです。

清朝でも**洋務運動**《ようむ》と呼ばれる外資導入による鉄道建設や鉱山開発が始まり、イギリスから最新の蒸気船を購入して近代的海軍・北洋艦隊の創設も始まります。しかし、政府内部では深刻な対立が起こっていました。

英・仏や日本に対抗するため大艦隊の建造に国費を投じ、ロシアの領土要求には妥協して新疆を割譲すべし、という**李鴻章**《りこうしょう》**らの海防派（シーパワー派）**と、最大の敵ロシアに新疆を渡してはならず、陸軍増強に資金を投じ、海防は後回しにすべし、という**左宗棠**《さそうとう》**らの塞防派**《さいぼう》**（ランドパワー派）**との対立です。当時、新疆ではイスラム教徒の反乱に乗じて、ロシア軍による占領が始まっていました。

最高実力者の西太后《せいたいこう》は両者の言い分を折衷《せっちゅう》し、左宗棠はロシアと交渉して占領地の半分を返還させることに成功しましたが、李鴻章は準備不足のまま**清仏戦争**（1884-85）、**日清戦争**（1894-95）で連敗し、アジア最強と自負した北洋艦隊を失うことになったのみならず、清朝は、露・日・独・英・仏の列強の勢力圏として切り刻まれたのです。日清戦争（中国では甲午《こうご》農民戦争）で小国日本に敗れ、北洋艦隊を失った屈辱は、いまでも中国海軍のトラウマになっています。

20世紀前半、中華民国をめぐる情勢

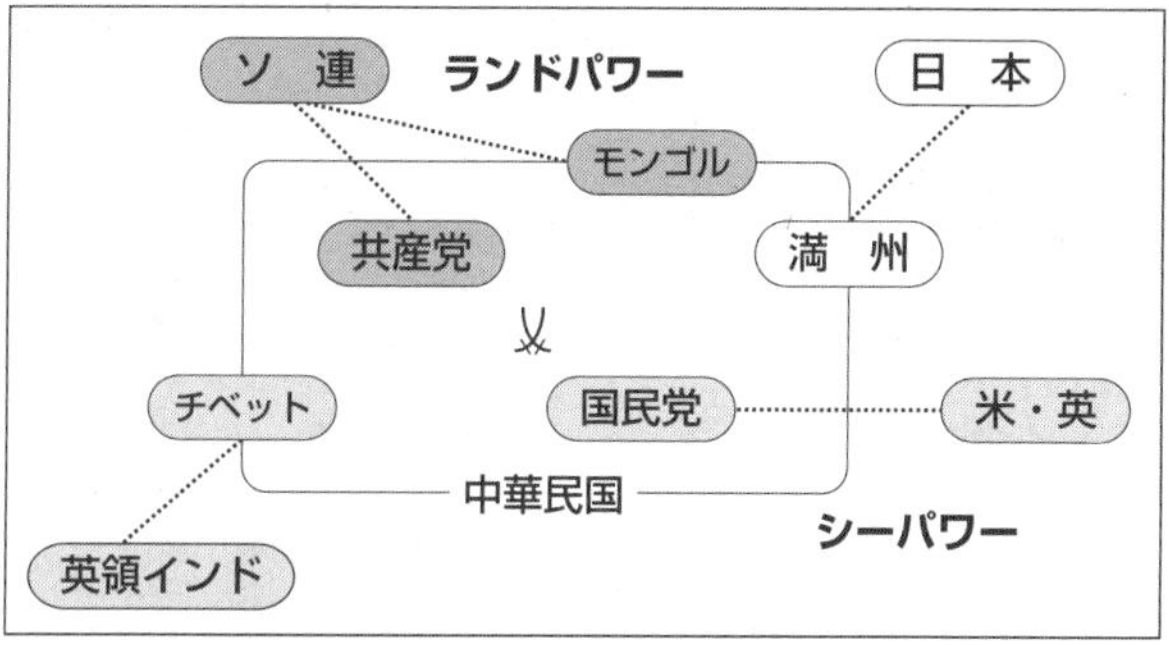

中華民国では、米英と結んだ国民党と、ソ連と結ぶ共産党との間で内戦が勃発した。

このあと満州支配をめぐって日・露が対立し、日本はイギリスと同盟（シーパワー同盟）を結び、日露戦争でロシアに圧勝します。日露戦争の戦場になったのは満州ですが、米国が仲裁したポーツマス会議に、清朝は呼ばれもしませんでした。もはや国として扱われなくなっていたのです。

亡国の危機にあった清朝で辛亥《しんがい》革命が起こり、孫文《そんぶん》を指導者とする漢人国家・**中華民国**が成立します（1912）。同時に外モンゴル、チベットも独立を宣言します。

ロシアでも第一次世界大戦中に革命が起こり、共産主義者レーニンがソヴィエト政権を樹立します。中国による再併合を恐れて**外モンゴル（モンゴル人民共和国）はソ連と同盟し、チベットのダライ・ラマ（十三世）政権**

はイギリスと結びます。廃位された清朝最後の宣統帝は、日本と結んで満州の独立を図ります。

孫文の死後、中華民国内部でも内戦が起こりました。上海の浙江財閥から支持され、**米・英と結ぶ蔣介石《しょうかいせき》の国民党政権（シーパワー派）**と、**ソ連と結ぶ毛沢東の共産党（ランドパワー派）**との内戦です。

日本がこれに乗じて満州を占領、宣統帝を擁して満州国を樹立します。満州の日本軍がシベリアに軍事的脅威を与えたため、ソ連のスターリンは中国共産党に指令を出します。

「国民党との内戦を停止し、抗日戦争を開始せよ！」

北京郊外の盧溝橋《ろこうきょう》と上海で軍事衝突が起こり、日・中は全面戦争に突入します。

日本による中国市場独占を嫌うアメリカのフランクリン・ローズヴェルト政権は蔣介石政権に軍事援助を与え、日本に対しては石油の禁輸など厳しい経済制裁を科します。日本国内では、「対ソ戦に備えるべし」という陸軍（ランドパワー派）と、「米・英に一撃を加えるべし」という海軍（シーパワー派）が対立していましたが、米国の強硬姿勢が後者に有利に働き、日ソ中立条約の締結と日本海軍による真珠湾攻撃に至ったのです。

第二次世界大戦で、中国は救われました。シーパワー同士の日本と米・英が激突し、ラ

20世紀後半、中国をめぐる情勢

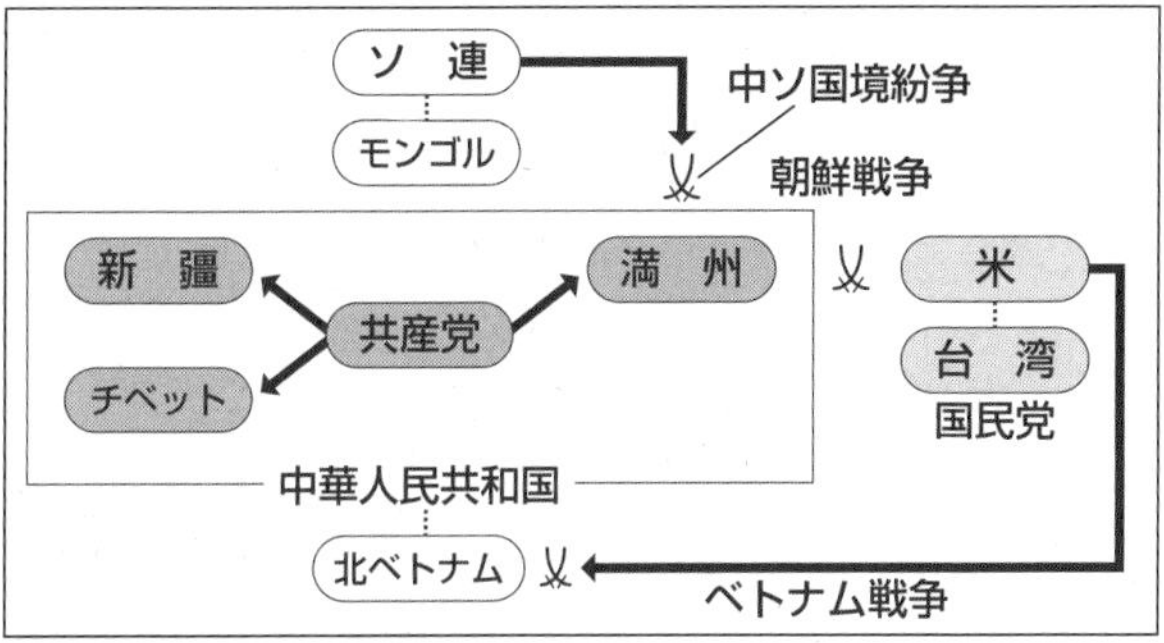

大戦後、共産党が内戦に勝利し、
統一を実現すると、チベット・新疆
など清朝の旧領を回復していった。

ンドパワーのソ連はドイツとの戦争に忙殺されて、中国問題に介入できなかったからです。

大戦後、戦勝国となった中華民国は、国連安全保障理事会の常任理事国に選ばれ、世界の五大国の一角を占めるに至りました。しかしソ連軍とともに満州を占領した中国共産党は、日本が開発した工業地帯を接収して国民党との内戦に勝利し、敗れた蔣介石は台湾へ脱出します。中華人民共和国による中国統一が実現したのです。

共産党政権は、インド独立によりイギリスが手を引いたあとのチベットを併合し、スターリンの了承を得て新疆ウイグルも併合します。ソ連の保護下にあったモンゴル人民共和国を除く清朝の旧領を、すべて併合したのです。チベットと新疆は、中国から見ればソ連およびインドの脅威に備えた緩衝地帯《かんしょう》（バッファーゾーン）です。

ランドパワー派・毛沢東の大躍進政策

日本との戦争で米国が一貫して中国を支援してきたのは、当時人口5億人だった中国を、自由市場および投資先として確保するためでした。ところが国民党は台湾へ敗走し、**中国共産党というソ連型ランドパワー政権が生まれ、統制経済を採用して米国資本を締め出してしまった。**これでは、米国は何のために日本と戦ったのか、わかりません。

日本軍が撤退したあとの朝鮮半島では、ソ連が送り込んだ共産主義者の金日成《キムイルソン》政権と、これを阻止するため米国が送り込んだ李承晩《イスンマン》政権が開戦（**朝鮮戦争**　1950－53）、米軍と中国義勇軍も介入して、事実上の米中戦争になります。

ランドパワー政権は農本主義です。かつて明朝の官僚たちがそうであったように、毛沢東も「耕《たが》す者に、その田あり」という孫文の提唱した万民直耕の理想社会を夢想しました。土地は共有とされ、共産党が作成した五カ年計画（経済運営や事業計画について、5年で達成すべき目標とその手法について定めた長期計画）に従い、人々は能力に応じて働き、必要に応じて受け取る……はずでした。

しかし人々は私利私欲でしか行動せず、強制されなければ働かないことがすぐに証明されました。五カ年計画のノルマ達成のためには、共産党による人民の監視と、不平分子の摘発、毛沢東への個人崇拝が必要になったのです。

同じことは、スターリン時代のソ連でも起こっていましたが、1953年にスターリンが死んだあと、後継者となった**フルシチョフ**は現実主義者でした。彼は**米国との平和共存**を掲げ、それまでタブーだった**スターリン批判**に踏み切ります。

毛沢東は、中国共産党内部でも「毛沢東批判」が起こるのを恐れ、フルシチョフを「修正主義者」、「米国にすり寄る日和見《ひよりみ》主義者」と糾弾します（**中ソ論争**の開始）。

ソ連との関係が険悪になる中、**「大躍進」**と名付けた大衆動員によってイギリスを追い抜いて先進国になる、という実現不可能なノルマが課されます。人々は**人民公社**に組織され、党の監視のもと過酷な労働を課されました。

結果は惨憺《さんたん》たるものでした。人民公社で生産された工業製品は使い物にならず、農村は荒廃して飢饉が発生し、数千万人の餓死者を出します。

ソ連はシベリアで核実験を繰り返し、毛沢東はソ連からの核攻撃に備えるため、東京五輪（1964）の最中に**核実験**に踏み切ります。中ソ国境では双方が数十万人規模の軍隊を動員して緊張が高まり、ウスリー江の中洲をめぐる国境紛争から武力衝突も発生しました（**ダマンスキー島／珍宝島**《ちんぽう》**事件**　1969）。

米国はキューバ危機を回避したあとソ連に接近し、デタントと呼ばれる米ソ核軍縮の時代に入ります。その一方で**ベトナム戦争**に軍事介入し（1965）、核兵器搭載も可能な米軍の戦略爆撃機B-52が沖縄から北ベトナムまで飛来して空爆を行ないました。中国から見れば、北虜南倭ならぬ「北露南米」の脅威にさらされたのです。

中国共産党は分裂し、ソ連型の改革を求める**劉少奇**《りゅうしょうき》・**鄧小平**らが政権を握ります。国家主席辞任に追い込まれた毛沢東は、個人崇拝によって洗脳した全国の中学・高校・大学生たちを動員し、「ソ連の手先、共産党を乗っ取ろうとする実権派、資本主義を導入しようとする走資派《そうしは》を打倒せよ！」と呼びかけ、騒乱を引き起こします（**文化大革命**　1966-76）。

シーパワー派・鄧小平の改革開放政策

10年続いた文化大革命で劉少奇を打倒した毛沢東は、米ソによる挟撃《きょうげき》を回避するため米国のニクソン大統領を招きます。毛は『三国志』の故事に譬《たと》え、北方の大国・魏（ソ連）に対抗するには、弱小の蜀（中国）は東の呉《ご》（米国）と手を組むしかない、と考えたのです。

次いで日本の田中角栄《たなかかくえい》首相を北京に招きます。上野公園にはパンダを贈って日本の世論を親中国へと一変させ、それまで親米だった自民党政権内に、田中角栄・竹下登《たけしたのぼる》・小沢《おざわ》一郎《いちろう》と続く「親中派」が形成されて最大勢力となっていきます。対中ＯＤＡ供与の始まりです。

まもなく毛が亡くなると、文革を継続しようとする毛夫人・江青《こうせい》の一派（四人組）と、文革をやめようとする鄧小平ら実権派との激しい権力闘争がおこり、鄧小平が勝利しました。

現実主義者の鄧小平は、**外資導入と市場経済による中国経済の再建――改革開放政策**を掲げます。米国と日本からの投資を呼び込むため、沿岸部には資本主義を認める経済特区を設け、農村では人民公社を廃止し、利潤追求を認めました。日本に対しては戦後日本の経済成長と科学技術の発展を称賛し、歴史問題や領土問題を封印したのです。

国連の調査による海底油田の発見（１９７０）、米国から日本への沖縄返還（１９７２）にともない、中国は**尖閣領有権**を主張しはじめ、１９７８年には機銃を装備した「中国漁船団」が領海侵犯を行ないました。**鄧小平**はこの問題について**「後世のもっと知恵のある人間にこの問題は解決してもらおう」**と棚上げを主張し、日中平和友好条約(1978)の締結を迫ったのです。日本側はこれを鄧小平の「善意」と誤解し、条約を結んでしまいます。

鄧小平にとって、日・米からの資本導入で中国経済を立て直し、軍備を整えてソ連の脅威に対抗する、というのが改革開放政策の目的でした。将来、大国となった中国の指導者に、尖閣問題ももっと有利に「解決してもらおう」という意味だったのです。

東欧民主化とベルリンの壁崩壊(1989)は、中ソ両国の共産党政権に深刻なダメージを与えました。

中国共産党政権は、**天安門事件**《てんあんもんじけん》(1989)で民主化運動を戦車で圧殺し、この危機を乗り切りました。独裁のもとで秩序を維持しつつ、経済は自由という「社会主義市場経済」を堅持し、90年代前半には年率10%以上の高度経済成長を続け、軍備を増強しました。

ソ連は民主化の波に抗しきれずついに崩壊(1991)、継承国家のロシア連邦は、エリツィン政権が強行した経済自由化の過程で10年間の混乱に苦しみました。
２０００年代にプーチン政権が強権で秩序を回復しますが、石油・ガス・兵器の顧客である中国との全面対決は望まず、**露・中・中央アジア四カ国で上海協力機構（SCO）を設立**（２００１）、中露国境を画定するなどランドパワー同盟の結成に動きます。その一方で、中国のさらなる強大化を望まず、インド・ベトナム・日本との連携も強めるなど、二股外交を展開中です。

１９９０年代以降の中国は、史上はじめて北方の脅威から解放され、海洋進出の余力が生まれたのです。米国も金融危機の後遺症で国力が衰退し、東アジアから米軍を撤収せよ、という声も出はじめています。背後のロシアがおとなしくなり、日本の保護者だった米国も引いていく。ならば、東アジアの海はわが中国のものだ、と。対日政策を「友好」から「恫喝《どうかつ》」に大転換した根本原因は、ここにあります。

日本がこれに対抗するには、自衛力の増強はもちろん、米軍のプレゼンスを維持し、ロシアを再強化するしかありません。もとの「北虜南倭」状態に戻せばいいのです。
日中友好派の代表格である河野洋平《こうのようへい》元衆院議長は、「中国は変わってしまった……」とぼやいたそうです。彼らは自分たちが中国共産党にうまく利用されていたことに、いままでも気付いていないようです。

中国はシーパワー大国になれるのか？

日清戦争で北洋艦隊を失って以来、まともな海軍というものを持ったことのない中国で、**米国の第七艦隊に対抗しうる遠洋艦隊の創設**を鄧小平に具申した人物がいます。中国海軍の**劉華清《りゅうかせい》**司令。中国海軍が制圧すべき「列島線」の概念をはじめて提唱したのがこの人です。

・**第一列島線**……沖縄・台湾・フィリピン以西の、東シナ海と南シナ海。
　２０１０年までに沖縄から米軍を撤収させる。

・**第二列島線**……小笠原・グアム・ニューギニア以西の西太平洋。
　２０２０年までに米軍をグアムからハワイへ撤収させる。

２０１０年までという計画は遅れていますが、尖閣に対する執拗な領海侵犯も、ウクライナ製空母ワリャーグを改造した中国初の空母「遼寧《りょうねい》」の建造も、**第一列島線までの内**

ランドパワー中国はアジアの海上覇権を目論む

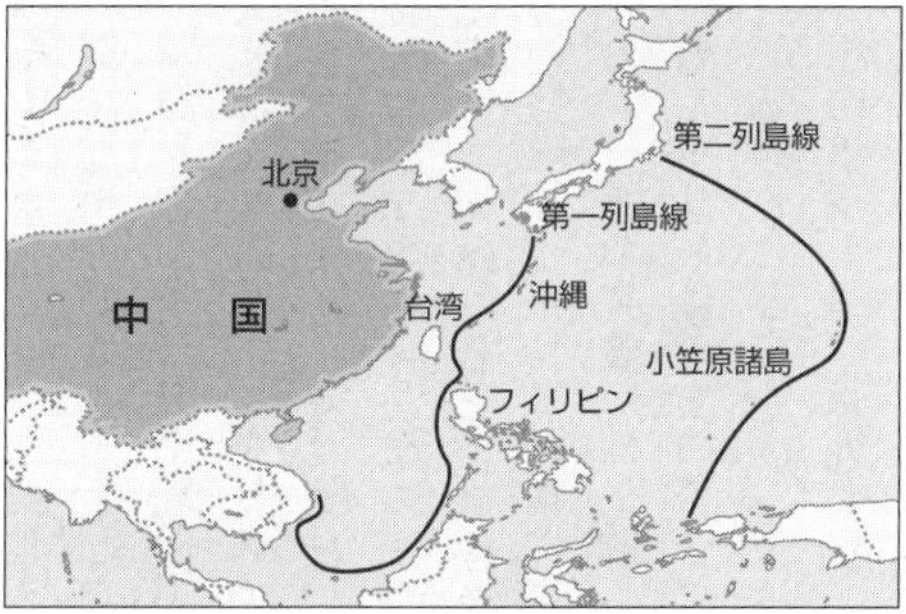

尖閣諸島領有主張の動きは、長期の計画に基づくものだった。小笠原以西の海域を制圧するのが中国海軍の目的である。

海化という劉華清プランに基づくものです。
２００７年に米太平洋軍のキーティング司令官が訪中した際、中国海軍幹部から「ハワイより東を米軍、西を中国海軍が管理しよう」と持ちかけられた、と証言しています。

しかし、**伝統的なランドパワー国家が、海上に打って出て成功した例はありません。**

いまの中国は、１００年前のドイツによく似ています。
ドイツは伝統的に、東の隣国ロシアと、西の隣国フランスによる挟撃に備えて、陸軍の増強を国防の第一としてきた典型的なランドパワーです。
そのロシアが日露戦争に敗北して弱体化

し、フランスはアフリカ植民地をめぐってイギリスと対立しているという状況を見て、ドイツの海洋進出の好機と判断したのが**ドイツ皇帝ヴィルヘルム二世と、海相ティルピッツ**です。マハンのシーパワー理論を学んだティルピッツのプランにより、ドイツは史上はじめて大艦隊を建造し、イギリスの海上覇権に挑戦しようとしました。

ドイツを警戒するイギリスは、フランスとはアフリカ分割で妥協し（英仏協商）、日露戦争後のロシアとも中央アジア分割で妥協（英露協商）。いわゆる三国協商の成立です。欧州でドイツが露・仏と開戦すると、露・仏側に立って参戦し（第一次世界大戦）、ドイツ自慢の艦隊はイギリス海軍によって北海に封じ込められ、ユトランド沖海戦で一矢報いたものの、封鎖の突破には失敗し、ドイツは敗れました。

当時のイギリスはいまのアメリカ。沖縄の米海軍と海兵隊の任務は、東シナ海に中国海軍を封じ込めることです。

ロシアのポジションは変わらず、当時のフランスはいまのインドか日本でしょう。歴史が繰り返すとすれば、中国海軍の増強は米・露・印・日の「四国協商」の強化を促《うなが》すだけでしょう。ロシアの代わりに豪州を加えると、左ページの図のような安倍晋三《あべしんぞう》首相が掲げた「安全保障のダイヤモンド構想」（２０１２）となります。

安倍首相が掲げるセキュリティー・ダイヤモンド

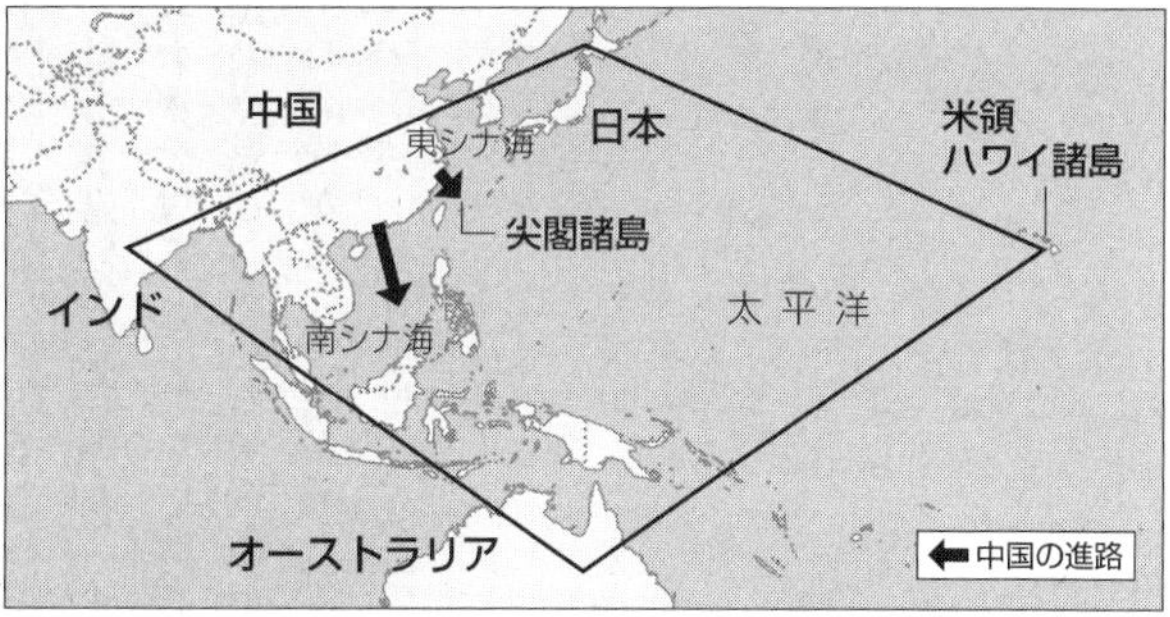

米・豪・印・日が手を組むことで中国を封じ込め、太平洋の安全保障を担ってゆく。

習近平政権は、南シナ海のフィリピン、ベトナムとの係争地となっているサンゴ礁の島々にコンクリートを流し込み、軍事基地の建設を急ピッチで進めました。中国市場に未練がある財界と結びついた米オバマ政権は、口で弱々しく抗議するだけでした。

しかしトランプ政権になって対中姿勢が一変します。中国からの輸入品に高関税をかけ、「貿易戦争」に打って出たのです。これは表面的には安い中国製品から米国の産業を守るためですが、根本的には、アメリカから太平洋の覇権を奪い取ろうと目論む中国共産党政権に対する「経済制裁」と考えるべきです。政治・軍事と経済とは、切り離すことはできないのです。

第一次世界大戦当時のドイツ首脳より、い

まの中国政府首脳が賢明であれば、対中包囲網の分断を先に行なうでしょう。ウクライナ問題では米・露の対立を煽《あお》り、インドとは経済的な連携を強化し、日本に対しては「第二次世界大戦を反省していない敗戦国」として発言を封じ、日本本土と沖縄を離間《りかん》させ、沖縄住民の意思という形で米軍撤退や、将来の沖縄独立を要求させる。

孫子の時代から、中国が最も得意とするのは情報戦、謀略戦です。これにどう対処できるか。50年、100年単位の長い戦いになりそうです。

［第３章］

朝鮮半島——バランサーか、コウモリか？

introduction

サッカーW杯の日韓共同開催（2002）、韓国ドラマ『冬のソナタ』の日本放映（2003-04）のあたりから、日韓関係は新しい時代に入ったと思います。

韓国語を学ぶ日本人が増え、東亜日報・朝鮮日報・中央日報など韓国のニュース・サイトも日本語で読めるようになりました。ところが、テレビ局が演出する華やかな「韓流《ハンりゅう》ブーム」とは裏腹に、主にネットを通じて「韓国人の本音」を知った日本人の間で、どうしようもない違和感が広がっていきました。

「植民地統治の歴史について、謝罪と反省を執拗に求める」

「日本文化の起源は、すべて韓国にあると主張する」

「竹島《たけしま》（韓国名・独島《トクト》）の領有権問題で、感情的に反発する」

決定的だったのは、李明博《イミョンバク》大統領（当時）の竹島上陸と天皇陛下に対する非礼な謝罪要求（２０１２）でした。大阪育ちで実業家でもある李明博氏は、知日派であろうと期待されていたからです。

次の朴槿恵《パククネ》大統領は、初の女性大統領で日韓基本条約（１９６５）を結んだ朴正熙《パクチョンヒ》元大統領の娘でもあることから、日韓関係の改善が期待されました。しかし彼女は就任直後から戦時賠償問題――とりわけ「従軍慰安婦問題」にこだわり、日韓首脳会談を拒否しつづけています。

最近の韓国は、いったいどうなってしまったんだろう？

この疑問を、地政学で読み解いていきましょう。

侵略されつづけた半島国家

韓国語（朝鮮語）は北方アジア系の言語で、主語＋目的語＋述語の語順です。

韓国語　ちょぬん・日本人（いるぼんさらむ）・いむにだ。
日本語　わたしは・日本人・です。
中国語　我（ウォ）・是（シー）・日本人（リーベンレン）。

韓国語は日本語と語順が全く同じで、助詞・助動詞（傍線部分）があります。これに対して中国語は基本的に主語＋述語＋目的語の語順（英語と同じ）で、助詞も助動詞もありません。全く系統が違います。

北方アジア系の言語はほかにモンゴル語・トルコ語（＝ウイグル語）があります。かつては契丹《きったん》語・女真《じょしん》語・満州語も存在しましたが、いまでは死語になってしまいました。これらの民族は、中国に飲み込まれてしまったのです。モンゴルの南半分（内モンゴル）とウイグルも、中国に併合されています。

地形的に守りが弱い朝鮮半島

黄海や鴨緑江といった朝鮮半島の地理的障壁は非常に弱いため、何度も侵略を受けてきた。

北東アジアの諸民族で、中国に飲み込まれなかったのはモンゴル・韓国（朝鮮）・日本だけです。モンゴルはゴビ砂漠、日本は東シナ海と日本海という自然の障壁に守られて、中国に飲み込まれずに済んだのです。

朝鮮半島は黄海《こうかい》と鴨緑江《おうりょくこう》・白頭山《はくとうさん》が障壁になっていますが、冬に凍結する鴨緑江は歩いて渡れますし、波の穏やかな黄海も船で渡るのは容易です。つまり、守りが弱いわけです。

漢の武帝《ぶてい》以来、歴代中華帝国は朝鮮半島への威圧や侵略を繰り返しました。半島という袋小路に追い詰められると逃げ場がありません。朝鮮民族は最初は激しく抵抗しますが、**抵抗しても無駄とわかると、手の平を返して大陸国家に恭順の意を示し、逆に過剰なまでに忠誠を誓います。**手の平返しをしないと生き残れないからです。

やがて大陸国家が衰退すると、また手の平を返して反抗する。**大陸がA帝国からB帝国に交代するとき、朝鮮の内部では親A派と親B派との激しい派閥抗争（党争）が起こり、親B派のクーデタによって王朝が交代し、前政権の人々は粛清される。**この繰り返しです。

半島国家という意味ではベトナムとも似ていますが、朝鮮半島の場合は中華帝国に加えて北方の遊牧民も次々に攻め込んでくるのでたまったものではありません。

朝鮮半島最大の危機は13世紀でした。モンゴルの侵攻です。

1231　オゴタイ・ハンが第一次高麗遠征。高麗王は江華島へ避難。
1232　第二次高麗遠征。半島北部を制圧、掠奪。
1235　第三次高麗遠征。半島南部を制圧、掠奪。
1247-50　グユク・ハンが第四次高麗遠征。
1253-54　モンケ・ハンが第五次高麗遠征。
1253-58　第六次高麗遠征。

『高麗史』によれば、この第六次高麗遠征で捕虜として連行された者は20万人。宮廷では反モンゴル派と親モンゴル派の党争が続き、後者の勝利により高麗王は江華島を出てモンゴルに降伏。

モンゴルのフビライ・ハンが高麗王の元宗《げんそう》を臣下とし、王子を人質に取ります。

人質となった王子はフビライの娘と結婚し、モンゴル風のファッション（辮髪《べんぱつ》・胡服《こふく》）で帰国して即位（忠烈王《ちゅうれつ》）。義父となったフビライに日本遠征を進言したのがこの人物です。征服者のモンゴルに過剰適応することで、身の安全を図ったわけです。

モンゴルの日本遠征（元寇）は日本史では大事件ですが、1274年と1281年のった2回。対馬《つしま》や壱岐《いき》、博多はひどい目にあいましたが、京都や鎌倉が焼かれて、日本人が何十万人も捕虜になったわけではありません。

これだけの経験をすれば、その民族性に影響しないわけがありません。朝鮮人の気性の激しさ、自己主張の強烈さ。それとは対照的に、日本人が独特の人の良さ、協調性（和の精神）を保っているのは、持って生まれたものというより、過酷なモンゴル支配を経験したかどうかという経験の違いだと思います。

夷狄《いてき》を排斥しつづけた李氏朝鮮

モンゴル帝国を倒したのが明朝です。これに呼応してクーデタを起こし、高麗王朝を倒した李成桂《りせいけい》将軍は、明朝皇帝に忠誠を誓い、**明の皇帝から臣下として冊封され、「朝鮮」の国号を授与**されました。これが**李氏《りし》朝鮮**の建国（1392）です。

朝鮮は明朝の公務員試験である科挙を取り入れ、明朝のイデオロギーである朱子学を採用しました。朱子学は儒学《じゅがく》の一派ですが、主君と臣下、中華（文明）と夷狄《いてき》（野蛮）を徹底的に差別する思想です。モンゴル人は夷狄であり、夷狄が中華を支配したのは宇宙の法則に反する、と説くのです。いわゆる中華思想です。

つまり朝鮮は、モンゴル憎しのあまり、今度は明朝に過剰適応していったのです。朝鮮の官僚である**ヤンバン（両班）**は中国風のファッションに身を包み、漢文をマスターして四書五経（儒教の経典で重要な9種の書物）を暗記しました。

しかし朝鮮語は日本語に近いので、一般民衆は漢文の読み書きができません。世宗《セジョン》という学者肌の王が、民衆の識字率を上げるために**朝鮮文字（ハングル）**を制定しましたが、ヤンバンたちは「これは中華の文字ではない、中国に知られたら恥ずかしい」という理由で拒絶します。

日本人は早くから「かな文字」という独特の文字を使い、ちょんまげを結《ゆ》っていました。髪を剃《そ》るという点で、モンゴル人、満州人の辮髪と共通の風習です。朝鮮のヤンバンから見れば、日本人はモンゴル人と同じく「中華の礼を知らぬ夷狄」であり、蔑視の対象でした。西洋人ももちろん夷狄ですから、徹底的に排斥します。日本人がポルトガル人とさかんに交易し、鉄砲の技術を学んだのとは対照的でした。

その結果、豊臣秀吉の朝鮮出兵では、鉄砲を持たない朝鮮軍は総崩れになり、明朝からの援軍によってかろうじて滅亡を免れます。朝鮮はますます明に対する忠誠心を強めましたが、明朝はこの戦争で疲弊し、やがて満州人が建てた清朝が勃興することになります。日本が撤兵した40年後、今度は清朝が朝鮮に侵攻して服属を要求します。朝鮮の宮廷で親明派と親清派が党争を続けるうちに、清軍はたちまちソウルを攻略し、朝鮮王に臣下の礼を強要したのです。

頼みの綱の明朝までも清に征服されてしまったため、どこからも援軍はきません。以後、朝鮮では親清派が政権を握ったのです。しかし、辮髪を結っている「夷狄」の清朝に対する忠誠は表向きのこと。誇り高いヤンバンたちは清朝を見下し、朝鮮国を「小国ながら正統な中華文明の後継者」と自認したのです。**小中華思想**の形成です。

東アジアのシーパワーによる支配

19世紀後半、明治日本の台頭により、朝鮮は**史上初めて海洋勢力（シーパワー）による支配を受け入れる**ことになります。それまでも倭寇の侵入や秀吉の出兵はありましたが、あくまで一時的なものでした。

日本が朝鮮に軍艦を派遣して開国を迫ると（江華島事件　1875）、朝鮮の宮廷では親清派（事大党《じだいとう》＝大国清に事《つか》える党派）と親日派（開化派）の党争が続きました。これに日清両国が介入して**日清戦争**（1894‐95）となります。

清国に勝利した日本は下関《しものせき》条約（1895）の第1条で「朝鮮の独立」を清朝に認めさせ、朝鮮王は260年続けた清への朝貢をやめて、国号も「大韓帝国（韓国）」と改めました。日本軍の占領下で親日派が政権を握り、ヤンバンの廃止、奴隷制の廃止などの近代化政策を進めました（甲午《こうご》改革）。

ここでロシアが介入します。フランス、ドイツとの三国干渉で日本に遼東《りょうとう》半島の返還を要求したのです。日本がこれに屈したのを見て、それまでの親清派が親露派に転じ、親日派との抗争を始めます。これに日露両国が介入したのが**日露戦争**（1904‐05）です。

ロシアに勝利した日本は、ポーツマス条約（1905）で韓国の保護国化をロシアに認めさせ、親露派を一掃しました。韓国では親日派が政権を掌握し、「一進会」などの親日団体が日本との合邦運動を展開しました。例のごとく勝者に対する過剰適応です。伊藤博文を暗殺した安重根《あんじゅうこん》でさえ、日露戦争での日本の勝利を絶賛しています（彼は「日韓が対等に連携してロシアに当たるべきで、日本が韓国を属国扱いするのはけしからん」という立場でした)。この帰結が日本の韓国併合(1910)であり、日本に強要された、などという単純な話ではありません。韓国の歴史教科書は、この点をごまかしています。

英領インドではガンディーやネルーが、仏領ベトナムではホー・チ・ミンが長期にわたる独立運動を展開しました。しかし日本領朝鮮では、**三・一運動**(1919)を最後に独立運動は沈静化していったのです。

日本が設置した朝鮮総督府は韓国語の新聞発行を認め、朝鮮人を官僚として採用するなど融和政策に転じ、また日本企業が行なったインフラ整備により鉄道・電気・上下水道が整備され、新たな雇用が生まれます。義務教育制度が施行され、小学校では日本語と朝鮮語(ハングル)が教えられて識字率が劇的に向上します。朝鮮王朝時代に忌避されたハングルが民衆に普及したのは、実は日本統治時代なのです(「皇民化政策」と称して学校で日本語の使用が強制されるのは、中国との戦争が始まる1930年代以降です)。

日本本土は徴兵制が敷かれていましたが、戦争の長期化と兵士の不足に伴い、朝鮮でも志願兵制度が始まります。朴正熙青年が志願し、満州国軍の将校として採用されるのはこのときです。日米開戦(1941)の翌年には、4000人の採用枠に2万5000人が応募するという盛況ぶりでした。彼らは日本帝国軍人として勇敢に戦い、特攻隊に志願した若者もいます。独立後、大韓民国軍の創設に参加したのが彼らです。

この頃、金日成らの朝鮮人ゲリラは満州経由でソ連に亡命し、沿海州でソ連極東軍に編入されます。一方、李承晩ら在米韓国人も大韓民国臨時政府を樹立し、独立の機会をうかがいます。しかし彼らはいずれも少数派で、単独では日本の支配を覆《くつがえ》す力はありません。ソ連とアメリカという大国の力が必要だったのです。

竹島問題を引き起こした「反日大統領」李承晩

日本の敗戦により親日派は「国賊」として一掃され、米軍とソ連軍が朝鮮半島に進駐して北緯38度線を境界線とします。北では金日成らの親ソ派が「朝鮮民主主義人民共和国」を、南では李承晩らの親米派が「大韓民国」を建国し、派閥抗争の結果、朝鮮戦争（1950－53）を引き起こします。これに米・中が軍事介入して膠着《こうちゃく》状態となり、南北の分断が固定されてしまったのです。

韓国支援のため米軍は日本を補給基地とし、日本との講和を急ぎます（サンフランシスコ平和条約）。同時に日米安保条約が結ばれて米軍の日本駐留を認めさせ、日本の再軍備を認めて警察予備隊（自衛隊の前身）を組織させました。

GHQ最高司令官のマッカーサーは警察予備隊を韓国支援のため派遣することを検討します。しかし筋金入りの反日主義者だった李承晩は、「日本軍が上陸したら、わが国は北と和解して日本と戦う」と発言し、マッカーサーを唖然《あぜん》とさせます。

李承晩は「戦勝国である韓国」は対馬の割譲を要求する、と主張しますが相手にされず、サンフランシスコ平和条約で日本が主権を回復する直前に、日本海の孤島・竹島に警備隊を送って占拠し、同島を含む韓国近海を「李承晩ライン」で囲って韓国の「海洋主権」を一方的に宣言します。韓国警備艇は日本漁船を銃撃して328隻を拿捕《だほ》し、乗組員約4000人を抑留しました。このとき40人以上の日本人漁師が死傷しています。明らかな国際法違反ですが、武装解除されていた日本にはなすすべがなかったのです。当然、日韓関係は険悪となります。

日韓条約を結んだ現実主義者の朴正煕

軍事クーデタで政権を握った朴正煕大統領は竹島問題を棚上げし、日韓国交回復による経済支援という「実利」を求めました。**日韓基本条約**（1965）で日本は、「韓国を朝鮮半島における唯一の合法政府」と認め、5億ドルの経済援助を供与します。付属の請求権協定で韓国は、日韓併合時代に関する**「一切の請求権を放棄」**しました。よって「日韓間の歴史問題は解決済み」、終わった話を蒸し返すな、というのが日本政府の立場です。

日韓基本条約が結ばれた1965年は、アメリカがベトナム戦争に本格介入した年です。アメリカは、韓国・日本・台湾・フィリピン・南ベトナムを結ぶ中国包囲網を強化する一環として、日韓の和解を促したのです。

もともと南北の内戦だったものが、米ソの代理戦争と化していったベトナム戦争。北ベトナムの抵抗は激しく、戦争は泥沼化しました。アメリカは財政危機に陥り、国内ではベトナム反戦運動が高揚します。戦争終結を望むニクソン政権は、北ベトナムの背後にいる中国との和解に動き、ニクソン大統領自身が北京へ飛んで毛沢東と握手をしました。南ベトナムは見捨てられたのです。

ニクソン訪中（1972）に韓国は衝撃を受けます。この年、朴正熙大統領は「維新憲法」を発布し、大統領の終身独裁を可能にしました。また情報機関（KCIA）に命じて野党指導者の金《キム》大中《デジュン》を滞在中の東京のホテルから拉致させました。さらに将来の米軍撤収に備えて、韓国独自の核開発を計画していたのです。こうして米韓関係がかつてないほどまで悪化する中、朴大統領は側近のKCIA長官によって暗殺されたのです（197

9)。この事件は韓国現代史の闇であり、米国の関与を疑う説もあります。

冷戦終結がもたらした北朝鮮の核開発危機と韓国通貨危機

1980年代後半、ソ連にゴルバチョフ政権が登場し、米ソの冷戦が終結に向かいます。最後の軍人大統領である盧泰愚《ノテウ》は、軍政から民政へ移管して韓国を民主化し、ソ連・中国との国交樹立に動きます。東アジア新興工業経済地域（NIEs）の筆頭として**ソウル五輪**（1988）を成功させた韓国は、自信に満ち溢《あふ》れていました。

逆に、ソ連崩壊で最大の支援国を失った北朝鮮が危機感を強めます。ソウル五輪妨害のため大韓航空機を爆破して逮捕された北朝鮮テロリスト金賢姫《キムヒヨンヒ》の証言から、組織的な日本人拉致の実態も明らかになりました。北朝鮮テロリストが日本人になりすまして、韓国に対する無差別テロを実行すれば、日韓関係も破壊できる、という発想です。金日成は、息子の金正日《キムジョンイル》への世襲体制を固めつつ、独自の核開発に動いて**核拡散防止条約**（**NPT**）**を脱退**します（1993）。

アメリカのクリントン政権は、北朝鮮核施設への空爆も検討しましたが、結局は戦争を恐れて中止し、経済支援によって北朝鮮を懐柔する道を選びました。韓国の核開発は認めないが、北朝鮮の核開発は不問に付した、ということです。この懐柔政策には何の効果もなく、北朝鮮は核実験に成功してグアム島にまで届く核ミサイルの開発を進めたのです。

クリントン政権を支えたのはニューヨークの金融資本です。巨大投資家集団（ヘッジファンド）は、アジア新興国の通貨や債券を買い占めて急騰させ、これを一気に売却して暴落させる、「空売り」を繰り返しました（**アジア通貨危機**　１９９７）。韓国の通貨ウォンも暴落し、国際通貨基金（ＩＭＦ）に緊急融資を求めます。

ＩＭＦが融資の条件とした「韓国経済の構造改革」を受け入れた結果、旧来の財閥は解体、公的企業は民営化されます。外資は韓国の銀行・企業を買収し、不採算分野を切り捨てて経営を健全化した結果、サムスン電機、ヒュンダイ自動車などの新興財閥が台頭する一方、失業者が増大して貧富の格差が拡大します。

この結果、親米派は支持を失い、労働組合を支持基盤とする金大中・盧《ノ》武鉉《ムヒョン》の反米親北政権が成立。彼らはイソップ物語の『北風と太陽』になぞらえ、「北朝鮮という旅人のコート（核兵器）を脱がせるには、北風（経済制裁）より太陽（経済支援）が有効だ」と主張し、これを実行しました（**太陽政策**）。このとき北に送られた資金が、新たなミサイル開発につながったことはいうまでもありません。

韓国政治を読み解くカギ――激しい地域対立

実は韓国国内にも、深刻な地域対立があります。日本人にとって「何県出身か」は大した問題ではありませんが、地縁・血縁を非常に重視する韓国人にとって、「どこの出身か」は大問題なのです（これは中国人も同じです）。

・東部の慶尚道《けいしょうどう》（嶺南）……中心都市は釜山《プサン》。古代の新羅《しらぎ》王国。
・南西部の全羅道《ぜんらどう》（湖南）……中心都市は光州《こうしゅう》。古代の百済《くだら》王国。

朴正熙は慶尚道の出身で、後継者の軍人大統領たち（全斗煥《チョンドファン》・盧泰愚）も同郷です。軍事政権時代、慶尚道が人事でもインフラ整備でも優遇され、全羅道は後回しにされました。金大中に代表される「民主化運動家」の多くは全羅道の出身です。また全羅道の南の済州《チェジュ》島は流刑地として差別されてきました。朝鮮戦争の直前、北朝鮮の支持者が島内で蜂起すると、李承晩政権が送り込んだ治安部隊が島民数万人を虐殺（四・三事件　１９４８）、多くの島民が日本へ脱出し、いまも大阪を中心に居住しています。

新羅の流れをくむ慶尚道、百済の流れをくむ全羅道

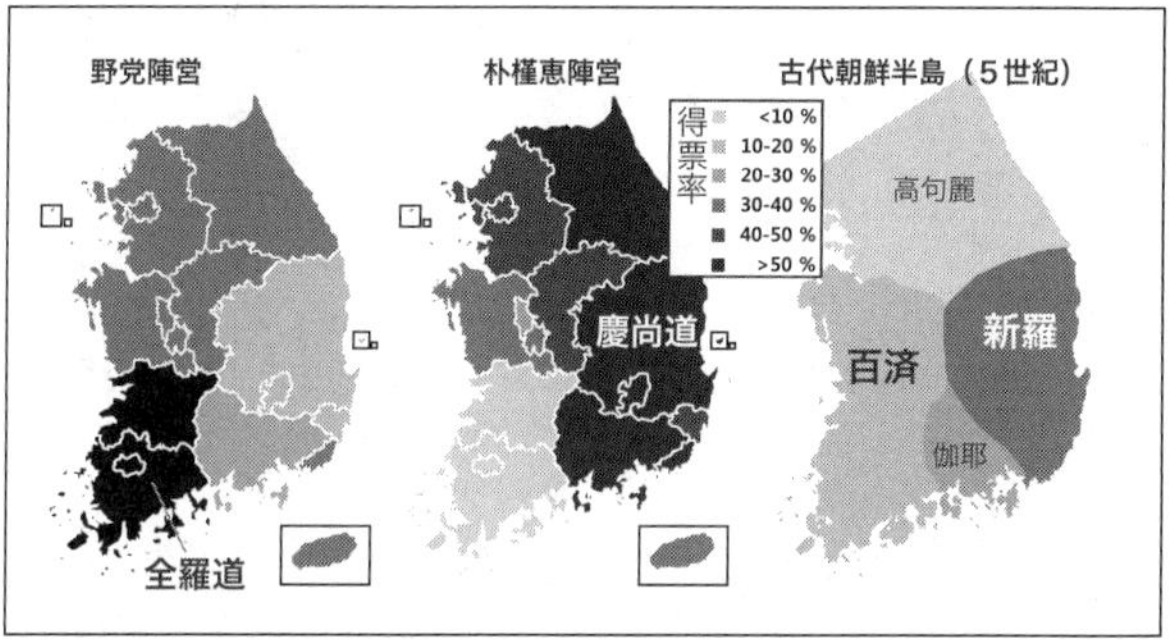

2012年の韓国大統領選では、慶尚道出身の朴槿恵が野党候補をおさえ、当選した。地域対立が如実に支持政党に現われている。

朴正熙大統領の暗殺後、後継者の全斗煥将軍がクーデタで政権を握ると、全羅道の光州市では大規模な反軍政運動が起こり、軍と衝突して多くの死傷者を出しました（光州事件）。これは、階級対立であると同時に地域対立なのです。

全羅道から見れば、「敵」の慶尚道政権のそのまた敵である北朝鮮は「味方」になります。金大中が「太陽政策」を唱え、韓国大統領として初の訪朝を行なったのはこういうわけです。２０１２年の大統領選挙では、朴槿恵大統領が父親の基盤を受け継いで慶尚道で圧勝しましたが、全羅道では金大中系の野党候補が優勢でした。

朴槿恵大統領が側近のスキャンダルで失脚した直後の２０１７年大統領選挙では、両親

が北朝鮮出身で、本人は盧武鉉の秘書室長だった文在寅《ムンジェイン》が当選し、核ミサイル開発を進める北朝鮮の金正恩政権との南北融和に前のめりになっています。

中国への急接近

全羅道政権時代に米韓関係がぎくしゃくする中、アメリカに代わって韓国への影響力を拡大したのが中国でした。韓国資本を大陸へ呼び込み、2002年には中韓貿易額が日韓貿易額を上回るなど、経済的結びつきを強めます。

さらに中韓両国は、「日本帝国主義の被害者」として歴史問題でも共闘するようになったのです。朴槿恵大統領は大学で中国語を学び、大統領就任後は日本の安倍首相の歴史認識を問題にして首脳会談を拒否する一方、中国の習近平国家主席との親密ぶりをアピールしてきました。

これが中国による日韓の離間《りかん》政策であることは明らかです。常に強者と結ぶことで生き残ってきた韓国人の国民性がこれに共鳴しているのです。韓国の反日は、中国に見てもらうためのポーズです。「もうアメリカが守ってくれないのならば、中国に寝返ろう」、「中国のご機嫌をとるためには、歴史問題で日本を叩こう」となったわけです。

朝鮮半島は２０００年を超える歴史を通じて、常にランドパワーに従属してきました。日・米というシーパワーに従属した20世紀は、その意味では異常だったといえるでしょう。韓国人が「先祖返り」に心地よさを感じるのなら、それを止めることはできません。

日・米による韓国切り捨て

これまで日本政府は、冷戦下の「準同盟国」である韓国の求めるままに「歴史問題」で謝罪と反省を繰り返してきました。村山《むらやま》談話に河野《こうの》談話。叩けば叩くほど頭をさげる日本人の姿は、韓国人に畏敬の念どころか、侮蔑の感情を抱かせていたことに、脳内お花畑日本人は気づかなかったのです。

安倍政権は「一切の前提条件なしに日韓首脳会談を望む」と繰り返し、韓国側のペースに乗ろうとしません。島根県主催の「竹島の日」に政府高官を派遣し、検定教科書に「竹島・尖閣は日本領」と明記させました。日本外務省の外交白書（２０１５）は、韓国に関する記述から「価値観を共にする」という部分を削除しました。

同年末の「日韓慰安婦合意」では、安倍首相が「日本政府の責任」、「お詫びと反省の気持ち」を表明、韓国の慰安婦財団に日本が10億円を拠出する代わりに、慰安婦問題は「最終的かつ不可逆的に解決」したと明記しました。次の文在寅政権が何度この問題を蒸し返しても、「もう終わったこと」と相手にしていません。

戦後初めて日本は、「韓国切り捨て」に動き始めたのです。

アメリカの韓国離れも進んでいます。朝鮮戦争以来、韓国軍は在韓米軍司令部の指揮下に置かれてきました。民主化を実現した盧泰愚政権期に、平時における指揮権は韓国軍に返還しましたが、親北派の盧武鉉政権が「戦時における作戦統制権も返せ！」と要求したのです。

アメリカの反応は意外なものでした。「ＯＫ！　２０１２年までに返すよ」と回答してきたのです。盧武鉉政権の反米姿勢への苛立《いらだ》ちと、「自主防衛ができるのなら、やってみろ」という脅しでした。親米保守の李明博政権はあわてて「２０１５年までの延期」を申し入れ、朴槿恵政権は「北朝鮮の脅威に対処する十分な防衛能力を韓国軍が備えるまでの延期」を申し入れました。

かつて金大中大統領は「**韓国は北東アジアのバランサーになる**」と言いました。米中の狭間《はざま》で中立化を目指す、という意味です。

スイスにせよ、スウェーデンにせよ、中立国はいずれも近隣に脅威となる国がなく、自主防衛に十分な兵力と情報収集能力を持っています。北朝鮮と軍事境界線で対峙し、安全保障を米軍に依存している韓国が、「バランサー」とは何の冗談でしょう。そもそも在韓米軍は、北朝鮮軍の南下を阻止するために駐留してきたわけですが、中国になびく韓国を、なぜ米軍が守るのか？　という根本的な問いに、韓国は答えられないでいるのです。

アメリカも、韓国に対する苛立ちを隠さなくなってきました。「世界の警察官をやめる」と明言し、56万人の陸軍を45万人まで削減すると発表したオバマ政権。韓国・文在寅政権の頭越しに金正恩政権との直接対話を始めたトランプ政権。在韓米軍２万８０００人をいつまで維持するのか、という検討に入っています。米軍撤退は韓国内の親米勢力を弱体化させ、ますます韓国は中国になびくでしょう。それでも構わない、ということになります。

韓国が中国に警戒心を抱かないのは、中華帝国の藩属国（華夷《かい》秩序の君臣関係で宗主国に臣従する国）だったという歴史的な事情に加え、中国と直接国境を接していないという地政学的要因も大きいでしょう。そして中国に対する「防波堤」の役割をしているのが、実は北朝鮮なのです。

「血の盟友」が「不倶戴天《ふぐたいてん》の敵」に

中朝国境を通じて、北朝鮮は中国の脅威を肌で感じています。朝鮮戦争では中国義勇軍に助けられ、「血の盟友」と言われてきた中朝関係ですが、北朝鮮は中国軍の駐留を認めたことはありません。1970年代までに金日成は、朝鮮労働党内部の親ソ派・親中派をことごとく粛清し、中ソのいずれにも従属しないという意味で「主体《チュチェ》思想」を掲げました。

米中・米ソの接近は北朝鮮から見れば「中ソの裏切り」であり、自主防衛のためには核武装やむなし、と判断したのです。つまり北朝鮮の核ミサイルは、米国・日本のみならず中国やロシアにも向けられているのです。北朝鮮の核開発に対して中国が不快感を示し、経済制裁に協力したのは当然でしょう。

経済破綻のため中国資本を受け入れた金正日でさえ、息子の金正恩《キムジョンウン》への遺訓で、「中国は歴史的にわが国を最も苦しめた国」、「現在は我々と近いが、将来は最も警戒すべき国」と言い残しています。

金正恩は、中国亡命中の兄・金正男《キムジョンナム》と対立関係にあり、親中派の実力者であった張成《チャンソン》沢《テク》を一族もろとも処刑したうえ、マカオに亡命中だった兄・金正男をマレーシアの空港で暗殺して中国に衝撃を与えました。

「中韓の急接近」という新たな事態を迎えて孤立を深める北朝鮮は、米国・日本との関係改善を模索しています。2018年、金正恩がトランプ米大統領との首脳会談に応じたことで、「俺の背後にアメリカがついたぞ」と中国を揺さぶることができるようになりました。日本に対して「拉致被害者の調査に応じるから制裁を解除せよ」と求めてきたのもその一環でしょう。

口先だけの「調査」に騙《だま》されてはいけませんが、「北朝鮮＝敵」、「韓国＝味方」、という冷戦思考が全く通用しなくなってきたのも事実です。「どちらも敵にも味方にもなりうる」と想定した上で、日本は半島に関与していくべきでしょう。

［第４章］

東南アジア諸国の合《がっ》従《しょう》連《れん》衡《こう》

introduction

東南アジア。アジア大陸南東部のインドシナ半島と、その南東方に広がるマレー半島、インドネシア諸島、フィリピン諸島などから構成される地域です。大部分が熱帯に属していて、大陸部と島嶼《とうしょ》部に分けられます。

古くから中国とインドの交易ルートとして、両国からの影響を受けた文化が発展しました。ところが、19世紀から20世紀にかけて、欧米の列強による植民地化が進み、タイ以外はすべて列強によって分割支配されてしまいます。第二次世界大戦後、それぞれ独立し、現在の形になっています。

ところで世界史を勉強していくと、特定の地域には決まったパターンが何度も現われることに気づきます。それは地理的な制約によるもので、まさに「地政学的な条件」によると言っていいでしょう。

東南アジアの歴史には、このことが典型的に現われるのです。

なぜ東南アジアは雑多な世界なのか

「東南アジア」という言葉は、第二次世界大戦中に連合国軍が作戦地域を指す用語として使い始めたもので、もともとこの地域を総称する名称はありませんでした。これらの雑多な世界はかつて一度も一つの勢力に統一されたことがないのです（唯一の例外が、第二次世界大戦中、日本軍の短い占領期間です）。そして統一帝国を持たなかったことにより、民族的、文化的な多様性をこれまで保持してきたのです。

中国を中心とする儒教文化圏と、インドを中心とするヒンドゥー文化圏。両者を隔てるのが、高度4000メートルの**チベット高原**と、その南東に突き出た**雲南高原**です。現在はいずれも中華人民共和国の領土になっていますが、チベットはチベット人、雲南はチベット系、ビルマ系、タイ系の少数民族の世界でした。

地図を見てください。チベット高原の雪溶け水は、数本の大河となって雲南高原に集まり、ここから3方向へ分かれます。ミャンマー方面へ向かう**イラワディ（エーヤワディー）川**、カンボジア方面へ向かう**メコン川**、そして中国の上海地方へ向かう**長江**《ちょうこう》です。川沿いの交通路をたどれば、ミャンマーから中国内陸部へ抜けられることから、雲南高原は地政学的に極めて重要です。

雲南から東南方向へ延びるのがインドシナ半島。カンボジア・タイ・ベトナムなどさまざまな民族が興亡しました。さらに南に細長く延びるマレー半島と、インドネシアとフィリピンの無数の島々は、マレー系の海洋民族の世界となります。**マラッカ海峡**は、インド洋と南シナ海を結ぶチョーク・ポイント（↓P117）として世界でもっとも船舶通航量の多い海峡です。

東南アジアの歴史とは、**雲南ルートとマラッカ・ルートの争奪の歴史**であったと言って

雲南ルートとマラッカ・ルート

雲南高原からの河川交通路、
マラッカ海峡がこの地域の地
政学的ポイントだ。

も過言ではありません。

中国vsベトナムの2000年戦争

中華帝国は、秦の始皇帝の時代からベトナム侵略を繰り返してきました。

ベトナムは、漢字で「越南《えつなん》」と書きます。彼らの祖先は「越人」と呼ばれ、長江流域から福建・広東方面に住んでいた稲作民族です。春秋戦国時代までは呉、越《えつ》、楚《そ》などの独立国を建てていましたが、畑作民（のちの漢族）によって徐々に征服されていったのです。

漢の武帝は北ベトナムを直轄領とし、中華帝国のベトナム支配は唐代まで1000年間に及びます。しかし、安南《あんなん》山脈と熱帯の気候に妨げられ、北ベトナムを越えて領域を広げたことはありません。

１０００年間にわたる中華帝国の直接統治を受け、漢字、料理、建築など中国文化を受け入れつつも、ベトナム独自の文化を保ってきたのは驚くべきことです。

宋代に「大越国」として独立を維持したのもつかの間、今度はモンゴル帝国が侵入してきます。フビライは南宋を包囲するため、その周りの国々——西からチベット、雲南の大理、ビルマのパガン朝、ベトナムの陳《ちん》朝、朝鮮半島の高麗、そして日本——の攻略に取りかかったのです。

雲南、ビルマまでは向かうところ敵なしだったモンゴル騎馬軍団ですが、ベトナムに侵攻するとたちまち進度が鈍ります。騎馬兵は、水田の畦道《あぜみち》に足を取られ、またジャングルに遮《さえぎ》られて前に進めません。熱帯の蚊が媒介する伝染病マラリアも猛威をふるいます。

ベトナム兵は徹底的なゲリラ戦を展開し、三度にわたってモンゴル軍を撃退しました。この戦法は、のちのフランスに対するインドシナ戦争、アメリカに対するベトナム戦争でも生かされます。

ベトナムの首都ハノイの国立歴史博物館に行くと、ベトナム人が自国の歴史をどう見ているのかよくわかります。漢に対する抵抗、唐に対する抵抗、宋に対する抵抗、元に対する抵抗、明に対する抵抗、清に対する抵抗……と、ことごとく中国歴代王朝の侵略に対す

世界を読み解くポイント

チョーク・ポイント

チョーク（choke）とは「首を絞める」という意味。首は人体の中で細い部位だが、気道・血管・神経が集中しているので、ここを絞め上げられると相手は抵抗できなくなる。

海洋国家の死命を制するには、その国の**海上交通路**（シーレーン）を押さえればよいが、**シーレーンが集中する海峡**を封鎖すれば、最小の海軍力で最大の効果を得ることができる。このような海峡・運河を、**チョーク・ポイント**（choke point）と呼ぶ。

ジブラルタル海峡①、ボスフォラス海峡②、スエズ運河③、バブ・エル・マンデブ海峡④、ホルムズ海峡⑤、マラッカ海峡⑥、バシー海峡⑦、パナマ運河⑧が代表的なチョーク・ポイントだ。

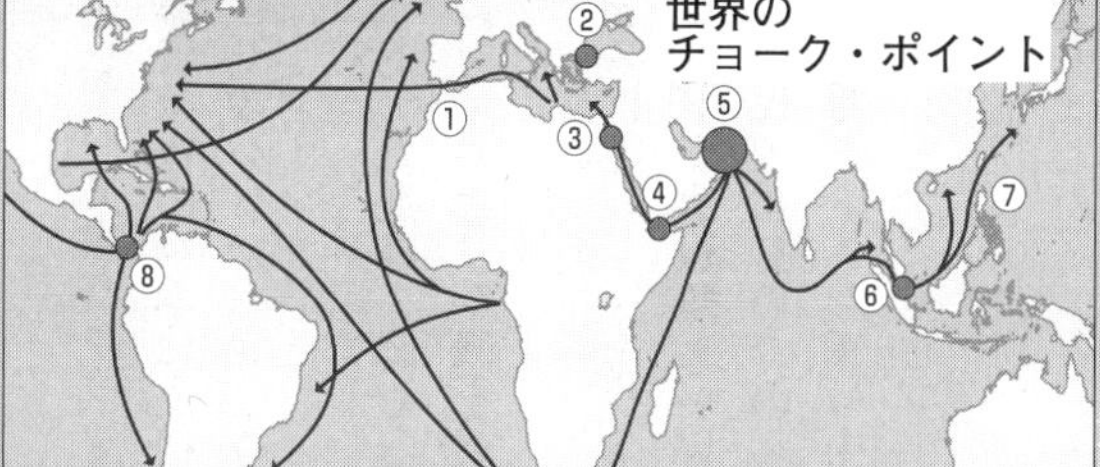

る抵抗の歴史なのです。

結局、ベトナムを屈服させたのは、蒸気戦艦に乗って海からやって来たフランスでした。フランスの統治は60年間に及びました。ベトナム人は日露戦争後の日本に支援を求めたものの果たせず、ロシア革命後はソ連に支援を求めました。モスクワで、レーニンから支援を取り付けることに成功したのが**ホー・チ・ミン**です。

第二次世界大戦中、ドイツに降伏したフランスが日本軍のベトナム進駐を認めると、ホー・チ・ミンはゲリラ組織「ベトミン」を率いて日・仏両軍に対するゲリラ戦を展開します。

日本の敗戦に乗じて独立を宣言したホー・チ・ミンをフランスは黙殺し、南ベトナムに傀儡《かいらい》政権を樹立しました。ここから始まる対フランス戦争を**インドシナ戦争**といいます。

祖国フランスを防衛するためだったドイツとの戦争と違い、植民地維持のためベトナムに派遣されたフランス兵は戦意を喪失します。一方、独立を求めるベトミン軍は士気旺盛《おうせい》で、**ディエンビエンフーの戦い**（１９５４）でフランス軍に圧勝します。そして１９５４年7月、インドシナ和平会談において和平協定であるジュネーヴ協定（インドシナ休戦協定）が成立、北緯17度を暫定的軍事境界線とし、南北が分割されました。

これを「ソ連の手先である共産主義者」の勝利と見たアメリカが介入します。ダレス国務長官は、「ベトナム共産化はドミノ倒しのように周辺諸国へ拡大する」というドミノ理論を唱え、南ベトナムへの大規模な軍事援助を開始、ジョンソン政権は地上部隊の派遣と北ベトナム空爆を開始しました（1965）。ここから始まる対アメリカ戦争を**ベトナム戦争**といいます。

中国共産党の毛沢東は、アメリカ帝国主義に対する共産主義の同志ホー・チ・ミンの戦いを支持しました。これは、長い中越関係史の中で例外的な時代でした。

ところが対ソ関係が悪化したため毛沢東はアメリカに擦《す》り寄り、ニクソン大統領の訪中を満面の笑顔で迎えます。「中国の裏切り」に激怒したベトナムはソ連に接近し、中越関係は歴史的な対立関係に戻ります。ベトナム軍のカンボジア侵攻を口実に、鄧小平《とうしょうへい》は「ベトナム懲罰」と称して**中越戦争**（1979）を起こしますが大損害を出し、一方的に勝利宣言をして撤退します。

南シナ海の**西沙《せいさ》諸島（パラセル諸島）・中沙《ちゅうさ》諸島（チュオンサ諸島）**をめぐる**領土紛争**もこの時代から顕在化し、今日に至ります。大国中国の圧力に対してベトナムが一歩も引かないのは、「侵略者には決して膝を屈しない」というベトナム人の誇りがあるからです。

インドシナ半島三国志

ベトナム、タイ、カンボジアのうち、最も古い歴史を持つのはカンボジアです。メコン川流域の稲作民であるクメール人が建国し、12世紀——日本では平安末期——**アンコール朝**の時代に全盛期を迎えました。インド文化の影響を強く受けた国で、アンコール朝の王はインドのヒンドゥー教の太陽神ヴィシュヌの化身、「生ける神」として君臨しました。世界遺産の**アンコール・ワット**は太陽神殿と王墓を兼ねて建てられたものです。

アンコール朝全盛の時代、その領土は現在のタイ・カンボジア・ラオス・ベトナム南部に及びました。ベトナム人はやっと中国の支配を脱して独立したばかりでしたし、タイ人は雲南高原の少数民族でした。タイ人はその後、長い時間をかけてインドシナ半島へと南下し、特にモンゴル軍の侵攻の前後からその流れが加速します。

アンコール朝の北の辺境にタイ人が建てたスコータイ朝は、やがてアンコール朝の領土を奪い取り、**アユタヤ朝**の時代にはインドシナ半島の大半を支配するようになります。これとは対照的にアンコール朝の末裔《まつえい》はメコン川下流域へ追われました。これが現在のカンボジアです。つまり**現在のタイ領のほとんどは、かつてのカンボジア領だった**わけです。

インドシナ半島の群雄割拠

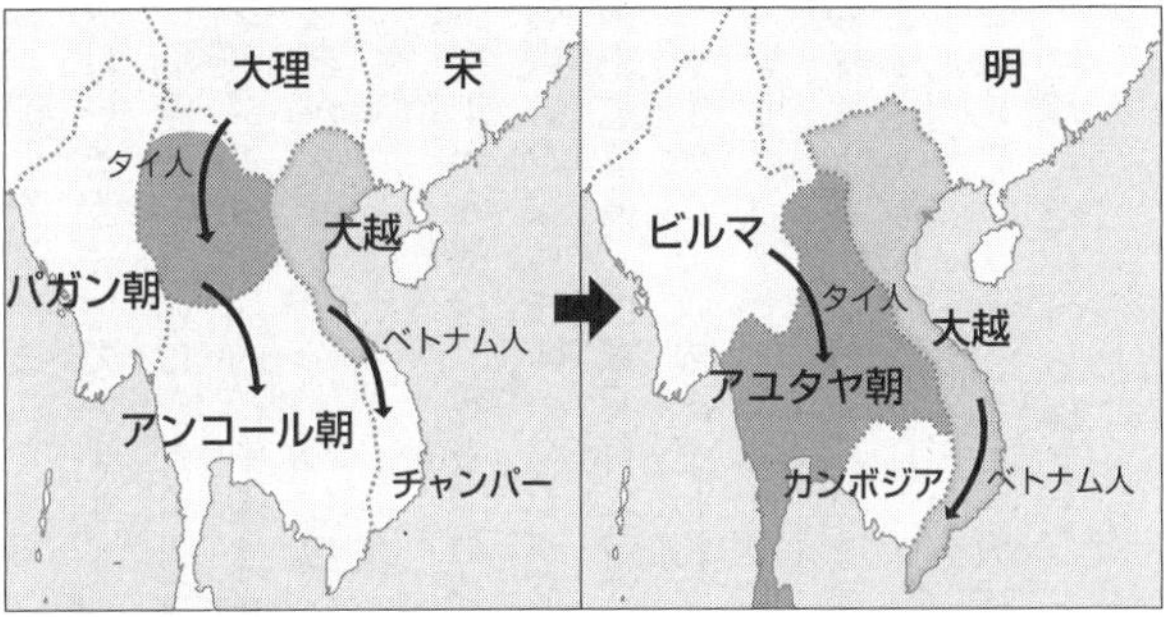

タイとカンボジア、ベトナムとカンボジアでは、かつての領土争いによる対立が、今日まで尾を引いている。

この問題が、いまも両国間で感情的な対立を引き起こしています。タイとカンボジアが長く帰属を争ってきたプリアヴィヒア遺跡をカンボジアが世界遺産に登録すると、タイはこれに反発し、両軍が動員されて武力衝突（2010）が起こっています。

17世紀、弱体化したカンボジアに東方から新たな敵が現われました。ベトナムです。

ベトナムはメコン川下流域のコーチシナ地方をカンボジアから奪い、いまのベトナムのS字形の領土を完成させたのです。カンボジアはタイ・ベトナムという二強によって従属国にさせられたのです。

フランスがベトナムとカンボジアを支配下に置くと、ベトナム人移民をカンボジアに送り込み、開発を進めました。カンボジア人はベトナム人をフランスの手先と考え、感情的な対立はいまも続いています。

隣国同士というのは、どこもうまくいかないものですね。

カンボジアは地理的に中国と接していないため、ベトナムと違って中国の脅威を肌で感じることがありません。むしろベトナムを牽制するため、中国を利用しようとします。


第二次世界大戦後、親中国の北ベトナムが、フランス・アメリカの傀儡である南ベトナムとの戦いを続けます。フランス軍の撤退によりカンボジア独立を宣言した**シハヌーク殿下**（国王退位後、国家元首に就任）が中立を宣言しますが、親米派のロン・ノル将軍による軍事クーデタで政権を追われ、北京へ亡命します。

アメリカ軍のベトナム撤退に乗じ、カンボジア国内では親米軍事政権が崩壊し、共産党の**ポル・ポト派**が政権を取ります。毛沢東の大躍進運動に影響されたポル・ポトは、毛沢東流の人民動員――都市住民の農村への強制移住と強制労働――による社会主義化を強行し、これに抵抗する人々を「人民の敵」として大量に処刑しました。犠牲者は、人口の四分の一に及んだといわれます。カンボジア在住のベトナム人も、多くが犠牲になりました。

これを見た**ベトナムがカンボジアに侵攻**、親ベトナム政権を樹立します。ポル・ポト政権はあっけなく崩壊しますが、北京から戻ったシハヌークは、何とポル・ポト派と手を組み、ベトナムに対する抵抗を呼びかけたのです。彼はのちにこう語っています。

「ベトナムに屈するくらいなら、ポル・ポトの手にかかって死んだほうがマシだ」

われわれには理解不能ですが、カンボジア人の反ベトナム感情が、いかに根深いものであるかがわかります。中ソ代理戦争となった内戦はさらに10年続き、冷戦終結によって国連が介入し、ようやく平和が戻りました。

ベトナムのもう一つの隣国**ラオス**は、長くタイ領だった地域で、タイ系のラオ族が建てた国です。フランス植民地時代にベトナム人が送り込まれたため、カンボジアほどではありませんが反ベトナム感情があります。中国国境は山岳地帯であるため、中国に対しては無警戒です。

中国は、カンボジアとラオスに経済支援を行ない、ベトナムを牽制してきました。中国とベトナム・フィリピンが南シナ海で対立し、ASEAN（東南アジア諸国連合）諸国が中国に対抗しようとするとき、カンボジアとラオスが反対して足並みを乱す、というのはこういう理由からです。

ミャンマーの華麗な寝返り

ミャンマー（ビルマ）は、インド洋から雲南高原へ抜けるイラワディ川ルート上に存在します。フランスがメコン川ルートを押さえると、これに対抗してイギリスがビルマ戦争を起こし、ビルマ王国を併合してしまいます。最後の国王は平民に落とされ、英領インドへ流刑となっています。

日中戦争中はイギリスの中国支援ルート（**援蔣《えんしょう》ルート**）として利用されたため、第二次世界大戦で日本軍に占領されます。日本陸軍の工作員、鈴《すず》木《き》敬《けい》司《じ》大佐は、**アウンサン**らビルマ独立運動の若き指導者たち30名を招いて軍事訓練を施し、ビルマ独立義勇軍を組織しました。しかし、日本軍が与えた独立は名目的なもので、軍政が敷かれました。

大戦末期、日本軍はインド、ビルマ国境のアラカン山脈を越えて英領インドへ攻め込む**インパール作戦**を発動しました。しかし、補給線を確保できず、雨季の到来により惨敗、白骨街道と呼ばれる惨状を呈しました。勢いに乗るイギリス軍は逆にビルマへ攻め込みます。対日協力政府に加わっていたアウンサンは、イギリス優位と見るや、戦後の独立承認を条件にイギリス側へ寝返ったのです。

こうしてアウンサンは、戦犯として訴追されることもなく、ビルマ代表としてイギリスと渡りあえたのです。ちょうどイギリス本国で政権交代もあり、ついに独立を承認させました。

しかし独立を目前に、彼は仲間によって暗殺されてしまいます。アウンサン暗殺事件は、私怨によるものと発表されましたが、イギリスの情報機関が関わっているという説もあります。

英領ビルマには、ビルマ族のほかに100以上の少数民族が存在しました。その中には、シャン族・カレン族など有力民族も多く、彼らはビルマ人の支配を嫌い、独立運動を展開します。また北方からは中国が介入の機会を窺っていました。アウンサンとともに日本軍の訓練を受けたネ・ウィン将軍は、軍事クーデタで独裁政権を樹立し、強権による混乱収拾を図りました。ネ・ウィンは、ソ連や中国とは違う「ビルマ式社会主義」と非同盟中立路線を取り、長期政権を維持しました。

しかし社会主義統制経済の失敗により国民の不満が高まり、冷戦末期の1988年に大規模な民主化運動が発生します。このとき民主化運動の女性指導者として登場したのが、**アウンサンスーチー**。建国の父アウンサン将軍の娘でした。

彼女は、幼いときに父を失いイギリスに留学、英国人と結婚して国連の仕事をしていました。祖国の危機に際し帰国し、民主化運動の「女神」として祭り上げられたのです。

軍事政権はあせります。建国の父の娘に手を出すわけにはいきません。スーチーの政党が選挙で圧勝すると、軍事政権は彼女を自宅軟禁とし、議会を解散しました。欧米のメディアはこれを大きく取り上げ、スーチー解放と民主化を軍事政権に迫ります。

軍事政権はナショナリズム高揚で欧米の圧力に対抗しようとし、国名を英語式の「ビルマ」から、本来の呼称である「ミャンマー」に改め、内陸のネピドーに新都を建設します。ネピドーの広場には、パガン朝・トゥングー朝・コンバウン朝という歴代王朝の建国者の巨像が建てられ、「外圧には屈しない」という姿勢を示したのです。

ビルマの国際的孤立を見て手を伸ばしてきたのが中国です。イラワディ川ルートに鉄道やパイプラインを建設すれば、雲南から直接インド洋（アンダマン海）へ出ることができます。フビライの時代から、考えていることは同じなのです。

インドとも対立する中国は、インドの東西にあるパキスタンとミャンマーに拠点を置くことで、インドをじわじわと締め上げる「真珠の首飾り（↓P166）」作戦にも打って出ます。これも非常に地政学的な動きということができます。

南北回廊と東西回廊

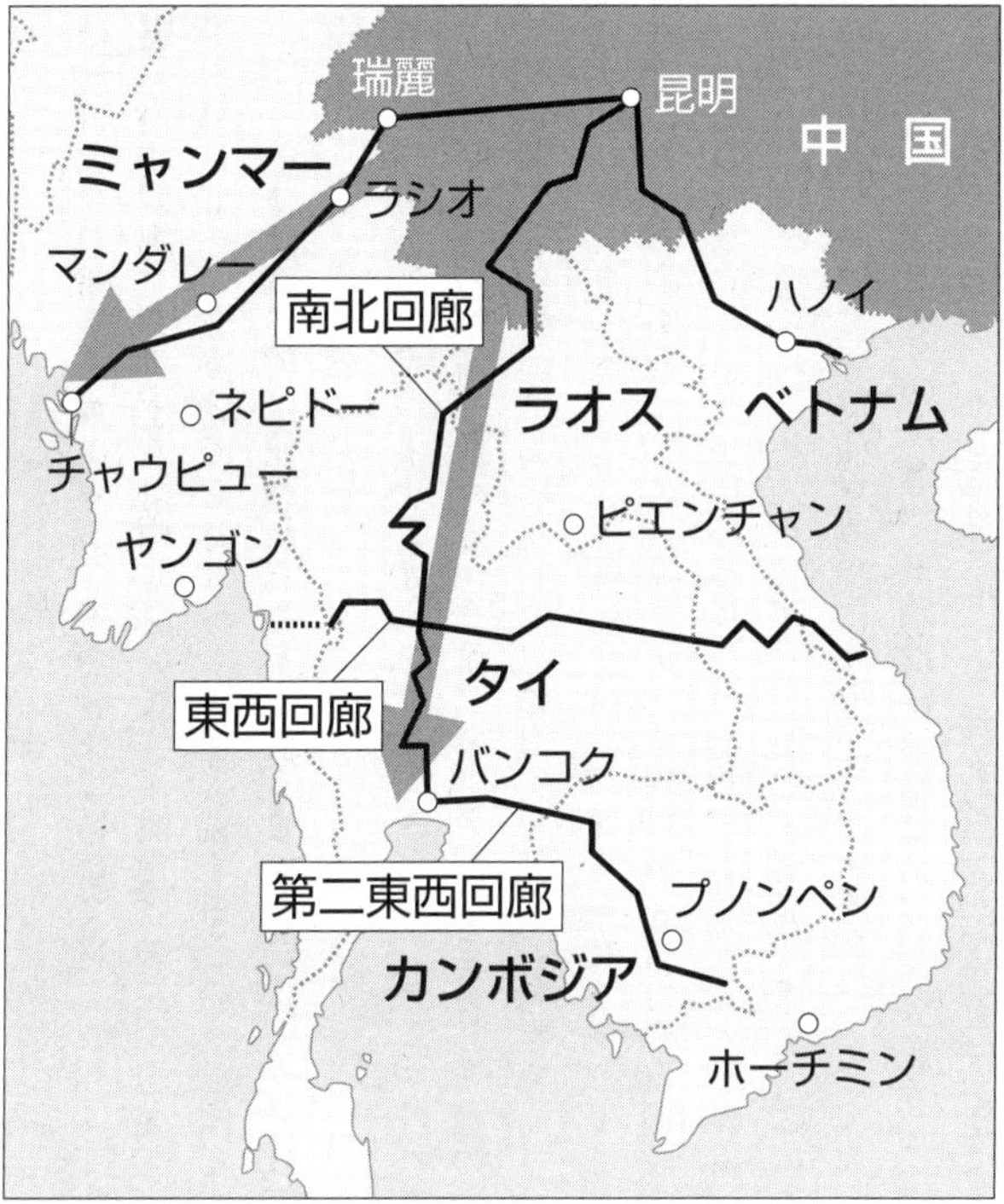

日本は中国のインフラ整備による物流ラインの
構築（南北回廊）を封じることができるか。

中国は一方で、ラオス・カンボジアを影響下に置いてメコン川ルートに**インドシナ縦断高速鉄道**（南北回廊）を目下、計画しています。雲南省の昆明《こんめい》を発し、ラオス・カンボジア・タイ・マレーシアを抜けてシンガポールに接続するという計画です。鉄道や道路が、いざというときには軍事用に使われることは言うまでもなく、タイはこれに難色を示しています。

日本もこれに対抗して、ベトナムからラオス・タイ・ミャンマーへ抜ける**インドシナ横断道路**（東西回廊）の整備を進めています。中国の南下を封じる横の線。ベトナムへの日本からの原発輸出も、中国による原発輸出の機先を制する動きです。

ところが、中国に接近しすぎた結果、ミャンマー中部のマンダレーには人口の4分の1を占めるほど大量の中国人が流れ込みます。イラワディ川のダム建設では現地人の雇用は増えず、住民の強制立ち退《の》きが行なわれ、自然破壊も深刻化。しかも、ダム完成後は電力のほとんどが中国へ送られるという計画に、住民が反発します。このあたりは少数民族カチン族の居住区なので、分離独立運動にも火がつきます。

こうした八方ふさがりの中で、軍政最後の指導者タン・シュエ議長が引退（2011）、後継者となったのが改革派の**テイン・セイン**（登盛）大統領です。

テイン・セインは華人出身の軍人。当初は、タン・シュエの傀儡《かいらい》と見なされていましたが、驚くような政策転換を矢継ぎ早に打ち出しました。まず、アウンサンスーチーの自宅軟禁を解除。政治犯6000人以上を釈放。スーチーの国民民主連盟（NLD）の政党活動を認めます。

2012年には、米国のオバマ大統領がミャンマー訪問。スーチーと面会しました。翌年、日本の安倍首相が訪問。日・米の経済制裁解除を取り付けたテイン・セイン政権は、中国と約束したダム建設計画と、銅山開発計画を、白紙に戻してしまったのです。大戦末期のアウンサン将軍の寝返りといい、今回のテイン・セイン政権の寝返りといい、機を見るに敏《びん》なミャンマー人の面目躍如というべきでしょう。南シナ海ではベトナムと衝突を繰り返し、ミャンマーには逃げられる。軍事力と札束に頼ってきた習近平政権の対東南アジア外交は、全面的な戦略練り直しが必要でしょう。

古代中国――。大国・秦の脅威に対し、「6つの小国が同盟して秦に対抗すべし」という合従《がっしょう》策を説いたのが蘇秦《そしん》。「各国が秦と個別同盟を結んで安全を確保してもらうべし」という連衡《れんこう》策を説いたのが張儀《ちょうぎ》です（合従連衡）。各国は連衡策を採用しますが、最後は秦に裏切られて一つ一つ滅ぼされていったのです。

いま、東南アジア諸国で起こっていることは、まさに合従連衡です。

最後の王制国家タイの苦悩

タイは、東南アジアで唯一植民地化を免れ、現在も王制が続いている珍しい国です。これも地理的条件によるもので、東のベトナム・カンボジア・ラオスがフランスに征服され、西のビルマがイギリスに征服された結果、英・仏の緩衝地帯となったタイ王国は中立を保ち、絶妙なバランスを維持してきました。ミュージカル『王様と私』に出てくるラーマ四世、そのご子息で明治天皇と同年に即位したラーマ五世（チュラロンコン大王）の時代です。

タイの国王は「生き仏」として神権政治を行ないましたが、1933年に立憲革命と称する軍事クーデタが起こり、「君臨すれど、統治せず」の立憲君主制に移行します。国王は政治権力を失いましたが、いまもタイ人は王室に対する強い尊崇《そんすう》の念を抱いており、王室に対する不敬罪も存在します。タイ人とお付き合いする場合には留意すべきでしょう。

軍人出身のピブン首相は、第二次世界大戦では中立を保ち、日本軍の通過を認めながら独立を維持します。日本の敗戦後、イギリスから独立したビルマ、フランスを撃退したベトナムが社会主義化し、アメリカと対立します。タイは王制を維持するためにアメリカに接近し、ＮＡＴＯの東南アジア版であるＳＥＡＴＯ（東南アジア条約機構）に加盟します。常に強者が誰かを見極め、妥協を図りつつ独立を維持するタイの外交は絶妙です。

ラーマ九世プミポン国王は五世のお孫さんで、スイスで教育を受け、兄ラーマ八世の突然死により18歳で即位しました。ラーマ五世を明治天皇とすると、プミポン国王は昭和天皇にあたります。在位も60年を超え、昭和天皇と並びました。農業学者でもあり、農村部への行幸を何度も行ない、農民と直接話をするなど、イメージも昭和天皇と重なります。

タイ軍部はプミポン国王の権威を利用しつつ軍事政権を続けました。これを可能にしたのは冷戦です。「共産主義者を取り締まり、王制を守る」軍部を、アメリカが支持したからです。経済的にタイを支えたのは日本からの援助と日本企業の投資でした。

冷戦終結でアメリカの支持もなくなり、タイでも民主化運動が高揚します。１９９２年にはデモ隊に軍が発砲し、多くの死傷者を出しました。このときプミポン国王は軍事政権のトップである首相と民主化運動の指導者を王宮に呼んで正座させて叱責し、和解させます。タイはこれを機に民政移管ができたのです。プミポン国王の権威を、まざまざと示した事件でした。

２００１年、携帯電話会社を経営する**タクシン**（邸達新）が首相に選出されました。華人系の警察官僚出身で、携帯電話会社を立ち上げて財をなし、自由化による経済成長を推進し、また反体制派の基盤であった北部の貧困地域に対する多額の投資を行ない、経済発展の恩恵を地方にも及ぼしました。いわばタイの田中角栄だったわけです。

この結果、北部の貧困層は熱烈なタクシン支持者に変貌し、タクシンを大統領に推すような動きさえ見せました。これは王制を揺るがすことになります。インドシナ半島への影響力拡大を図る中国にとって、タイの王制と軍部は最大の障害でしたから、タクシンと中国は共闘関係にあったといえます。南部の富裕層、既得権益者、軍部はタクシンを警戒します。

2006年、緊張は頂点に達します。外遊中に起こった軍事クーデタでタクシンは政権を追われ、不正蓄財の容疑で告発されました。しかし、タクシン支持派は彼の帰国を待望し、赤をシンボルカラーとするタクシン派と、国王のシンボルである黄色をシンボルカラーとする反タクシン派が、首都バンコクで衝突するという光景が繰り返されました。

2011年にはタクシンの妹インラックが総選挙に勝利して初の女性首相に就任しますが、反タクシン派はインラックの情実人事と不正選挙を告発して失職させ、両派のデモ隊が衝突する中、再び軍がクーデタを発動し、軍事政権に戻ってしまったのです。

全国民に敬愛されてきたプミポン国王は2016年に亡くなりました。王位を継いだ長男のワチラロンコン国王は軍部に近い立場で父王のようなカリスマ性がありません。国内の経済格差という根本的な問題を放置していれば、「プミポン後」のタイは深刻な事態になる恐れがあります。

南の巨人インドネシア

インドネシアは人口2億5千万人。東南アジア最大の国家です。

ジャワ島・スマトラ島を中心とする無数の島々からなります。17世紀以来「オランダ領東インド」として植民地支配を受けてきました。オランダは、はじめは香辛料（クローブ）、のちにはサトウキビやコーヒー豆の栽培を住民に強制し、安値で買い上げていたのです。

小国オランダが巨大な植民地を管理できたのは、華僑の存在があったからです。

華僑は、商人として東南アジアへ移住し、植民地政庁から徴税を請け負って、手数料を取ったのです。この結果、オランダ人↓華僑↓現地人という支配構造が生まれ、財閥に成長する華僑も現われました。現在、サリム・グループを筆頭とするインドネシアの財閥はすべて華人系。広東や福建の出身です。マレーシアやフィリピンでも、事情は同じです。

中国市場の開拓を目指すイギリスは、アヘン戦争（1840−42）の約20年前にオランダと交渉してマラッカ海峡以北のマレー半島を獲得し、シンガポールを建設しました。マラッカ海峡は現在、マレーシアとインドネシアとの国境になっていますが、この国境はこのとき引かれたのです。

シンガポールはイギリス東洋艦隊の基地として、インド・ビルマからマレー半島・香港《ホンコン》までのイギリス植民地に睨みを利《き》かせてきました。第二次世界大戦の初戦――**マレー沖海戦**で日本海軍の航空隊が、イギリス東洋艦隊の戦艦プリンス・オブ・ウェールズとレパルスを撃沈した、というニュースに接したチャーチル首相は、こう書き残しました。

「私にとっては第二次世界大戦中、最大の衝撃だった」

同時に日本軍はオランダ領東インド（インドネシア）へ侵攻します。スマトラ島の油田確保が目的です。このとき、オランダにより投獄されていた**スカルノ**ら独立運動家が、日本軍によって解放されました。

戦局の悪化により兵力が不足した日本軍は、インドネシアの若者を軍事訓練して郷土防衛義勇軍（PETA《ペタ》）を組織します。これがインドネシア国軍の前身となった組織です。日本軍が敗れれば、オランダ軍が戻ってくる。スカルノらは必死で日本軍から近代戦のノウハウを学びとりました。

日本降伏の直後に、スカルノはインドネシア共和国の独立を宣言します。オランダはも

世界を読み解くポイント

華僑・華人・客家《ハッカ》・苦力《クーリー》

「僑」とは「仮住まい」のこと。中国系移民を「**華僑**」という。現地の国籍を取った「中国系○○人」を「**華人**」と呼んで区別する。

華僑の出身地は耕地に乏しく、海外渡航が盛んだった広東省・福建省が大半だが、とりわけ目立つのが客《ハッ》家《カ》の出身者だ。「客」は「よそ者」の意味で、華北の戦乱を避けて、広東・福建に移住してきた人々を指す。金融・商業で身を立て、積極的に海外に渡航した。「中国のユダヤ人」とも呼ばれる。「中国革命の父」孫文、改革開放政策の鄧小平、台湾を民主化した総統・李登輝《りとうき》、シンガポールの「国父」リー・クアンユー、いずれも客家の出身だ。

クーリーは南インドのタミル語で「雇用」を意味する。インド人の出稼ぎ労働者を指したが、中国語で「**苦力**」もクーリーと読むので、中国人出稼ぎ労働者をも指すようになった。渡航費用を業者から借り、肉体労働で返済するケースが多い。港湾労働者、錫《すず》鉱山労働者として、大量の苦力が送り込まれた結果、マレーシアの人口の3分の1、シンガポールの人口の大半が中国系で、現地人との軋轢《あつれき》を生んでいる。

ちろん認めず、インドネシア独立戦争が始まります。インドネシア軍の武器はすべて日本製、義勇兵としてインドネシア軍に加わった旧日本兵も多く、1000人が戦死しています。彼らはインドネシア国立墓地に、英雄として埋葬されています。

初代大統領スカルノは、反欧米・アジア連帯の立場を取りました。ジャワ島のバンドンでアジア・アフリカ会議を開催し、中国の毛沢東やインドのネルーに接近します。国内では、ともにオランダと戦ったインドネシア共産党が、発言力を増していました。

イギリスはマラッカ海峡を確保するため、マレーシアに親英政権を立てて独立を認めます。スカルノは英・蘭が引いた国境を認めず、マレーシア領に攻め込み、これを非難されると国連から脱退します。

ベトナム戦争が始まった1965年、インドネシアで政変が起こります。共産党とこれに反対する軍部が衝突し、**スハルト将軍**が実権を握ったのです（九・三〇事件）。スカルノは監禁され、共産党は徹底的に弾圧されました。スハルトは軍事独裁政権を樹立し、アメリカから軍事援助、日本から経済援助を受け取って急速な経済成長を成し遂げます。マレーシアと和解し、ASEANを結成し、東南アジアの共産化に急ブレーキをかけました。スハルトもPETAの出身で、日本軍が育てた人物です。

冷戦終結まで続いたスハルト体制は国民を豊かにした半面、政財界の癒着、官僚の腐敗という負の側面も目立ってきました。アジア通貨危機（1997）に端《たん》を発する社会不安から大規模な反スハルト・デモが発生し、アメリカからも引導を渡されたスハルトは退陣に追い込まれます。このとき政権と癒着していた華僑系財閥も焼き打ちを受けています。

マラッカ海峡ルートの覇権は、オランダ→イギリス→日本→アメリカと交代してきました。いまここを狙うのは中国ですが、海軍力が圧倒的に足りません。インドネシアを取りこんでしまうのが手っ取り早いのですが、インドネシア人の反中感情がこれを妨げているのです。

夢から覚めたフィリピン

フィリピンの北、台湾との間のバシー海峡は、太平洋と南シナ海を結ぶチョーク・ポイントとして重要です。スペイン植民地だったフィリピンは、19世紀末の米西《べいせい》戦争でアメリカ領となり、第二次世界大戦で日本軍に占領されます。スマトラ島の油田地帯から日本へ向かうタンカーがバシー海峡を通過するので、フィリピンに米軍がいては困るからです。

フィリピン駐留米軍司令官だったダグラス・マッカーサーは“I shall return.”の捨て台詞とともに敗走しますが、4年後に日本占領軍の最高司令官として東京に降り立ちます。

スペイン時代から大土地所有制が続くフィリピンでは、地主階級は常にスペイン・アメリカ・日本の支配者に迎合し、貧農がこれに抵抗するという図式が続いてきました。マッカーサーは、農民ゲリラの対日ゲリラ戦を後方支援し、フィリピンに戻ると富裕層にフィリピン政府を組織させて独立をあっさり認め、米軍の駐留を認めさせます。

フィリピンの歴代政権はいずれも富裕層の代表で、農民ゲリラを「共産主義者」と呼んで弾圧してきました。ベトナム戦争勃発の年に政権を握ったマルコスも、「共産主義者」取り締まりを口実に独裁体制を確立し、ベトナムにも派兵しています。

冷戦末期、マルコス政権による野党指導者ベニグノ・アキノの暗殺、コラソン・アキノ夫人の大統領選出馬、マルコスによる開票の不正操作から民衆の怒りが爆発し、軍部が民衆の側についたためマルコスは失脚しました（**ピープルズ・パワー**　1986）。

反独裁運動は反米運動に発展し、民主化されたフィリピン政府は米軍の撤退を要求しました。冷戦も終わり、たまたま起こったピナツボ火山の噴火でクラーク空軍基地が使用不能になったこともあり、アメリカのクリントン政権が**米軍撤退とスービック海軍基地、クラーク海軍基地の返還**に応じた（1991）のです。

中国が、**南沙《なんさ》諸島（スプラトリー諸島）**での実効支配を強めたのはこれ以後です。1995年にはフィリピンが領有権を主張するミスチーフ礁に建造物を構築し、やがて空港まで建設しました。沖縄で盛んな米軍基地返還運動がどんな結果を招くのか、これで予想がつくと思います。米軍が払い下げた小型老朽艦しか持たないフィリピン海軍では、中国海軍に対して手も足も出せません。

ピープルズ・パワーと反米主義だけでは国を守れない、という現実に気付いたフィリピン人。ベニグノ・アキノ三世大統領はオバマ政権と軍事協定を結び、スービック・クラーク両基地への米軍の復帰を認めました。尖閣問題で中国と対立する日本にも接近し、安倍政権の集団的自衛権行使容認を歓迎する、と明言しています。

民主化されたフィリピンですが、アキノ一族も大地主の出身であり、土地改革は遅々として進まず、貧困が最大の問題になっています。貧困層の不満を吸収するのは、冷戦中は共産ゲリラでしたが、いまはイスラム過激派になりつつあります。

元アフガニスタン義勇兵が組織した過激派組織**ジェマ・イスラミア**は、インドネシアからフィリピン南部のミンダナオ島に至る地域にイスラム国家を樹立することを宣言し、2000年代からテロ活動を開始しました。2002年のバリ島爆弾テロ事件では、欧米人を中心に外国人観光客200名が犠牲になりました。東南アジアのイスラム教はもともと穏やかで、現地の習慣とも溶け込んでいるのですが、出稼ぎ労働者として中東地域で生活した若者たちが、「真のイスラム」に目覚めて過激化し、テロ集団に勧誘されるというパターンが多いようです。これもまた、貧困が根本原因なのです。

このミンダナオ島出身の警察官僚ドゥテルテは、麻薬組織に対する情け容赦ない掃討作戦で治安を回復し、圧倒的な庶民の支持を受けてフィリピン大統領に選出されると、ゲリラとの対話に乗りだしました。強烈な民族主義者、愛国者であるドゥテルテは、アメリカのフィリピンに対する内政干渉を断乎として拒絶する一方、中国に対抗するため、安倍首相を自宅に招くなど日比関係の改善に積極的です。

北から迫る中国と、西から浸透するイスラム過激派。この二つが東南アジアにとって最大の脅威です。マラッカ海峡とバシー海峡という二つのチョーク・ポイントのどちらを止められても、日本は深刻なエネルギー危機に陥ります。東南アジアの不安定化は、われわれの問題でもあるのです。

［第5章］

インドの台頭は世界をどう変えるのか？

introduction

インド亜大陸とも呼ばれる、ユーラシア大陸から突き出た半島。インドをはじめ南アジアのバングラデシュ・パキスタン・ネパール・ブータンなどの国々を含む、巨大なエリアです。

その陸地のほとんどがインド洋に位置する南アジアの半島上にあり、南西をアラビア海に、南東をベンガル湾に区切られて、7000キロメートルもの海岸線を持っています。

インドの人口は、およそ12億5000万人。中国に次いで世界第2位の多さを誇る大国です。

そんな「インド」という国ですが、実は昔からあったわけではありません。1877年（明治10年）にできた新しい国なのです。

初代インド皇帝は、ヴィクトリア女王という人でした。イギリスが全インドを征服して、イギリス女王が「インド帝国」の皇帝になったのです。

「インド人」という民族は存在しない

それ以前のインドは、無数の小国に分かれていたのです。北には崩壊しつつあったイスラム教徒の**ムガル帝国**が残り、南にはヒンドゥー教徒の小国がたくさんあり、それぞれ別の言語、伝統を保持していたのです。概して、北方にはインド・ヨーロッパ系（アーリヤ系）の長身・色白の民族、南方にはドラヴィダ系の短身・色黒の民族が分布しています。

インド全体でヨーロッパとほぼ同じ面積ですから、「ヨーロッパ人」という人種が存在せず、ドイツ人、フランス人、ロシア人……がいるのと同様に、厳密には「インド人」という人種も存在せず、ベンガル人、パンジャーブ人、マイソール人……がいるのです。そして、ヨーロッパ諸国の間で戦争が絶えなかったように、インド諸国の間でも戦争が絶えなかったわけです。これが、イギリスに付け込まれる要因になりました。

イギリス東インド会社は、北インドを支配していたイスラム教徒のムガル帝国に取り入りつつ、小国間の争いや階級（カースト）の対立を巧みに利用して支配領域を拡大していきました。たとえば現地の地主階級に徴税を任せ、彼らにも甘い汁を吸わせる、というやり方です。貧農層からイギリスの存在は直接には見えず、イギリス人が恨みを買うことも少なかったわけです。

インドはもともと綿工業が盛んで、イギリスはインドから綿布を輸入していたのですが、産業革命で綿布の大量生産を実現すると、逆に**イギリス産綿布をインドへ輸出**するようになりました。イギリス製品の流入はインド伝統の手工業に壊滅的打撃を与え、多くの失業者を生み出しました。このような社会不安を背景に、イギリス東インド会社の傭兵（シパーヒー／セポイ）が反乱を起こし、大規模な反英運動に拡大しました。**インド大反乱（シパーヒーの反乱／セポイの反乱**　1857‐59）です。このときイギリスのイン

18世紀のインド

インド亜大陸は無数の小国に分かれていた。イギリスは各国の対立をうまく利用し、勢力を拡大した。

ド支配は、最大のピンチを迎えました。

しかし反乱軍がムガル帝国の首都デリーを攻略し、ムガル皇帝が反乱軍に加わったとき、形勢が逆転しました。イスラム教徒の帝国が復活することを警戒するヒンドゥーの諸王国が、次々にイギリス側へ寝返ったのです。結果はイギリスの圧勝に終わり、反乱に加担した最後の皇帝は廃位され、ムガル帝国は名実ともに滅んだのです。

この頃、ロシアがインドの北辺を脅かしていました。インド大反乱の直前に、ロシアはバルカン半島でイギリス・フランスとの戦争（**クリミア戦争**　１８５３‐５６）に大敗し、地中海進出を封じられました。このため、ロシアは中央アジア方面へ転進し、現在のウズベキスタンを併合しました。その南のアフガニスタンがロシアの手に落ちれば、インドにまでロシアの手が及んでくることになります。

イギリスのディズレーリ内閣があわてて**インド帝国の樹立を宣言**（１８７７）し、ロンドンでヴィクトリア女王がインド皇帝として即位式を行なったのにはこういう背景があったのです。翌年、イギリスはロシアの機先を制してアフガニスタンに攻め込みます。この**第二次アフガニスタン戦争**（１８７８‐８０）に勝利したイギリスは、アフガニスタンを保護国としました。アフガニスタンを防波堤にして、ウズベキスタンのロシア軍の南下を

世界を読み解くポイント

そもそもインドって何？

中央アジア方面からインドへ入るときに、必ず渡るのがインダス川だが、この川の古名が「シンドゥ」で「大海」を意味する。この言葉が「インダス川の向こう側」の世界を指すようになり、シンドゥ→ヒンドゥー→インドと変化した。つまり「インド」とは、外国人がこの地域を指す呼び名だったわけだ。

中国では「身毒《しんどく》」とか「印度」という漢字を宛て、「身毒」がさらに転化して「天竺《てんじく》」ともなった。

天竺とは、中国で16世紀の明の時代に大成した伝奇小説『西遊記』で、玄奘三蔵《げんじょうさんぞう》一行が目指した地だ。かつて日本では唐土《もろこし》（中国）・天竺（印度）・日本（倭国）を三国と呼び、これをもって全世界と表現した。

インドでは、インドのことを「インド」ではなく「バーラタ」と呼ぶ。古代アーリヤ人の祖とされる部族名で、インド版『古事記』ともいえる『マハーバーラタ』（偉大なバーラタ）は、バーラタ族の王子たちの王位継承戦争をテーマとする大長編叙事詩だ。

防いだのです。

チベットという防波堤

さて、アフガニスタンと並ぶ防波堤の役割をしたのが、**チベット**です。

チベットでは、17世紀以来、チベット仏教の最高指導者**ダライ・ラマの政権**が続いていました。まもなく清朝に服属し、その保護領（藩部）となりますが、敬虔《けいけん》なチベット仏教徒だった歴代清朝皇帝は、チベット仏教の保護者としてダライ・ラマの権威を尊重し、その完全な自治権を認めていました。

アヘン戦争以後、清朝はイギリスに市場開放を強要され、日清戦争に大敗したあとは列強の勢力圏として切り刻まれました。やがて孫文が革命運動を起こし、辛亥《しんがい》革命で清朝は崩壊、漢人国家・中華民国が独立します（１９１２）。

同時に、**モンゴル**、**チベットも独立を宣言**しますが、いずれも自国を防衛するだけの軍事力を持たず、清朝の旧領をすべて継承しようとする中華民国に対抗して独立を維持するのは困難でした。そこでモンゴルはロシアの支援を求め、ロシア革命後はソ連と同盟し、社会主義を採用します。隣の東トルキスタン（新疆）でもイスラム教徒の独立運動が起こ

ロシアの脅威に対処するイギリス

インドを重要な植民地にしていたイギリスは、アフガニスタンとチベットをロシア南下に対する防波堤とした。

り、ソ連の手が及んでいました。

イギリスは急遽、チベットの保全を図ります。イギリス外交官のマクマホンは、インド北部の町シムラでチベットと国境条約を締結。チベットを主権国家と認め、これを防波堤にしてソ連の南下を防ごうとしたわけです。このときの国境線を**マクマホン・ライン**といい、現在、インド側が主張している中国との国境線になっています。

中華民国はチベットの独立を認めず、シムラ条約の調印を拒否しましたが、**イギリスを後ろ盾にしたチベットに対し、手を出すことはできなかった**のです。

インド帝国防衛のため、アフガニスタンとチベットを防波堤とするという戦略は、まさに地政学的な発想です。

植民地支配が生み出したインド・ナショナリズム

この間、インド国内では**インド・ナショナリズム**が芽生えます。その前提となるナショナリズムとは民族的な自意識、民族としての一体感のことです。その前提となるのは共通の言語と歴史意識です。イギリス支配が始まる前のインドは、多民族多言語社会であり、「インド人」意識がなかったことは冒頭にお話ししました。しかし皮肉なことに、イギリスの植民地支配が「インド人」意識を生みだしたのです。

インド帝国において、イギリス支配に協力する地主、大商人などの上流階級のインド人が子弟に英語教育を施すようになりました。彼らはインド帝国の官僚として現地採用され、**英語という共通語**に習熟し、ベンガル人、パンジャーブ人、マイソール人……という枠を超えて「インド人」意識を持つに至ったのです。

独立後インドの主要政党となった**国民会議派**が生まれたのもこの頃です。最初はイギリス人のインド総督に協力する諮問《しもん》機関として出発しますが、インド人意識の高揚に伴い、インドの歴史の再発見、ヒンドゥー文化の再評価を進めます。

たとえば、アショーカ王で有名な古代インドのマウリヤ朝は、インドの大部分を支配したことがあった、つまり「インドという国は古代から存在したのだ」、と歴史を再評価するわけです（実際には、分裂時代のほうが圧倒的に長かったわけですが……）。

日露戦争が、インドの独立運動を刺激したことは有名です。日本の勝利の翌年に開かれた**国民会議派のカルカッタ大会**（１９０６）は、インドの自治（スワラージ）をイギリスに要求し、国産品の愛用、イギリス製品のボイコットを決議しました。

イギリスは国民会議派に対する脅迫と懐柔を繰り返しつつ、これに対抗するためイスラム教徒の政治団体である**全インド・ムスリム連盟**の結成を後押ししました。イギリスが得意とする植民地支配の原則――Divide and Rule（分割して、治めよ）です。

イスラム国家パキスタンの誕生

イギリスの分割統治に対し、宗教融和と非暴力による独立運動を指導したのが、ヒンドゥー教徒の**マハトマ・ガンディー**でした。１９３０年代、世界恐慌が始まると、イギリスは全植民地を関税ブロックとして囲い込み、余剰生産物の独占市場としました。しかし最大の植民地インドにおいては、非暴力運動とボイコットがピークに達していました。イギリスにとって、もはやインドの領有は重荷となっていたのです。

イギリスは妥協し、州レベルでの自治を認めます。全国一斉に州議会選挙が実施（1935）された結果、大半の州ではヒンドゥー教徒の国民会議派が州政府を組織しましたが、東部のベンガル州や北西部のパンジャーブ州など、イスラム教徒が多い諸州では、ムスリム連盟の州政府が発足したのです。

ムスリム連盟の指導者ジンナーは考えました。

「いずれイギリスはインドを去るだろう。インド全体では、ヒンドゥー教徒が多数を占めるので国民会議派の中央政府が生まれ、ムスリム連盟は永久に政権を取れないだろう。今回、**ムスリム連盟が政権を握った諸州**をインドから分離し、新たなイスラム国家を樹立すべきだ」

この国は、各州の頭文字をとって「**パキスタン**」と呼ばれることになります。

第二次世界大戦は、イギリスのインド支配に致命的な打撃を与えました。日本軍がイギリス海軍の拠点であるシンガポールを攻略。マレー沖海戦では、イギリス東洋艦隊の軍艦プリンス・オブ・ウェールズとレパルスを日本海軍航空隊が撃沈します。

ガンディーの非暴力主義と袂《たもと》を分かった国民会議派の**チャンドラ・ボース**は、ヒトラーに独立運動支援を要請しますが冷たくあしらわれます。そもそも、海軍が弱体なドイツはインドへ援軍を送ることはできません。ボースはドイツ潜水艦と日本潜水艦を乗り継いで来日、東條英機《とうじょうひでき》首相に直訴しました。

「東條閣下、ビルマからインド帝国への進軍をご決断ください！」

ボースの呼びかけで東南アジア在住のインド人が**インド国民軍**を編成し、日本軍とともに英領ビルマを占領します。

大戦末期、すでに制空権を失っていた日本軍のインド侵攻は無謀でしたが、ベンガル侵攻作戦――**インパール作戦**は強行されました。補給の軽視と雨季の到来により日本軍とインド国民軍はアラカン山脈を越えたところで食糧・弾薬が尽き、戦死者より餓死者を多く出すという悲惨な結果に終わりました。ボースは台湾からソ連への亡命を図りますが、飛行機事故で死亡します。

インド総督は、インド国民軍の将校らを反逆罪として告発し、裁判が始まりました。これに対してインドの民衆は、無罪を要求する大規模なデモを行ない、インド人水兵がイギリス人の指揮官に反旗を翻《ひるがえ》します。反英感情の高まりから裁判続行は不可能となり、被告人は釈放され、民衆から歓呼で迎えられました。

イギリス本国では総選挙の結果、植民地帝国の維持を図る保守党のチャーチルが退陣し、労働党のアトリーが政権を握ります。労働党は福祉予算の確保のため、植民地の放棄と軍縮を主張していた政党です。

最後の総督マウントバッテンは**国民会議派の指導者ネルー**、ムスリム連盟の指導者ジンナーと協議し、**インドとパキスタンが分離独立すること**で合意しました。

宗教融和を説くガンディーは分離独立に猛反対し、独立後の混乱の中で暗殺されてしまいます。ガンディーが最後まで民族融和にこだわったのは、パキスタン側にもヒンドゥー教徒は多数存在し、インド側にもイスラム教徒が多数存在したからです。無理に国境線を引けば、必ず宗教紛争が勃発し多くの血が流れることを危惧《きぐ》したからです。

ガンディーの予見は当たり、国境線では宗教紛争が多発、大量の難民が発生します。インド最北部の**カシミール地方**では、住民の多数を占めるイスラム教徒がパキスタン帰属を望んでいたにもかかわらず、ヒンドゥー教徒の藩王（領主）がインドへの帰属を決定したため、内戦が発生します。これにインド・パキスタン両軍が介入し、**印パ戦争**が勃発したのです。

印パ戦争は三度（1947-49、65、71）にわたって繰り返されましたが、いまだに勝敗は決まらず、カシミール州には印パ両軍が駐留し、軍事境界線を隔ててにらみ合いが続いています。

また、イギリス軍がインドから撤退したため、ソ連がアフガニスタンから南下してインド洋へと進出する恐れがでてきました。アメリカがこれを警戒し、イギリス東洋艦隊に代

第二次大戦後のインド周辺の情勢

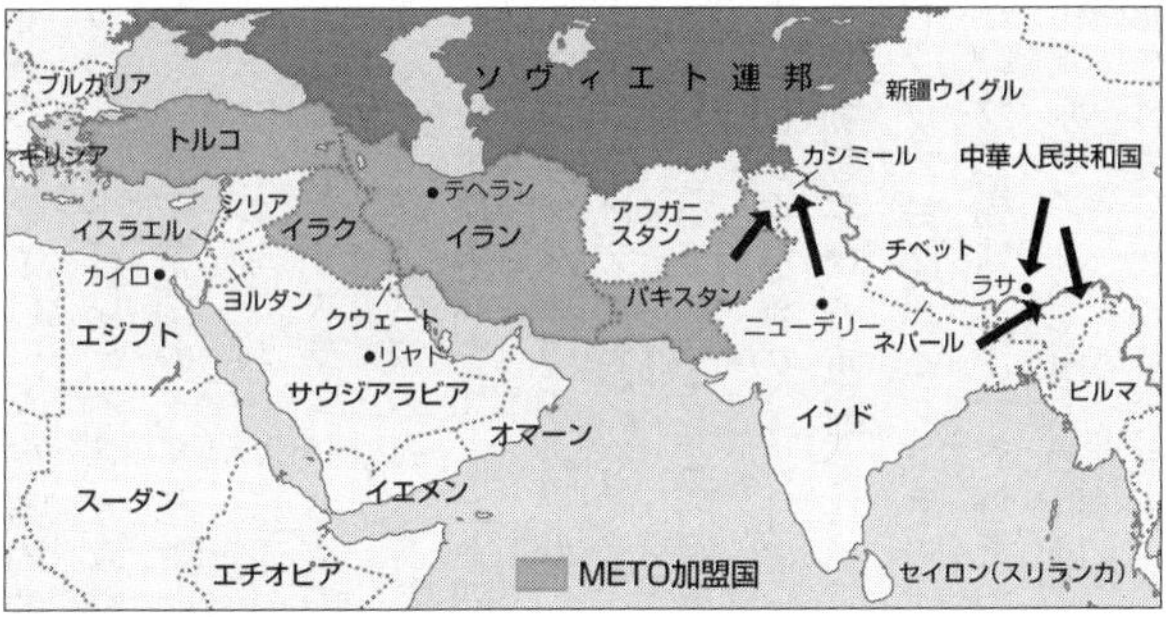

カシミールをめぐって印パ戦争が勃発。
チベット問題では印中が対立。反インド
のパキスタンは中国と同盟を結ぶ。

わってインド洋へ進出します。横須賀を母港とする第七艦隊が、西太平洋とインド洋での作戦行動を担当することになります。

南アジア地域において、アメリカが同盟国として白羽の矢を立てたのはパキスタンでした。パキスタンはアフガニスタンと国境を接し、まさにソ連の南下ルートに存在するからです。この点、インドは役に立ちません。

インド外交の柱、非同盟中立

カシミール問題でインドと睨み合うパキスタンは、インドの10分の1の人口しか持たず、単独ではインドに対抗できません。そこで渡りに船と、アメリカの後ろ盾を得ることにしたのです。**パキスタンは、反共親米軍事**

同盟であるMETO（中東条約機構）、SEATO（東南アジア条約機構）に**加盟**し、アメリカのインド洋防衛の要《かなめ》となります。

しかし、旧宗主国のイギリスと同じアングロ・サクソン系の帝国主義国アメリカと同盟を結ぶことについては、パキスタン国内で不満がくすぶります。親米路線を堅持したい軍部と、反米的なイスラム勢力との間の緊張が続くことになります。国民の支持を得られない軍部は、軍事クーデタで反米運動を抑圧し、政権を維持することになるのです。

ベンガル州は東パキスタンと呼ばれましたが、西パキスタンとは宗教以外に何の共通点もなかったため1970年代に分離独立運動を起こし、インドの支援で独立を達成しました。これが**バングラデシュ**で、「ベンガル人国家」という意味です。

パキスタンがアメリカと同盟を結んだことが、インド外交の選択肢を狭めることになりました。国民会議派のネルー首相は、中国の周恩来《しゅうおんらい》首相と会談し、反帝国主義・反植民地で連携する**平和五原則**を発表します。インドネシアのスカルノ大統領も加わり、アジア・アフリカ会議がインドネシアのバンドンで開催されました（1955）。この**非同盟中立という立場は、インド外交の柱の一つ**となります。

平和五原則には、領土不可侵、平和共存……という美しい言葉が並んでいましたが、それらはまったくの空文でした。毛沢東は、**人民解放軍をチベットに侵攻させていたので**

中国と衝突するインド

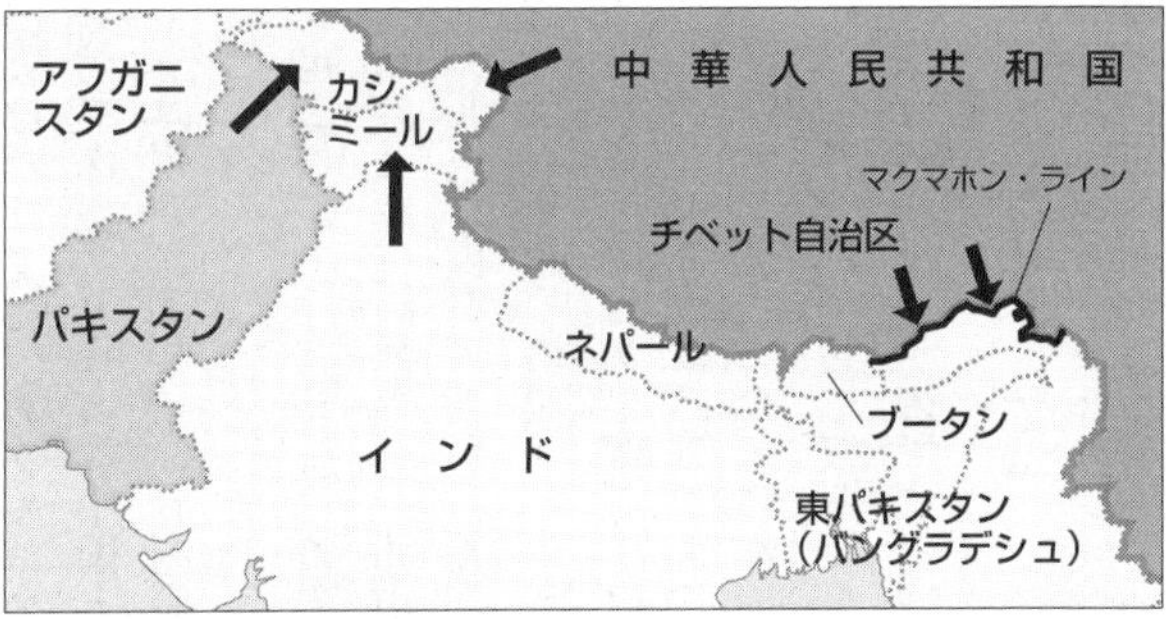

中国のチベット仏教弾圧に反発していたインドは、中国との国境線やカシミール地方で戦火を交え、核武装にふみきる。

す。イギリスがインドから撤退し、チベットで力の空白が生まれていたからです。

「チベット人民を、封建制度から解放する」という名目で開始された中国軍の侵攻は、チベット人の魂であるチベット仏教の破壊をもたらしました。これに反発するチベット民衆との対立はチベット動乱に発展し、あくまでも平和的解決を目指していた**ダライ・ラマ十四世**は、ヒマラヤ山脈を越えて北インドのダラム・サラに亡命したのです。毛沢東はダライ・ラマを分離主義者、裏切り者と呼び、インド政府に引き渡しを要求してきます。

インドはヒンドゥー教国ですが、中国共産党のチベット仏教弾圧に対して激しく反発し、ダライ・ラマの引き渡しを拒否しました。

毛沢東はインドに圧力をかけるため、「イギリス帝国主義者が引いたマクマホン・ラインは無効である」と宣言。**中国人民解放軍は、インド東北辺境地区（アンナーチャル・プラデーシュ州）およびインド占領下のカシミール州に侵攻します（中印国境紛争　1962）**。パキスタンはこれを歓迎し、インドを挟撃するため中国と同盟して第二次印パ戦争を引き起こします。「敵の敵は味方」、ということです。

国民会議派政権内部では、親中派のネルー首相がレームダック（死に体）化し、「力には力を」という現実主義が台頭します。皮肉なことに現実主義を体現する政治家として登場したのは、ネルーの娘、**インディラ・ガンディー**でした。彼女はマハトマ・ガンディーの養子と結婚したため、ガンディー姓を名乗ったのです。

パキスタンの背後にいるアメリカは敵、国境紛争を抱える中国も敵、となれば、残るはソ連しかありません。インディラ・ガンディー政権は、ソ連のブレジネフ政権と軍事同盟を結び、中国に対抗して核開発を進め、核実験に成功します。インドは中国に続いて6番目の核保有国になったのです。この結果、中国はインドとの戦争をためらうようになります。

このインディラ・ガンディー的な現実主義は、インド外交のもう一つの潮流となりま

トライバル・エリア

パシュトゥーン人の居住域分布と国境線が一致していないため、この地域では国家の力が及ばない。

す。インド外交においては、ネルー的な理想主義とインディラ・ガンディー的な現実主義とが交互に現われる傾向があります。

ソ連のアフガニスタン侵攻がアルカイダを生んだ

アフガニスタンは、第一次世界大戦後にイギリス軍を排除し王国として独立を宣言、ソ連と英領インド（独立後はパキスタン）との間で綱渡り的な中立政策をとっていました。

1970年代、親ソ派がクーデタを起こし、中立政策を維持してきた国王ザヒル・シャーを追放し、社会主義化を強行します。イスラム教は封建制度の遺物として弾圧され、宗教教育も禁じられました。これに対して保守的なイスラム教徒が猛反発し、社会は不安定化します。加えて親ソ政権内の派閥抗争が激化し、**アフガニスタンは内戦状態に突入**します。

イラン革命（1979）の成功とイスラム政権の樹立は、隣国のアフガニスタンに大きなインパクトを与えました。ムジャヒディーン（聖戦士）と称するイスラムゲリラは、無神論の社会主義政権に対するジハード（聖戦）を宣言します。ソ連南部のウズベキスタンやトルクメニスタンにはイスラム教徒が多く、ソ連からの分離独立運動に火がつく恐れが

世界を読み解くポイント

ガンディー・ネルー王朝

イギリスはインドに議院内閣制という財産を残した。独立後、インドの指導者はすべて選挙で選ばれている。しかし家柄や知名度が票を左右するのはどこの国も同じ。吉田《よしだ》茂《しげる》首相の孫の麻生太郎《あそうたろう》首相、岸信介《きしのぶすけ》首相の孫の安倍首相が政権を担ったように、建国の父ネルーの一族は選挙にめっぽう強い。しかも、血縁がないとはいえ「ガンディー姓」がつけば最強だ。

インディラ首相は、シク教徒（→P169）の分離独立運動を強権で押さえ込んだため恨まれ、シク教徒の警護兵に射殺された。息子の**ラジブ・ガンディー**が選挙に勝利して首相の座を引き継いだが、スリランカ民族紛争（タミル人独立運動）の鎮圧に協力したため、今度はタミル人過激派に狙われ、退任後に爆殺された。ガンディー家の悲劇と呼ばれる。

ネルーの娘インディラ・ガンディー首相は、中国に対抗して核武装に踏み切った。息子ラジブも首相になったことで、一族は「ネルー王朝」とも呼ばれる。写真：共同通信

ありました。モスクワのブレジネフ政権は、ソ連帝国を維持するため、**アフガニスタン**に**ソ連軍を侵攻**させます。

結果は逆効果でした。ソ連は、全イスラム世界の敵とみなされ、過激イスラム教徒が義勇兵となってアフガニスタンに集結してしまったのです。その中にはサウジアラビア出身の**オサマ・ビン・ラディン**もいました。当時20代前半だったオサマは、サウジアラビアのゼネコン経営者の息子。莫大な資金を投じてムジャヒディーンを支援し、アフガニスタンの英雄として祭り上げられたのです。ビン・ラディンがアフガニスタンに建設したイスラム過激派組織は、アラビア語で「基地」（**アルカイダ**）と名付けられます。

ソ連を「悪の帝国」と呼んだアメリカのレーガン政権は、パキスタン経由でアフガニスタンゲリラに対する軍事援助を実施します。ビン・ラディンたちは、アメリカ製の武器でソ連軍と戦ったのです。しかし彼らはアメリカに感謝せず、アッラーに感謝したのです。

ソ連軍に勝利したアフガニスタンゲリラたちはやがて派閥抗争を始めます。もともとパキスタン自体が多民族国家であり、主要民族であるパシュトゥーン人は国境を越えてパキスタン領内にも住んでいます。ここはいまでもパキスタン中央政府の力がほとんど及ばない空白地帯で、「**部族地域**（**トライバル・エリア**）」と呼ばれます。

アフガニスタン難民たちがこの部族地域に流れ込むと、地元のイスラム神学校が難民の子供たちに教育を与えました。この神学校の「生徒たち」――アラビア語で**タリバン**が、やがて成長して義勇兵となり、戦場へ戻っていったのです。彼らは私利私欲に走る軍閥を打倒し、イスラム国家を樹立することを夢見て戦いました。その清廉潔白《せいれんけっぱく》さにアフガニスタン民衆は共感し、やがてタリバン政権がアフガニスタン全土を支配下に収めることになったわけです。アルカイダがサウジアラビア出身者を中心とする国際テロ組織であるのに対し、タリバンは地元のアフガニスタン人（パシュトゥーン人）の政権です。

そして核武装が始まった

9・11テロ事件（２００１）が起こったとき、アメリカのブッシュＪr.政権はこれをアルカイダの仕業と断定し、タリバン政権に対してオサマ・ビン・ラディンらの引き渡しを要求しました。

タリバン政権は、「オサマ・ビン・ラディンはイスラムの英雄、アフガニスタンにとっては大切な客人である」として引き渡しを拒否しました。

ブッシュＪr.政権は、「テロリストを匿《かくま》う国はテロ国家である」という理屈でイギリスとともにアフガニスタンに軍事侵攻を行ないました。タリバンは首都を放棄し、再びゲリラ化してパキスタン国境を拠点に抵抗を続けます。その後、この作戦はNATO軍が引き継ぎますが、タリバンとの間で一進一退が続きます。ビン・ラディンがアメリカの特殊部隊に射殺されたのも、パキスタンの部族地域にある隠れ家でした。

アフガニスタンゲリラやタリバンの後援者だったパキスタン軍部の中には、ビン・ラディンらの過激イスラム思想に感化される人たちも現われました。彼らは、パキスタンが異教徒アメリカの保護国同然であったことに憤慨し、パキスタンの核武装を画策します。

インドでは、冷戦期を通じて一党優位体制を維持した国民会議派でしたが、長期政権ゆえの腐敗と官僚主義が進み、国民の支持を失います。日本で、自民党の一党支配が終わった状況と似ています。アフガニスタンにおけるイスラム過激派の勝利はヒンドゥー教徒を警戒させ、90年代にはヒンドゥー至上主義を掲げる**インド人民党**が台頭し、連立政権を樹立します。

人民党のバジパイ政権はパキスタンの脅威を強調し、アメリカの制止を無視して核実験を再開します。ところが2週間後に今度は**パキスタンが核実験**を行なって世界を驚かせました。パキスタンは、**イスラム世界で初の核保有国**になったのです。

アメリカのクリントン政権は、インド・パキスタン双方に対して制裁を実施します。しかし9・11以後「対テロ戦争」を優先するブッシュJr.政権は、これらの制裁をなし崩

世界を読み解くポイント

核の拡散は核戦争を助長するのか?

日本の反核団体がインドで広島・長崎の写真展を開催して核廃絶を訴えたとき、来場者が「悲惨な写真を見て、核保有の必要を再確認した。日本が核武装していれば、アメリカは原爆を投下できなかっただろう」と述べ、主催者側を絶句させたという話がある。

核兵器が実用化されて半世紀以上が経ったが、核保有国に対する核攻撃は一度もない。相手国からの核による報復攻撃を恐れるからだ。「核保有が核戦争を抑止する」、というパラドックスを**「核抑止力」**という。

カリフォルニア大学の国際政治学者**ケネス・ウォルツ**は、「主要国がみな核保有すれば、平和が保てる」と結論付けている。ウォルツはインド、パキスタン、北朝鮮の核保有にも賛成し、日本にも核保有を勧めている。

アメリカ政府はもちろんこれを認めていないが、学問的にはこういう議論もあるということである。

し的に解除し、インドとは新たに原子力協定を結んでインド核保有を容認してしまいます。

インドが世界最大の国家となる日

2000年代、国民会議派のマンモハン・シン首相が政権を奪還します。シク教徒出身の経済学者であるシン首相は、経済発展による宗教対立の鎮静化を図り、外資を積極的に受け入れます。鉄鋼・自動車のタタ財閥に代表される重厚長大産業に代わって、新たにIT産業が急成長し、南部のバンガロールはインドのシリコンバレーと呼ばれるようになり、G7《ジーセブン》（先進7カ国）の後を追うBRICS（ブラジル・ロシア・インド・中国・南アフリカ）の一角を占めるようになります。

その一方で、BRICS仲間の中国は、インド洋への経済進出を加速しています。インドを取り巻くパキスタン、スリランカ、バングラデシュ、ミャンマーに対し、中国企業が港湾・道路・パイプラインなどのインフラ投資を行なっているのです。インドの首を締め上げる**「真珠の首飾り」**だとしてインドは警戒を強めています。

中国のインド包囲網

中国はインド周辺諸国に対して大規模な投資を行ない、インドを包囲する作戦に出ている。これは「真珠の首飾り」と呼ばれている。

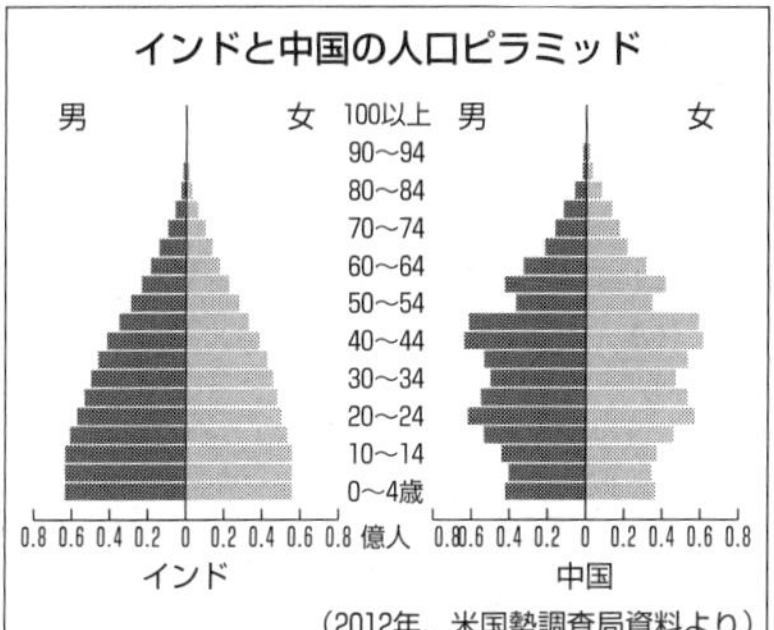

（2012年、米国勢調査局資料より）

２０２０年代後半、**インドの人口は14億人に達し、中国を抜いて世界最大となる**ことが予想されています。しかも前ページ下の図を見てわかるように、高齢化が一気に進む中国と違い、若年層になるにつれ人口が多いピラミッド型の人口構成になっています。インド進出企業にとっては低賃金で労働者を確保できるメリットがある半面、**若年労働者の過剰は若者の失業問題に直結**し、社会不安の要因になります。社会不安は宗教的排外主義につながり、パキスタンとの緊張を煽《あお》ります。

２０１４年の総選挙で国民会議派のシン政権が下野し、インド人民党のナレンドラ・モディ政権が発足しました。州知事時代に外資受け入れに積極的だった現実主義者である半面、ヒンドゥー過激派によるイスラム教徒襲撃を黙認した、という批判も受けた人物です。

現実主義者でナショナリストという評価は、安倍首相ともよく似ています。経済の論理を最優先した前任者と比べて、中国との全面対決は避けつつ、インドの国際的地位を高めようと積極的な行動に出ていくでしょう。

日本軍とともに戦ったボース。

第二次世界大戦後の東京裁判で、「連合国に日本を裁く権利はない」と東條元首相ら被

世界を読み解くポイント

ヒンドゥー教とシク教

ヒ**ンドゥー教は多神教**だが、**太陽神ヴィシュヌが最高神**として人気がある。ヴィシュヌはさまざまな姿——神、人、動物、魚——に化身《けしん》する能力を持つ。やがてこのような思想が生まれた。世界にはいろいろな神がいるが、すべては最高神ヴィシュヌの化身である、と。

ヒンドゥー教とイスラム教を学んだナーナクは、「アッラーもヴィシュヌも同じ最高神」と説き、両者を融合した新たな宗教を創始した。これが**シク教**だ。**一神教で神の前の平等を説く**のはイスラムに近いが、コーランを経典とは認めず、イスラム側からは異教徒と見なされる。北西インドに教団国家を樹立し、男子は完全武装で教祖（グル）に忠誠を誓う。

その忠誠心と勇敢さゆえにインド帝国時代から軍人・警察官として重用され、今日に至る。インディラ・ガンディー時代に独立運動を起こしたが、その後は沈静化している。

告人全員の無罪を主張したパル判事。

日本を敗戦国のまま封じ込めておこうとするアメリカや中国とは全く異なる歴史観を持つのがインドです。来日したモディ首相は、ボースとともにインパールで戦った元日本兵と面会し、その感激をツイッターで発信しました。戦勝五大国が常任理事国を独占する国連安保理の改革を求めることでも、日本とインドは共闘できます。

国際的な宣伝戦において、インドの発言力が増すことは、日本にとって有利に働きます。それに加えてインドとの対話は、敗戦後に刷りこまれてきた日本人自身の歴史観、世界観を根底から変えていく可能性があるのです。

［第6章］

ロシア——最強のランドパワーが持つ三つの顔

introduction

日中関係の悪化に比例して、台頭する中国に対抗するため、日本はロシアと連携すべきだ、という考えが強まっています。安倍首相がプーチン大統領との首脳会談に積極的なのは、この考えに基づくものでしょう。

一方で、第二次世界大戦末期のソ連の背信行為——日ソ中立条約の破棄と南樺太《みなみからふと》・千島《ちしま》への侵攻を日本人は忘れません。それがもたらした北方領土問題が未解決であることが日露間のトゲとなっており、日本人の対露感情に決定的な悪影響を与えてきました。

ロシアは潜在的に敵か、味方か。これを見極めるには、ロシアという国の行動原理を知ることが重要です。まずは、ロシアの歴史をざっと見ていきましょう。

ロシアは三つの顔を持つ

ロシアという国は、三たび建国されました。

一回目の建国は9世紀。日本は平安時代で、遣唐使廃止のちょっと前です。当時のヨーロッパは、ローマ帝国の崩壊に始まる混乱がピークに達し、北欧では**ノルマン人**とか**ヴァイキング**とか呼ばれる海賊集団が暴れていました。ノルマン人の首領の一人である**リューリク**という男が、艦隊を率いてバルト海を渡り、ロシアの先住民であるスラヴ人を征服して建てたのが**ノヴゴロド国**です。これがのちにロシアの起源だとされました。

北欧三国（デンマーク・ノルウェー・スウェーデン）はいずれもノルマン国家ですし、

現在のイギリス王室につながるノルマン朝を開いたウィリアム一世もノルマン人です。ということは、ロシアはイギリスや北欧三国の兄弟国ということになります。

「われわれもまた、西欧諸国の一員なのだ」といいたいわけです。

リューリクの息子イーゴリは、ドニエプル川を下ってキエフに都をおきます（**キエフ公国／キエフ・ルーシ**）。ノルマン人たちは徐々にスラヴ人と混血し、スラヴ語（ロシア語）を使用するようになりました。ドニエプル川をさらに南下すると黒海へ出ます。黒海から地中海へ抜ける海峡沿いにあるのが、当時ヨーロッパ最大の都市だったコンスタンティノープル。ビザンツ帝国（東ローマ帝国）の首都です。キエフはビザンツから工業製品を輸入し、穀物やスラヴ人奴隷を輸出しました。英語で奴隷をスレイヴというのは、スラヴ人奴隷が多かったからです。

二回目の建国は10世紀、日本は紫式部《むらさきしきぶ》の時代です。遊牧民のマジャール人やブルガール人が、東方からヨーロッパに波状攻撃をかけていました。キエフ大公**ウラディミル一世**は、遊牧民に対抗するためビザンツ帝国と同盟を結び、ビザンツ皇帝の妹を妃《きさき》に迎えます。それまでロシア人は自然崇拝だったのですが、**ギリシア正教会の宣教師を迎えてキリスト教に改宗**しました。イスラム教徒からの誘いもあったのですが、大酒飲みだったウラ

ロシアの祖となった国

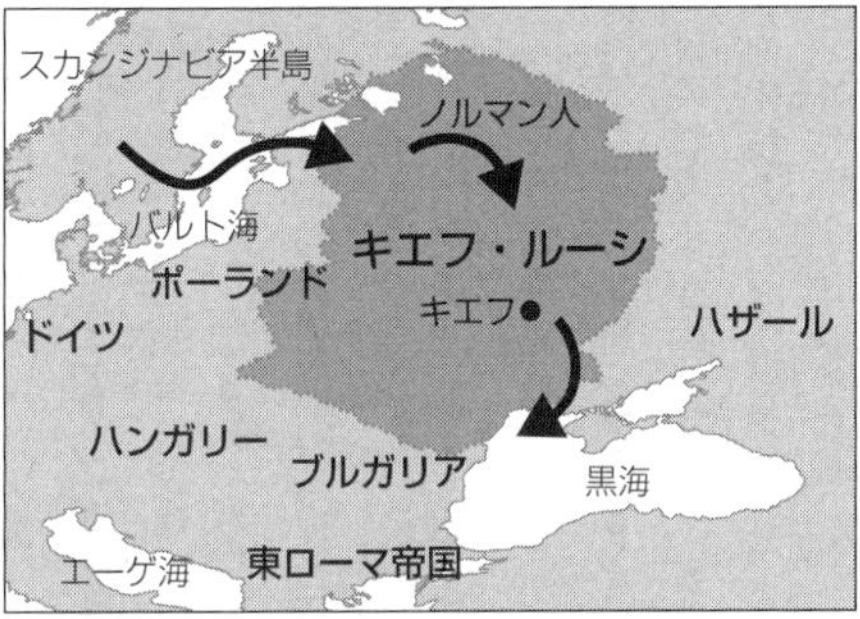

キエフ公国は、ロシア、ウクライナ両国の起源とされる国。バルト海、黒海を結ぶ交易で栄えたが、モンゴルに滅ぼされた。

ディミルは、「酒を禁ずる宗教はいやだ」と、キリスト教を選んだと伝えられています。ギリシア文字から考案された**キリル文字**がロシアに普及します。

西欧文化圏から離れ、**ギリシア文化の影響を受けつつ独自のスラヴ文化を築いたキエフ公国の伝統**は、ロシアが西欧と対決するときによみがえります。ナポレオン戦争でモスクワまでフランス軍が侵攻したとき（1812）、「祖国ロシアを救え！」「おれたちはスラヴだ！」という民族意識が高まりました。19世紀後半には、セルビア・ブルガリアなどバルカン半島のスラヴ系諸民族の盟主を気取って「**パン・スラヴ主義**」を提唱します。

このように、ロシア人のアイデンティティ

(自己意識)は、「西欧」と「スラヴ」の間を揺れ動いてきました。ちょうど明治以後の日本人が、「親欧米」か「アジア主義」か、で揺れ動いてきたのとよく似ています。最近のロシアの指導者では、ゴルバチョフやエリツィンが「西欧派」だったのに対し、プーチンは西欧に対して対決姿勢を取る「スラヴ派」です。

ところが、ロシアには隠された第三の顔があるのです。

13世紀、日本は鎌倉時代で元寇があった時代です。モンゴル騎馬軍団はロシアも襲いました。フビライの従兄バトゥ将軍が率いるモンゴル軍は、キエフ公国を破壊し、南ロシアにキプチャク・ハン国を建てます。これ以後**200年にわたるモンゴル支配**のことをロシア史では「**タタールのくびき**」と呼ばれる暗黒時代として描きます。「タタール」とはモンゴル人のこと、「くびき(軛)につなぐ」とは「牛馬のようにこき使う」という意味。

日本にたとえれば、神風が吹かず、元軍が本土まで攻め込んで京都も鎌倉も焼き払い、朝廷も幕府も滅亡して、元朝に併合されてしまったようなもの。悪夢です。

ロシア三度目の建国は15世紀、日本では応仁の乱で戦国時代が始まった頃です。ロシアの母であるビザンツ帝国がイスラム教徒のオスマン帝国に滅ぼされるのですが、最後のビザンツ皇帝の姪《めい》を妃に迎えた**モスクワ大公イヴァン三世**が「皇帝(ツァーリ)」の称号を

拡大してゆくロシア帝国

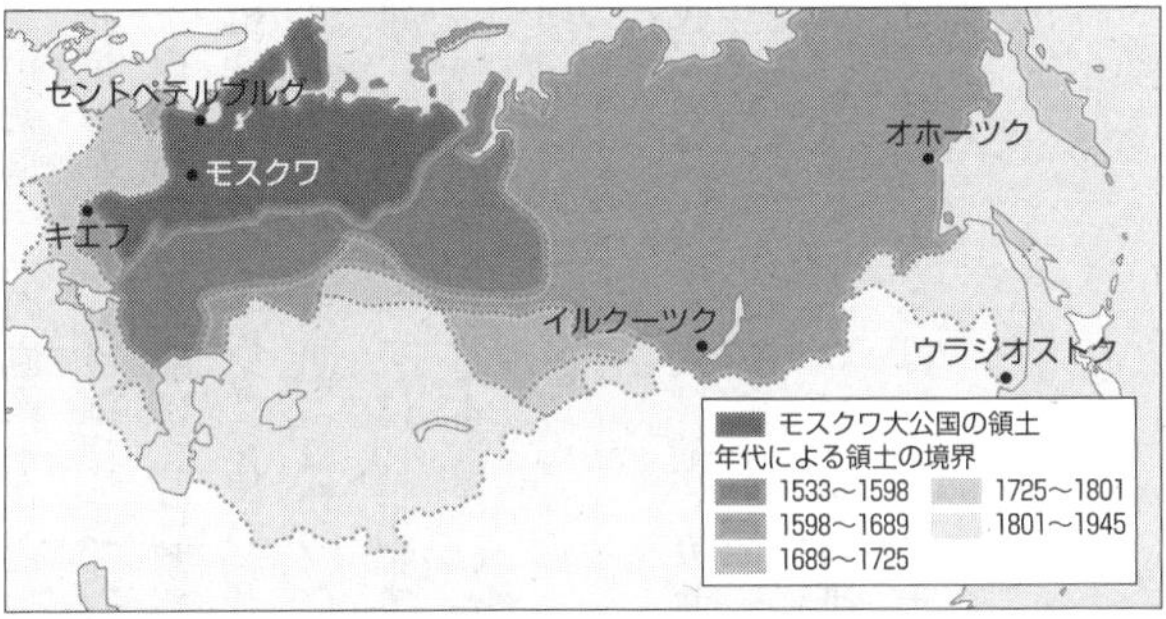

ロシア領土拡大の変遷。強力な騎兵隊（コサック）を動員し、世界最大の帝国に成長する。

受け継ぎ、**ビザンツ帝国の後継国家としてのロシア帝国**が誕生したのです。

　このイヴァン三世が立ちあがり、モンゴル支配からロシアを解放したことになっていますが、これは事実の半面でしかありません。「タタールのくびき」の時代、モンゴルの王（ハン）は、服従したロシア人貴族を通じて間接統治を行ないました。そういうロシア貴族の代表だったモスクワ大公は、モンゴル風のファッションに身をつつみ、ハンの娘を妃に迎えました。モスクワ大公の居城であるクレムリン宮殿の名は、モンゴル語で「砦《とりで》」をあらわす「クリム」が語源です。

　モンゴルからの独立後も、各地に残存するモンゴル系諸部族を従えるために、モスクワ大公イヴァン四世は「ハンの後継者」と称します。正統なハンの直系子孫だったサイン・ブラトをクレムリンの玉座に座らせ、彼から再び譲位されるという演出まで行なうのです。

ヨーロッパ向けの顔は「ビザンツ皇帝の後継者」、アジア向けの顔は「モンゴルのハンの後継者」、という巧みな使い分けです。モンゴル系遊牧民の残党と、ロシアの逃亡農民を主体とする騎兵集団（**コサック**）は、モスクワ大公に忠誠を誓い、東西に向けて大遠征を続けた結果、ロシアは19世紀までは世界最大の帝国に成長したのです。強力な騎馬軍団によって、黒海から日本海にいたるユーラシア大陸を支配するロシアは、「よみがえるモンゴル帝国」だったのです。

遊牧民の遺伝子を受け継ぐカザフスタン、ウズベキスタンなど中央アジア諸国がロシアの支配を受け入れ、ソ連の解体後も、**独立国家共同体（CIS）**や**上海協力機構（SCO）**の加盟国としてロシアとの連携を維持していることは、単に経済的なメリットだけではありません。彼らはロシアにモンゴル帝国の幻影を見ているのです。

世界を読み解くポイント

ビザンツ帝国とギリシア正教

民族大移動によるローマ帝国の分裂にともない、キリスト教会も西の**カトリック教会**と東の**ギリシア正教会**とに分裂した。

イエス・キリストの墓がある聖地エルサレムは、イスラム教徒に占領されてしまったため、**イエスの弟子であるペテロの墓があるローマ教会**の権威が高まり、その指導者である**ローマ教皇（法王）**が「神の代理人」、カトリック教会の指導者として君臨した。

西欧諸国の王たちは、ローマ教皇から王位を承認され、教皇権と王権との抗争を経て、政教分離体制が確立されていった。

一方、東ローマ帝国はイスラム教徒に領土を奪われ、ギリシアだけを保持した。このギリシア化した東ローマ帝国のことを**ビザンツ帝国**と呼ぶ。

ビザンツ皇帝はローマ教皇の権威を認めず、ギリシア正教会の聖職者を自ら任命した。**国家が教会の上にあるビザンツ式の政教一致体制**は、正教を受け入れたロシアにも継承された。

世界最大のランドパワー

ロシアの強みは、その寒さと広大すぎる領土。外部からのいかなる侵略者も、ロシア全土を占領することはできません。

ナポレオンのフランス軍はモスクワを占領したものの冬の到来とともに敗退し、ヒトラーのドイツ軍もモスクワの手前40キロまで迫ったものの、やはり冬の到来で敗退しました。モスクワの最低気温は平均で零下10度。１９４０年には零下40度（！）を記録しています。

黒海へ注ぐドニエプル川、ドン川、カスピ海へ注ぐヴォルガ川、オホーツク海へ注ぐアムール川を除き、ロシアの大河はすべて北極海へ注ぎます。北極海は常に凍っているので、海から川をさかのぼってロシアへ侵入することも困難です。この結果、**ユーラシア大陸の最奥部に難攻不落の安全地帯（ハートランド）が形成され、ここを制する国（ランドパワー）がユーラシア大陸を制する**、と説いたのが、イギリス地政学の祖であるマッキンダーでした。

世界最大のランドパワーであることは、ロシアにとってメリットであると同時にデメリットでもあります。守りやすいということは、外に打って出るのには不利だからです。

イギリスのように強大な艦隊を保有し、海上覇権も握りたいという欲望をロシアが持つのは17世紀後半（日本は元禄時代）ロシア史上最高の名君とされる**ピョートル大帝**からです。ピョートルは北方戦争でスウェーデンを破って**バルチック艦隊**を建設し、続いて女帝**エカチェリーナ二世**はオスマン帝国を破って**黒海艦隊**を建設しました。バルト海同様、オホーツク海も氷結します。流氷が来ない日本海に港を確保する必要があるのです。19世紀後半のアレクサンドル二世はアロー戦争に乗じて清朝から日本海沿岸の沿海州を奪い、**ウラジヴォストーク**を母港とする**太平洋艦隊**を建設します。また明治維新直後の日本政府と交渉して、樺太全島を併合します。

20世紀後半の世界が米・ソの二強が覇権を争う冷戦の時代だったとすると、19世紀後半の世界は英・露の二強が覇権を争う**グレート・ゲーム**（↓P213）の時代でした。ユーラシア大陸という巨大なチェス盤で、英・露という二人のプレーヤーがゲームを展開したのです。

産業革命に成功したイギリスは、インド・中国市場と通商ルートを維持するために強大な海軍を保持していました。このイギリスの覇権（パクス・ブリタニカ）に対し、最大の脅威となっていたのが、虎視眈々《こしたんたん》と南下政策を展開するロシア帝国だったのです。

イギリスは、**クリミア戦争と露土戦争**でロシアのバルカン進出を阻止し、日英同盟を結んで日本にロシアを監視させます。日本は、**日露戦争**でロシア太平洋艦隊とバルチック艦隊を壊滅させ、まさかの敗北を喫したロシアは太平洋進出の夢を断たれました。再びバルカン進出を企《くわだ》てますが、今度はドイツのバルカン進出（3B政策）と正面衝突し、**第一次世界大戦**を引き起こすのです。

海洋覇権を回復した共産主義国家

ロシア革命（1917）の混乱を経て共産党政権（ソヴィエト連邦）が成立します。建国の父である西欧派のレーニンのあとを継いだスターリンは、グルジア人という少数民族出身ながらスラヴ派で、**共産党が政治権力とイデオロギー（マルクス・レーニン主義）を独占**するビザンツ的政教一致体制を確立します。ロシア帝国の再来ともいうべき強力な独裁体制です。

旧ロシア帝国領の回復を目指すスターリンは、第二次世界大戦の直前にヒトラーと独ソ不可侵条約を結び、バルト三国と東ポーランドを併合します。イギリスは激怒しますが、ヒトラーのソ連侵攻と日本の真珠湾攻撃で状況は一変。日独枢軸vs米英ソの連合国とい

世界を読み解くポイント

マッキンダーのランドパワー理論

帝国主義の時代、地理的な制約と限られた交通手段の中で自国の覇権をいかに維持するか、という極めて生臭い学問として始まったのが地政学だ。

イギリスの地理学者マッキンダーは、**ランドパワー（内陸国家）とシーパワー（海洋国家）の抗争**というモデルを初めて提示した。

古代以来、フン族やマジャール人、モンゴル人などのランドパワーがヨーロッパを脅かし続けた。羅針盤が普及した大航海時代以後は、ヨーロッパの海洋勢力（シーパワー）が覇権を握った。ところが**鉄道の開通**によってランドパワーのロシアとドイツが再び台頭しつつあったのが彼の生きた時代であり、イギリスを中心とする米・豪・日などのシーパワー連合がこれに対抗しなければならない、とマッキンダーは説いた。

第一次世界大戦で、ランドパワー帝国のロシアが革命で崩壊し、敗戦国ドイツは弱体化された。ドイツ帝国とロシア帝国を解体し、ポーランドなど東欧諸国の独立を認めたヴェルサイユ体制は、マッキンダー理論を具現化するものとなった。

う図式になり、ソ連はちゃっかり戦勝国となってしまいました。

ソ連軍によってドイツ軍から「解放」された東欧諸国では共産党政権が樹立され、ソ連の衛星国家になりました。バルト三国と東ポーランドはソ連領となり、ソ連に侵略されて抵抗したフィンランドやルーマニアは、敗戦国扱いされました。戦勝国史観に苦しんでいるのは、日本とドイツだけではないのです。

しかも、大戦末期には日ソ中立条約を破棄して南樺太と千島全島を併合します。こうして共産主義ロシアは、**バルト海とオホーツク海の覇権**を回復したのです。

あわてたのは米・英です。大戦で疲弊したイギリスに代わってアメリカがシーパワーの盟主となり、「対ソ封じ込め」を展開します。核兵器の保有が切り札になるはずでしたが、スパイ網を使ってアメリカの核兵器技術を盗んだソ連も核実験に成功します。ここから米ソ両国は、核ミサイルの増産に励みつつにらみ合いを続ける冷戦を開始したのです。

敗戦国日本には米軍基地が置かれ、ハワイと日本を拠点とする米太平洋軍（第七艦隊）によってソ連極東軍はオホーツク海と日本海に封じ込められました。米海軍の補助機関として創設された海上自衛隊の最大の任務は、ソ連海軍の潜水艦を探知することでした。

陸から海へ、空から宇宙へと広がる軍拡競争と、マルクス主義に基づく計画経済の失敗は、ソ連の国家としての寿命を縮めました。アフガニスタンへの侵攻が泥沼化したことが

上海協力機構というランドパワー同盟

米国の一極支配や北大西洋条約機構（NATO）拡大への抵抗を前面に打ち出している。

とどめとなり、**ゴルバチョフ**政権が冷戦の終結に応じ、西欧的民主主義を取り入れ、一党独裁の放棄を容認します。ビザンツ的政教一致体制が崩れたのです。力によって維持されてきたソ連帝国そのものが崩壊へと向かいました。

ソ連崩壊後の混乱を制したプーチン

バルト三国やカフカース、中央アジア諸国を切り捨て、ロシア連邦だけの維持をはかった**エリツィン**時代は、大混乱が続きます。西欧主義者のエリツィンは、国際通貨基金（IMF）からの緊急融資を受ける条件として米国流の市場経済を導入した結果、ソ連時代にはなかったすさまじい貧富の差を生みだしました。国営企業の払下げでユダヤ系の新興財閥が富を独占する一方、公務員はリストラされ、年金生活者は路頭に迷ったのです。カフカースの**チェチェン共和国**を中心に、ロシア連邦からの分離独立運動も激化し、エリツィンは軍と治安機関に頼るようになりました。この時代に、**秘密警察（KGB）出身のエリート官僚として台頭したのがプーチン**です。

プーチンは、軍事力によるチェチェン独立派の徹底弾圧と、腐敗官僚に対する綱紀《こうき》粛《しゅく》正《せい》、新興財閥の資産国有化を断行し、ロシア人を熱狂させました。エリツィン時代に蜜月だった米露関係も一変し、ブッシュJr.政権に対抗して中国に接近します。露・中・中央アジア四カ国で**上海協力機構**（SCO）を発足させたのもプーチンです。対テロを名目に合同軍事演習も行ない、その領域はかつてのモンゴル帝国と重なるランドパワー同盟の成立です。

地政学的に中露は敵対関係

中国は、ロシア製武器、石油・天然ガスの最大の顧客です。極東開発に中国資本を呼び込みたいという思惑もあります。同時に、4300キロの国境を接し、常に人口過剰な隣国・中国は、ロシアにとって最大の潜在的脅威です。プーチンは紛争の種となる中ソ国境の画定を急ぎ、中国にかなり譲歩して2008年に確定しました。

しかし、アロー戦争で清朝から奪った沿海州の帰属について、中国は不満を持っています。尖閣問題でわかるとおり、力を蓄えてから突然、領有権を主張するのが中国のやり方です。プーチンはこれを知っています。

もし沿海州が中国に返還されることになれば、ウラジヴォストークが中国人民解放軍の軍港となり、日本海が中国の内海となります。日本海は、メタンハイドレートなど地下資源の宝庫です。中国は、必ずこれを狙ってきます。

ロシアの出生率は西欧諸国や日本並みに低く、死亡率はアフリカ並みに高いのが現実です。寒さとアルコール依存症が原因です。ソ連時代には党の命令でシベリアへの移住が強制されましたが、ソ連崩壊後はシベリアからの人口流出が止まりません。ソ連崩壊時に1億5000万人だった人口は、2040年には1億3000万人になると予想されています。

バイカル湖以東の極東ロシアはヨーロッパほどの広さですが、人口はわずか650万人で千葉県と同じくらい。一方、中露国境の南に広がる中国東北地方（旧満州）の人口は1億人です。極東を訪問したプーチンは、「いずれ中国語が極東ロシアの公用語になる」とブラック・ジョークを飛ばしています。

ロシア語で中国は「カタイ」です。モンゴル帝国以前に、モンゴル高原を支配した遊牧民・契丹《きったん》が語源です。モンゴルによる200年間の「タタールのくびき」の記憶、日露戦争で二つの艦隊を失った記憶――ロシア人にとってアジア人は恐怖の対象です。

日・中が手を組むことはロシアにとって悪夢です。だからロシアは上海協力機構を通じて米・日を牽制し、日中の歴史問題では中国の肩を持ちつつ、シベリア開発では日本にも秋波《しゅうは》を送るのです。

なぜロシアはウクライナを手放したくないのか

ウクライナ人とロシア人は兄弟のようなものです。ウクライナの首都キエフは、かつてのキエフ公国（キエフ・ルーシ）の都だったところ。キエフ公国は、ロシアとウクライナの共通の起源とされます。この頃モスクワには、熊しか住んでいませんでした。

モンゴル軍の侵攻で古代のキエフが破壊されたあと、ロシアの中心はモスクワに移りました。荒廃したウクライナは逆に「辺境」とみなされ、逃亡農民や無法者が勝手に住むようになります。彼らがロシア陸軍の精鋭であるコサック騎兵の起源です。

モンゴル（キプチャク・ハン国）が衰退した時代、代わりに西方から領土を拡大してきたのがポーランドでした。ポーランド史上最大領土を築いたヤゲウォ朝は、北はバルト海から南は黒海北岸にいたる「ヨーロッパの付け根」――バルト三国・ベラルーシ・ウクライナを支配したのです（↓P205の地図）。

その後、モンゴルから独立したモスクワ大公国（のちのロシア帝国）も黒海方面へ南下を開始した結果、**ウクライナを東西に分かち黒海に注ぐドニエプル川を境に、東がロシア領、西がポーランド領となった**のです。

ポーランドは西欧（特にドイツ）の影響が強く、宗派はカトリック教会です。いまもウクライナ西部では、ロシア系の正教会ではなくカトリック教会が主流になっています。ウクライナの東西対立は、この時代にまでさかのぼるのです。

ロシア帝国の勃興と、ポーランドの衰退が同時に起こった結果、ウクライナ全土がロシアに併合され、やがてポーランド自体がロシアに飲み込まれました。ロシアはこうして黒海北岸をすべて手に入れ、クリミア半島に軍港セヴァストーポリを建設し、黒海艦隊を建造したのです。西部ウクライナには、鉱山労働者として多くのロシア人が流れ込み、ロシア化が進みます。

20世紀初頭のロシア革命でロシア帝国が崩壊し、ポーランドは独立を回復します。

ウクライナも独立を宣言しますが、今度はソ連共産党の軍隊（赤軍）に占領され、ソ連の一部とされてしまうのです。モスクワから送り込まれた共産党独裁政権のもと、穀倉地帯のウクライナは食料の強制徴発に苦しめられます。１９３０年代、スターリン時代に行なわれた強制徴発は千数百万人の餓死者を出し、独立後にウクライナ議会は「ソ連政府による計画的な殺戮（ジェノサイド）」として非難決議を行なっています。

第二次世界大戦でドイツ軍がウクライナに侵攻したとき、ウクライナ人はこれを解放軍として迎えたほどです。ソ連共産党の支配下で餓死させられるより、ナチスによる人種差別のほうがましだ、と考えたのです。しかしドイツは敗北し、ソ連支配はその後、半世紀も続きました。

ソ連解体（１９９１）にともなう独立以後も、旧ソ連共産党出身の独裁的な親露政権と、ロシアに対抗してＥＵ（欧州連合）やＮＡＴＯへの加盟を求める親欧米派との対立が続きました。両者を二分するのはやはりドニエプル川です。

黒海への出口である**クリミア半島の軍港セヴァストーポリ、旧ソ連最大の穀倉地帯、鉄鉱石の大産地を持つウクライナを、ロシアは絶対に手放したくない**のです。

２００４年の大統領選挙では、親欧米派のユーシェンコと親露派のヤヌコヴィッチが激突。選挙結果をめぐって国を二分する騒乱（オレンジ革命）が起こり、プーチンを敵視す

ウクライナの分裂、親欧米派vs親露派

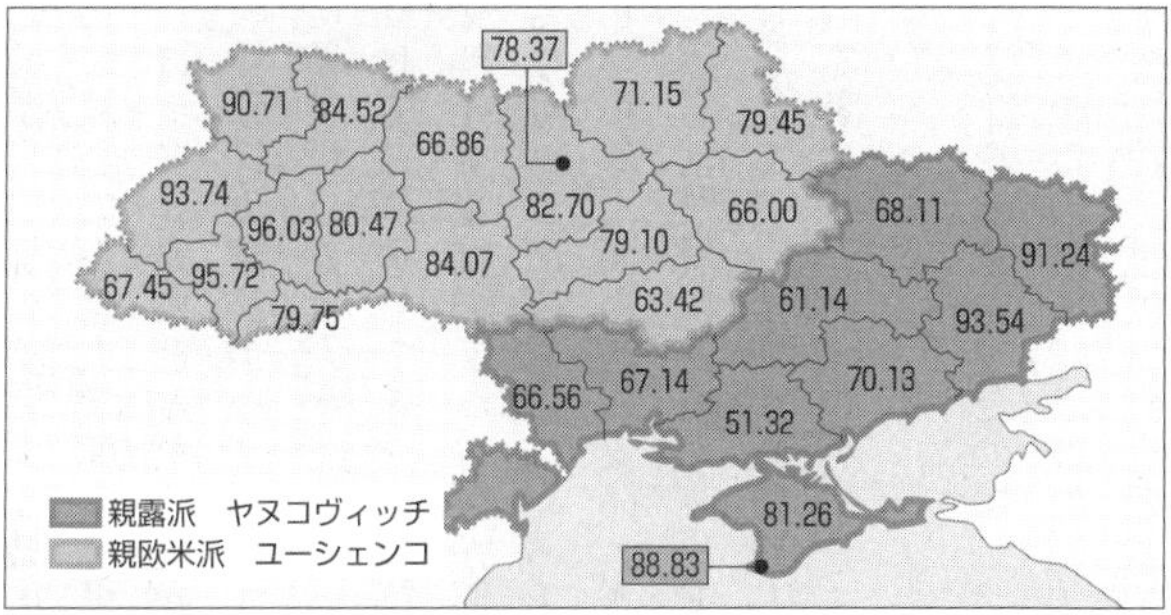

2004年の大統領選の得票率。北西部ほど親欧米派のユーシェンコ支持が鮮明で、南東部では親露派のヤヌコヴィッチ支持が鮮明になる。

るユダヤ系金融資本のジョージ・ソロス（↓P221）から資金援助を受けたユーシェンコ側が翌年の再投票で勝利し、EU加盟交渉に乗り出します。

プーチンは激怒してウクライナに対する天然ガス供給を止めるなど経済制裁を発動。世界金融危機も追い打ちをかけて経済が低迷するなか、親欧米派政権内部でも権力闘争が続いたため、親露派が巻き返します。

２０１０年の大統領選挙では、一転して親露派のヤヌコヴィッチが勝利。２０１３年に「ウクライナのEU加盟手続きを停止する」と発表しました。もちろん、ロシア（プーチン大統領）の意向を受けての決定でした。

これに親欧米派の野党が猛反発して大規模な抗議集会を呼び掛けます。最初は平和デモ

だったのが、一部の過激派が政府庁舎の占拠を始めたため、ヤヌコヴィッチは治安部隊を投入し、双方に数百人規模の死傷者が出ます。**ウクライナ内戦**の始まりです。

ヤヌコヴィッチにどんな問題があったにせよ、曲がりなりにも自由選挙で選ばれた政権を街頭活動（集会・デモ）で倒すというのは民主主義の否定です。２０１５年の大統領選挙まで待てばよかったのです。

こうしてごり押しで親欧米政権が発足すると、今度はロシア系住民の多いクリミア半島とウクライナ東部の二つの州が勝手に住民投票を行ない、独立を宣言します。軍事基地を抱える**クリミア**については、**ウクライナからの独立とロシアへの併合**をプーチンが「承認」し、正体不明の武装集団（誰がどう見てもロシア軍特殊部隊）がクリミア駐留のウクライナ軍を武装解除してしまいました。

ソ連解体でロシア圏から離脱したウクライナを再び取りもどそうというプーチンの意図は明白です。

プーチンを暴走させたのは、アメリカのオバマ政権の優柔不断でした。

9・11テロのあと、ブッシュＪｒ．政権が始めたイラクとアフガニスタンの戦争が長期化し、米国民の厭戦《えんせん》気分を背景に「米軍撤退」を公約して当選、ノーベル平和賞までもらってしまったオバマ。任期満了まで余計なトラブルには巻き込まれたくない、という思いがみえみえです。シリアやイラクの内戦にも不干渉で、シリア政府軍による毒ガス使用にも、テロ集団ＩＳ（イスラム国）の勢力拡大にも手をこまねいていました。

プーチンはこれを「青信号」と見たのです。「オバマは邪魔しない。やるならいまだ」と。

実際、オバマがやったのは黒海への軍艦一隻の派遣と、ほとんど効果がないロシア政府要人（しかもプーチン本人を除く）の資産凍結だけでした。

オバマ大統領が平和主義者だということは間違いありません。しかし、無責任な平和主義が国際紛争を抑止するどころか増長させることも、国際社会の現実なのです。

エリツィン時代にロシアで甘い汁を吸った欧米の金融資本や石油資本は、プーチンによってロシアから追い出されました。だから「独裁者プーチン」を排除して、「夢をもう一度」と考えています。ウクライナの紛争が止まないのも、石油価格の下落により石油・ガスの輸出国ロシアが窮地に立たされているのも、このような大きな対立が生み出した構造的な問題と理解すべきなのです。

北方領土の解決策はあるのか

ロシアの領土拡大の歴史を振り返ると、**近隣諸国が弱ったときに侵略する**、という法則があります。アロー戦争に乗じて清朝から沿海州を奪い、第二次世界大戦の開戦に乗じて東ポーランドとバルト三国を奪い、大戦末期、広島への原爆投下を見届けて、南樺太・千島列島を奪いました。強大な相手に対しては、決して喧嘩を売りません。臆病なのです。

ロシアとの交渉で重要なことは、こちらの弱みを見せないことです。尖閣漁船衝突事件で、菅直人《かんなおと》政権が中国の要求に屈して中国人船長を釈放したあと、メドヴェージェフ大統領はロシアの指導者として初めて国後島《くなしり》に上陸しました。日本が弱さを見せたからです。安倍政権になってからは、そういう挑発は控えています。

本来、択捉島《えとろふ》以南の「四島」だけではなく、最北端の占守島《しゅむしゅ》まで千島列島すべてが日本領です。しかし、全島返還を交渉するには、ロシアに脅威を与えるような強大な軍事力（核戦力を含む）を日本が持つ必要があり、今後半世紀は無理でしょう。

現実的に考えれば、「四島」のどこかで線引きをするしかありません。地理的に線引き

本来は最先端の占守島まで日本領

沿海州はアロー戦争直後に清朝から、千島と南樺太は第二次世界大戦の末期に日本から奪った。弱体化した周辺国から領土を奪うのがロシアのやり方だ。

しようというのが「二島先行」返還論です。とりあえず歯舞《はぼまい》・色丹《しこたん》を返還し、国後・択捉は先送りする、という話です。しかし面積で考えれば、国後島の真ん中で線を引くべきだ、という議論もあります。

香港方式、という考え方もあると思います。英領香港は、１９８４年の香港返還協定で１９９７年の中国への返還と、その後50年間は自治を認め、言論の自由を保障することが決まりました。

たとえば四島は２０３０年に日本に返還する、その後も50年間はロシア人の自治を認める、という協定を結ぶのです。50年の猶予があれば、いまの居住者はこのまま住み続けるか、ロシア本土へ移住するか、という選択ができます。時間軸に線引きをするわけです。

もっと現実的な解決策は、沖縄方式です。アメリカが沖縄返還を認めたのは、米軍基地をそのまま残すことを日本政府が容認したからです。日露が軍事協定を結び、四島の返還後も国後・択捉のロシア軍基地は残すと明記すればよいのです。アメリカの反発が予想されますが、そもそもこの問題の種をまいたのはアメリカです。第二次世界大戦末期のヤルタ会談で、ソ連の対日参戦の見返りに、南樺太と千島の領有をスターリンに認めたのは米大統領フランクリン・ローズヴェルトですし、サンフランシスコ平和条約で千島の帰属をわざとあいまいにして日露の離間を図ったのは、トルーマン政権のダレス国務長官です。

日露軍事協定の締結は、中国に対する強力なカウンターとなります。「四島返還」のお題目を唱えるだけで日露関係を膠着《こうちやく》させてきた人たちは、結果的に中国を利するだけだったことを反省すべきでしょう。

ロシア復活のラストチャンス

前項までの話はロシアにとって悲観的なものでしたが、最後に明るい話をしましょう。

地球温暖化の原因が、二酸化炭素の排出にあるのか、太陽の活動にあるのか、その両方なのか、ここでは論じません。いずれにせよ、北極海と南極の氷が年々縮小していること

樺太千島交換条約に基づく国境線

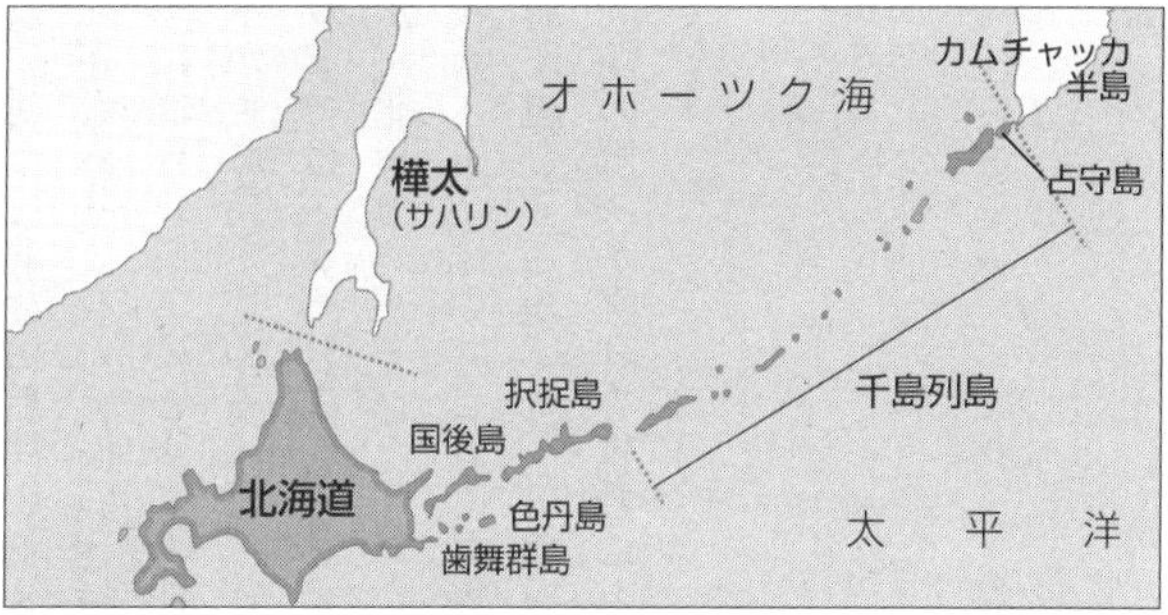

1875年に日本とロシア帝国との間で結ばれたこの条約で、占守（シュムシュ）島までの千島列島すべてが日本領となった。

は、歴然たる事実です。温暖化による海水面の上昇は、臨海都市における洪水の危険を高める深刻な問題ですが、ロシアにとっては**北極海航路**の開通という幸運をもたらしました。

シベリアの北岸は、かつては氷に閉ざされていましたが、いまでは一年を通じて航行できるようになったのです。日本とヨーロッパを結ぶ航路は、従来の南シナ海・インド洋・紅海・スエズ運河・地中海航路より、北極海航路のほうが近いのです。

南シナ海には中国海軍が進出してマラッカ海峡を狙っており、紅海の入口にあたるソマリアは治安が崩壊し、沿岸では海賊が跋扈《ばっこ》しています。スエズ運河を擁するエジプトは政情不安が続きます。

これに対して北極海航路の沿岸は、ノルウェー、ロシア、日本ですから航海の自由を脅かす存在もありません。温暖化はシベリアの地下資源開発も後押ししますから、極東の人口減少に悩むロシアにとっても朗報です。

日本が脱原発を進めるには、安くて安定的なエネルギー確保が必要です。

これまでは、シベリアからパイプラインを日本海へ引き、日・中がこれを争奪していましたが、北極海へパイプラインを通して、タンカーで直接日本へ運べば安上がりです。日本の技術・資金協力でこれも可能になるでしょう。

日露が組むことが、ロシアの未来にもつながるのだという青写真をロシア側に提示し、領土問題の解決が実利を生むことを理解させる。そういう主体的な外交努力が日本政府には必要です。

北極海航路なら10日は短縮できる！

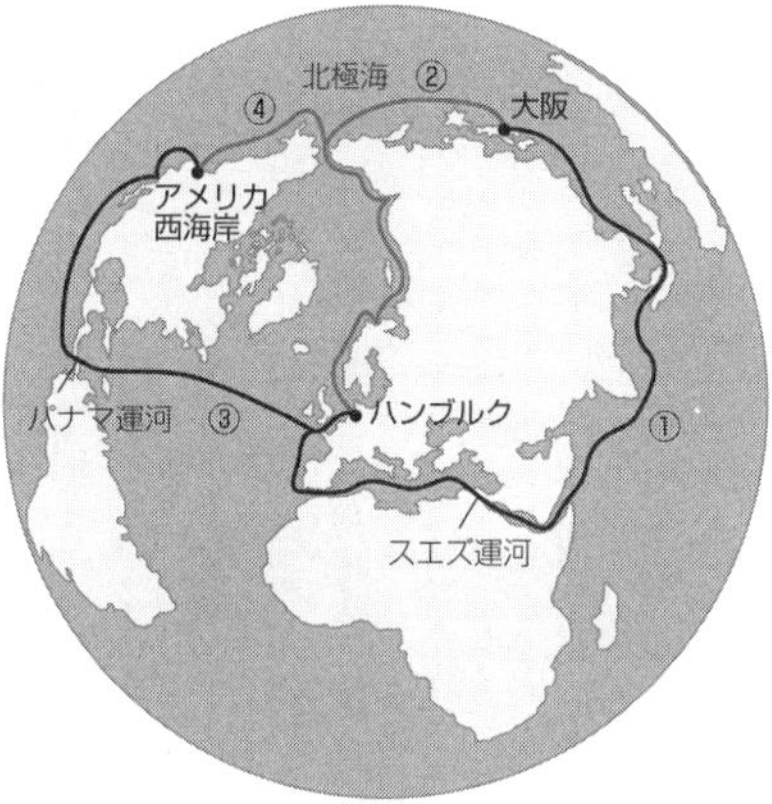

ハンブルク（ドイツ）／大阪間
①32日間（スエズ運河経由）
②22日間（北極海航路経由）
ハンブルク（ドイツ）／アメリカ西海岸間
③28日間（パナマ運河経由）
④18日間（北極海航路経由）

北極海航路を使えば日本・ヨーロッパ間では航海距離が半分に、航海期間が３分の２に短縮できる。新たな物流の可能性を秘めているのだ。

［第7章］

拡大しすぎたヨーロッパ――統合でよみがえる悪夢

introduction

ギリシアの財政破綻《はたん》に始まるユーロ危機、ウクライナ問題をめぐるロシアとの軋轢《あつれき》、移民問題や治安の悪化、テロ事件の頻発。統一通貨ユーロの導入で、再び世界の檜舞台《ひのきぶたい》に躍り出たはずのヨーロッパですが、21世紀に入ってからは日に日に混迷を深めていくように見えます。その混乱の原因が、じつは彼らが目指した欧州統合の夢、そのものにあったとしたら……。

この章ではそんなヨーロッパについてお話しするにあたり、まずは普段とは違った視点から、その地理的条件を見ていくことで、始めたいと思います。

ヨーロッパは「世界島」から突き出した半島

「ヨーロッパは半島である」

と見抜いたのが、**英米系地政学**の祖である**マッキンダー**（→Ｐ１８３）です。

マッキンダーは、ユーラシア大陸＋アフリカ大陸を一つの大きな島と見なして「世界島」と名付け、ヨーロッパはその西側に突き出た半島にすぎないと考えたのです。こういう宇宙から地球を見下ろすような、巨視的な見方が地政学の醍醐《だいご》味《み》です。

半島は、三方（または二方）を海に囲まれ、残りを大陸と接していますね。

海洋へ進出をしやすいというメリットがある一方、半島の「付け根」部分を制した大国によって容易に攻め込まれ、逃げ場がないというデメリットがあります。この点が、島国との大きな違いです。

有史以来、朝鮮半島が大陸からたびたび侵略を受けてきたのに対し、日本が外国軍隊による侵犯を許したのは、13世紀のモンゴル軍の侵入（元寇）と、第二次世界大戦後の米軍による占領の2回だけです。これは日本が、周囲を海に囲まれた島国だからです。

それでは「**ヨーロッパ半島**」の「**付け根**」はどこか？

地図で確認しましょう。**バルト海と黒海とを結ぶ線――バルト三国・ベラルーシ・ウクライナ**です。

ウクライナの東側には、南ロシアからモンゴル高原まで続く広大な草原地帯が広がっています。ここを拠点とする**遊牧民が、黒海・バルト海線を越えて西進するとき、ヨーロッパは重大な脅威にさらされる**のです。

5世紀にローマ帝国の崩壊をもたらしたフン族に始まり、9世紀のアヴァール人、10世紀のマジャール人が続きます。いずれもウクライナを横断してルーマニアから西進し、ハンガリーの草原地帯を拠点としてヨーロッパ各地を侵略したのです。

13世紀にはモンゴル軍がウクライナからポーランド・ドイツ東部へ侵攻し、ヨーロッパ諸国を恐怖のどん底に落としました。しかもこのときは一過性のものではなく、モンゴル軍を率いたバトゥ将軍（日本に攻め込んだフビライの従兄）はウクライナ・ベラルーシ・南ロシアを支配するキプチャク・ハン国を建てました。このモンゴル支配は2世紀に及んだのです（→P176）。

モンゴル占領下のスラヴ民族が独立したのがロシア帝国であり、ロシアのコサック騎兵

ヨーロッパ半島の付け根を越えて西進した遊牧民

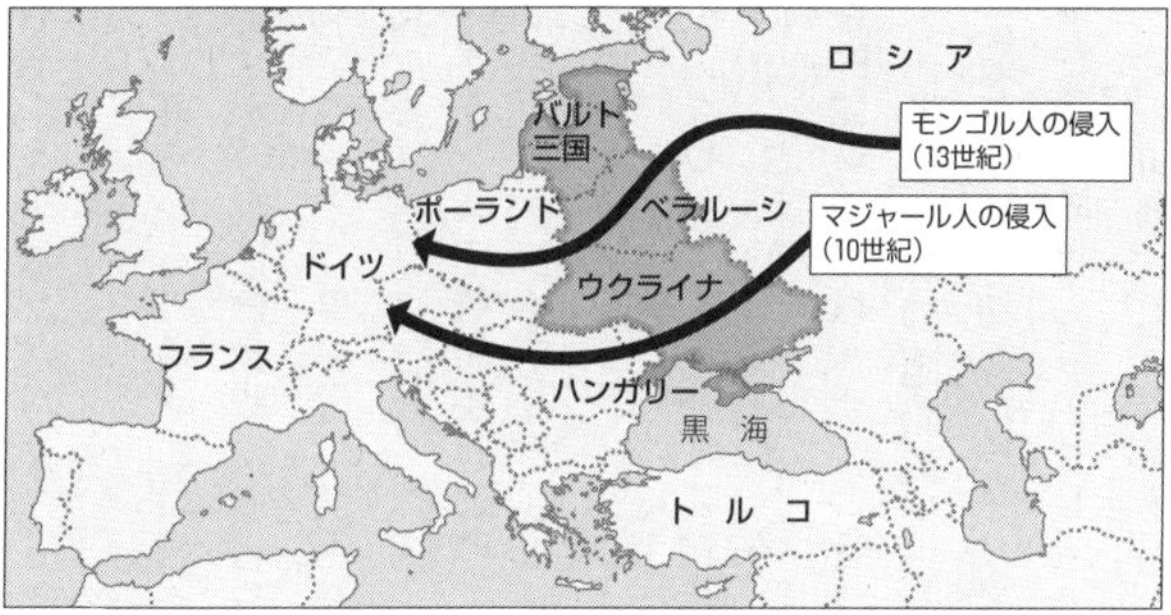

地政学的に見るとバルト三国、ベラルーシ・ウクライナが半島の「付け根」だ。そこを越えて侵入する民族はヨーロッパにとって脅威となる。

がモンゴル騎馬軍団の伝統を受け継いでいることは、第６章でお話ししました。

14世紀以降、今度は黒海の南のトルコで勃興したイスラム教徒のオスマン帝国がバルカン半島に侵攻し、南東方面からヨーロッパを脅かします。ヨーロッパ諸国がまだ弓矢で戦っていた時代に、オスマン帝国は鉄砲・大砲で武装したイェニチェリと呼ばれる常備軍を配備し、段違いの軍事力でヨーロッパを圧倒します。16世紀には全バルカン半島を制圧し、ハンガリーを飲み込み、二度にわたってウィーンの城壁にまで迫ったのです（ウィーン包囲）。

その一方で、モンゴル支配を脱したロシア帝国の膨張はとどまるところを知らず、18世紀までにベラルーシ、ウクライナ、ポーランドを併合してしまいます。

これら東方からの脅威に対し、欧州諸国が連帯して対抗しようという動きはなかなか生まれません。直接の脅威にさらされるドイツ諸国やオーストリアに対し、西欧諸国は高みの見物で、フランスに至っては逆にオスマン帝国と密約を結んでオーストリアを攻撃したりしています。

そのフランスで革命が起こり、ブルボン朝が倒されます。革命の波及を恐れた欧州各国は革命干渉戦争を起こしましたが、逆にフランス革命軍を率いたナポレオンが連戦連勝を続け、ドイツを占領したあとは、破竹の勢いでロシアになだれ込みました。ところがあまりに広大なロシアを占領するには補給が追いつかず、モスクワを占領したものの寒気の到来で退却、これがナポレオン帝国の崩壊へとつながりました。

結果的にロシアは、ナポレオンを破った戦勝国としてヨーロッパ列強の一員として認められ、19世紀以降の国際政治に絶大な影響力を及ぼすようになっていくのです。ちょうど、産業革命に成功したイギリスが、市場を求めて世界に艦隊を送っていた時代です。

20世紀後半の世界はアメリカとソ連（共産主義ロシア）という二つの超大国が覇権を争いました。同様に19世紀の世界は、イギリスと帝政ロシアという二つの超大国が覇権を争

ハートランドの大低地帯と高原地帯

ロシアの大河は南部に盛り上がった高原地帯から、北極海へ注ぐため、イギリス海軍は侵入できない。
（『マッキンダーの地政学』収録図版をもとに編集部にて作成）

っていたのです。いわゆる「グレート・ゲーム」です（↓Ｐ２１３）。

　オックスフォード大学地理学院の初代院長から政界入りしたマッキンダーは、アフリカ沿岸からインド、マレー半島、香港まで**海上ルートで結ばれたイギリス植民地帝国を、いかにしてロシアの脅威から守るか**、という問題意識から地政学を理論化したのです。

　マッキンダーはイギリス陣営を「シーパワー」、ロシア陣営を「ランドパワー」と名付け、こう結論づけました。

①**ロシアは「世界島」の中心部——ハートランド（心臓部）を押さえている。**ここを発する大河はすべて北極海か、内陸湖のカスピ海へ注いでいる。

②イギリスは大西洋・インド洋において世界最強の海軍力を持つが、**イギリス艦隊はハートランドへは侵入できない**。

③**鉄道の普及**がユーラシア大陸内陸部の移動を容易にしたため、ロシアの膨張は加速する。

④東欧を制するものはヨーロッパを制す。だから**ロシアの東欧支配を阻止せよ**。

つまりロシアを倒すことはできないが、少なくとも地中海方面に出てこないように封じ込めることはできると考えたわけです。

19世紀以降、イギリスが関わった戦争の多くは「ロシア封じ込め」を目的としたものです。代表的なのが次の三つで、いずれもイギリス側が勝利しています（↑は支援を意味する。矢印の先にあるのが支援される側）。

・クリミア戦争（1853－56）……ロシアvsオスマン帝国↑英・仏

・第二次アフガニスタン戦争（1878－81）……ロシア→アフガニスタンvsイギリス

・日露戦争（1904-05）……ロシアvs日本↑イギリス

日露戦争で「日本軍が頑張った」のは事実としても、日英同盟（1902）を背景とするイギリスからの兵器供与、財政支援、情報提供がなければ、日本の勝利はなかったでしょう。日本にとって日英同盟は、現在の日米安保条約に匹敵する最強の軍事同盟であり、日露戦争もまた世界規模で展開されたグレート・ゲームの一環だったのです。

なお、例外的に英露が協調したときが二回あります。新興のランドパワーであるドイツが台頭したときです。「敵の敵は味方」という理屈で英露が一時的に同盟し、ドイツを叩きのめしました。これが二度の世界大戦です。しかしドイツの没落後は、またもとの英露対立に戻るのです。

オフショア・バランシング——島国イギリスの世界戦略

イギリスは典型的な島国で、日本とよく似ています。

欧州大陸との間のドーヴァー海峡は幅34キロメートル。対馬海峡（幅200キロメートル）と比べて6分の1以下ですが、潮流の速い海の難所として大陸側からの軍隊の侵攻を阻んできました。

11世紀（平安時代末期）にフランス側からこの海峡を渡ってイギリスを征服したウィリアム一世がノルマン朝を開いたのを最後として、いかなる大陸勢力もイギリスを征服することはできなかったのです。スペインの無敵艦隊、ナポレオンのフランス艦隊、ヒトラーのドイツ軍がイギリス本土上陸を試みましたが、いずれも失敗しています。

隣国と国境を接するヨーロッパ諸国が常に大軍を常備しなければならなかったのに対して、イギリスは最小限度の軍備で本土防衛ができました。だから余った兵力を植民地拡大に転用できたのです。イギリスが世界最大の植民地帝国に発展し、その結果、英語が国際語になれた理由は、イギリスが島国であるという地政学的条件から説明できるのです。

島国イギリスから見れば、ヨーロッパ諸国同士で常に争っている状態が一番好ましく、逆にヨーロッパが統一されて強力な帝国が生まれるとき、イギリス本土の安全が脅かされることになります。ルイ十四世やナポレオン、ドイツのヴィルヘルム二世やヒトラーのような野心家が出てくると困るのです。

だからイギリスは、**沖合（オフショア）から欧州をじっと観察し、欧州諸国のバランス**

を崩すような覇権国家が現われたときには、他の国々と同盟して叩きつぶす。

この考え方をオフショア・バランシングといい、冷戦後にリアリスト系の学者が議論を始めました。

「400年の間、英国の外交方針は、欧州大陸における最大で、攻撃的で、支配的な強国に対抗することだった」

ヒトラーとの戦争を指導したウィンストン・チャーチル首相の言葉です。

シーパワーになりたかったフランス

温暖でローマ時代からよく開拓され、広大な耕地が広がるフランス。西の大西洋と南の地中海という二つの海に面し、東でドイツと国境を接しています。このためフランスはランドパワーとシーパワーの二つの顔を持ち、シーパワーとしてはイギリスと植民地を争い、ランドパワーとしてはドイツと国境紛争を繰り返しました。

狡猾《こうかつ》なイギリスは、フランスが他の大陸諸国と戦争状態になったタイミングで、フランスとの植民地戦争を起こしました。フランスにとっては本土防衛が優先ですから、植民地に派兵するゆとりがありません。

また、国土が狭小かつ寒冷で農業に向かず、植民地貿易で食いつないでいたイギリスに対し、フランスは豊かな農業国であるため海外移住のモチベーションが低かったことも無視できません。フランスはいまでも穀物の輸出国です。

このため200年間に4回、北米大陸とインドで繰り返されたイギリスとの植民地戦争は、フランスの完敗に終わります。こうして疲弊しきったフランスのブルボン王家が増税を強行しようとしたとき、フランス革命が起こったのです。

ナポレオンが率いるフランス革命軍に最後のトドメを刺したのは、ロシアの陸軍とイギリスの海軍でした。これ以後のフランスはシーパワーになることをあきらめ、欧州大陸のランドパワーとしてドイツと覇権を争います。独仏国境の二つの州――ワイン産地のアルザスと、鉱産物の豊かなロレーヌの争奪です。

ランドパワーとして生き残ったドイツ

寒冷で針葉樹の森が広がるドイツは開拓が困難で、国家統一そのものが遅れました。中世ドイツを支配した神聖ローマ帝国（第一帝国）は、300を超える小国家（領邦）――日本で言えば、江戸時代の「藩」のようなもの――の緩《ゆる》やかな連合体だったのです。北ド

世界を読み解くポイント

グレート・ゲーム (the Great Game)

19世紀後半のユーラシア全土を舞台にした英露対立を、グレート・ゲームと呼ぶ。イギリス東インド会社の情報将校アーサー・コノリーが最初に使用し、インド生まれの児童文学作家ラドヤード・キプリングの冒険小説『少年キム』で使用されてから一般化した。

ちょうど20世紀の後半がアメリカとソ連の対立、冷戦の時代であったように、19世紀後半にはイギリスとロシアがユーラシア大陸をチェス盤のようにして勢力争いを繰り返していた。

バルカンにおけるクリミア戦争に始まり、中央アジアにおけるウズベキスタンとアフガニスタンの争奪に発展し、最後に日露戦争（1904 - 05）で終わった。イギリスが日英同盟を締結したのは、日本をゲームの「コマ」として使うためである。

"SAVE ME FROM MY FRIENDS!"

アフガニスタン情勢を描いた風刺漫画。アフガンのシール・アリー王を「お友達」の熊（ロシア）とライオン（イギリス）が虎視眈々と狙う。
Punch magazine, November, 1878.

イツの諸都市は北海・バルト海に進出してハンザ同盟という海洋交易ネットワークを作り上げますが、大西洋まで進出する力はなく、イギリスとの競争に負けてしまいます。

東方からはポーランドを飲み込んだロシアが迫り、西方には虎視眈々と領土を狙うフランスがいる。必然的にドイツは、**ランドパワーとして生き残るしか方法がなかったのでしょう。ロシア・フランスという二つの敵と国境を接しているドイツの切迫感は、**島国イギリスの比ではありません。

19世紀後半にドイツを統一し、「第二帝国」を樹立した剛腕宰相ビスマルクは考えました。

「ドイツは非力である。英・仏・露を同時に敵にすれば必ず負ける」

「アルザス問題で対立するフランスだけを敵とし、英・露とは手を組もう」

しかし、若き皇帝ヴィルヘルム二世は考えました。

「ドイツを帝国主義列強の一角に押し上げる。中東方面に植民地を建設する」

「ロシアに負けない陸軍と、イギリスに負けない海軍を持てばいいのだ」

猛反対するビスマルクを辞職に追い込んだヴィルヘルム皇帝は、ロシアの「裏庭」ともいうべきバルカン半島に手を伸ばします。さらに海軍の大増強でイギリスをも刺激した結果、英・仏・露を同時に敵に回したのです。結局、第一次世界大戦でドイツ軍は惨敗し、皇帝はオランダに逃亡して第二帝政は崩壊しました。そのあと親英的なヴァイマール共和国が発足しますが、ヴェルサイユ条約を受け入れたドイツは、全植民地を没収され、莫大な賠償金を科されたのです。

第一次世界大戦に一兵士として従軍し、毒ガスを浴びて入院中に敗戦の報を聞いたヒトラーは考えました。「次はもっとうまくやる」

のちにヒトラーはその戦略を『わが闘争』の中で、こうまとめています。

「第一次世界大戦で中東方面に手を伸ばし、イギリスと敵対したのは愚かだった」
「今後ドイツは東欧に新たな領土を求め、ロシア（ソ連）と対決する」

シーパワーが弱いドイツはイギリスとの戦いを避け、ランドパワーを強化してソ連との戦いに全力を注ぐ、という考え方です。この点に関してヒトラーは、少なくともヴィルヘルム二世よりは冷静な判断力を持っていたというべきでしょう。何でもかんでもユダヤ人の陰謀と考えた部分を別にすれば。

一方、**ドイツ地政学**を確立した**ハウスホーファー**は、こう考えました。

「ドイツの主敵は、英・仏である。ソ連とは東欧の分割で妥協し、戦わない」

「世界を四つの地域（パン・リージョン）に分割し、米国・ドイツ・ソ連・日本が支配する」

・米国……南北アメリカを支配。
・ドイツ……欧州と中東、アフリカを支配。
・ソ連……中央アジアとインドを支配。
・日本……東アジアと太平洋を支配。

ハウスホーファーはミュンヘン大学地理学教授ですが、もともとは軍人出身で、日本陸軍のアドバイザーとして滞日経験があります。

ナチス党幹部には、副総統ヘス、外相リッベントロップなどハウスホーファーの影響を受けた人たちが何人もいて、彼らが**日独伊三国同盟**や**独ソ不可侵条約**を推進したのです。

カール・ハウスホーファーは、ドイツの地政学者で、軍人。駐在武官としての来日経験もあり、日本語に堪能。写真：アフロ

独ソのランドパワー同盟でイギリスのシーパワーに対抗しようという考えです。

日本国内では昭和天皇を筆頭に親英派（シーパワー派）が主流でしたが、欧州で始まった第二次世界大戦でドイツが連戦連勝を続けたため、親独派の人たち（陸軍、松岡外相、白鳥敏夫《しらとりとしお》駐伊大使ら）が台頭します。松岡は三国同盟締結のためベルリンを訪問してヒトラーと会いますが、その足でモスクワを訪問してスターリンとも会い、日ソ中立条約を結びます。松岡の考えはこうでした。

「日独伊三国同盟にソ連が加われば、米・英も手出しができないだろう」

しかしナチス政権内では、あくまで対ソ戦争にこだわるヒトラーと、独ソ同盟推進派のリッベントロップ外相らが対立。結局、ヒトラーが党内の反対を押し切って独ソ戦を強行したため、リッベントロップ・松岡プランはぶち壊しになったのです。リッベントロップは解任、松岡も昭和天皇の不興を買い、「三国同盟の締結は、僕一生の不覚だったことを、いまさらながら痛感する。これを思うと、死んでも死にきれない」と後悔することになります。

第二次世界大戦でナチス「第三帝国」が崩壊した結果、ドイツ本土の3分の2を米・英・仏のシーパワーに、3分の1と東欧諸国がソ連のランドパワーによって占領されてしまいます。そして東独領内の西ベルリンは壁で囲まれ、東西に分割されてしまいました。**ドイツという緩衝《かんしょう》国が東西に解体された結果、米英のシーパワーとソ連のランドパワーとが直接対峙する**ことになりましたが、双方ともに核兵器で武装したため相手の反撃を恐れて先制攻撃をためらい、半世紀にわたるにらみ合いが続きました。これが**冷戦**の時代です。

ドイツは国土を分割された上、東西冷戦の最前線に置かれたのです。

西ドイツが生き残るには、シーパワー同盟のＮＡＴＯに参加して軍事的には米国に従属

ハウスホーファーのパン・リージョン理論

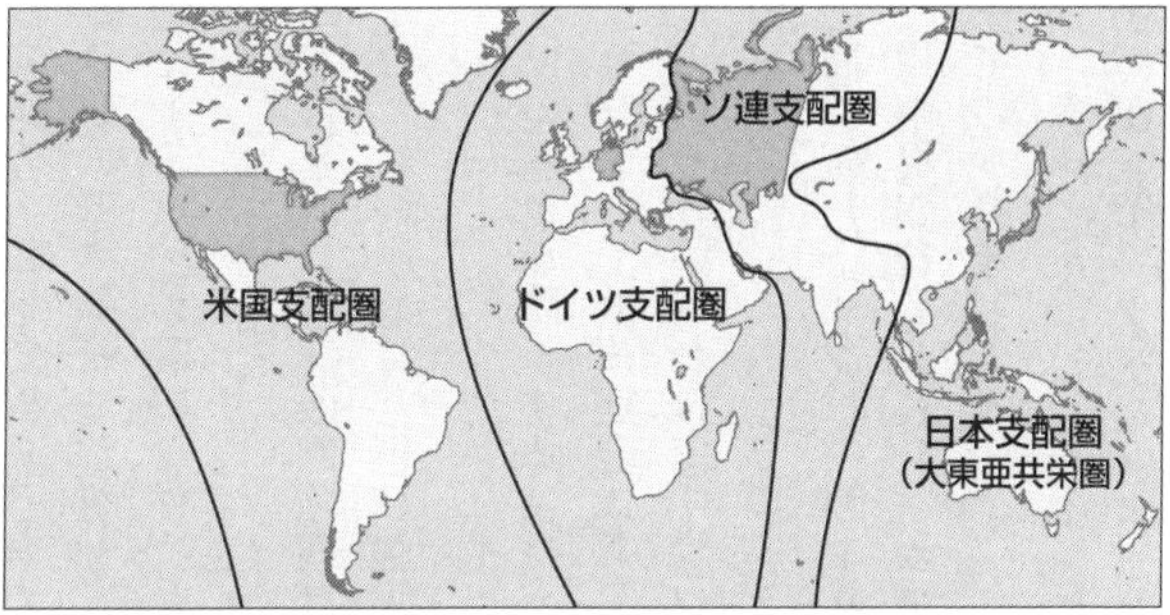

世界を四つの地域に分けて、米・独・ソ・日が支配するという理論。四カ国の勢力均衡による平和の維持をハウスホーファーは説いたが、ソ連征服を夢見るヒトラーに却下された。

する一方、フランスと和解して欧州統合に活路を求めるしかなくなりました。

冷戦がやや緩和された１９７０年代、西独のブラント首相が「東方外交」と称してソ連と和解し、戦後にソ連が強要したドイツに不利な国境線（オーデル・ナイセ線）を承認する、という動きがありました。この線の東側の旧ドイツ領は、戦後ポーランド（ソ連の傀儡政権）に併合され、ドイツ系住民はことごとく追放されたのですが、ブラントはこれを認めたのです。日本の首相が、北方領土の領有権を放棄するような話です。

軍事費の増大に耐えきれなくなったソ連でゴルバチョフ政権が登場し、冷戦が終結（１９８９）してソ連軍が東欧諸国から撤退します。ソ連軍の占領下で樹立された共産党政権が自由化デモに屈して次々に崩壊、東独政府もベルリンの壁の通行を許可し、自由選挙が行なわれた結果、東西ドイツの統一（実際には西独による東独の吸収合併）が実現しました。

フランスをはじめ、西欧諸国は慌てます。ヨーロッパの中心に、再び強大なドイツが出現することを恐れたのです。

ドイツの暴走を防止するには、欧州統合を加速するしかありません。マーストリヒト条約（1992）で欧州連合（EU）を結成し、将来の政治統合と統一通貨ユーロの導入を決めたのはそういうわけです。ソ連の支配を脱した東欧諸国やバルト三国も、続々とEUに加盟します。

この間、統一ドイツはフランスとの協調外交を演出しつつ、経済大国としての実力を背景に欧州中央銀行（ECB）を通じて欧州各国に影響力を及ぼし、「第四帝国」と揶揄《やゆ》されるまでになりました。

1990年代、ソ連の崩壊で混乱を極めるロシアに対し、米国はIMF（国際通貨基

冷戦時ソ連の勢力範囲

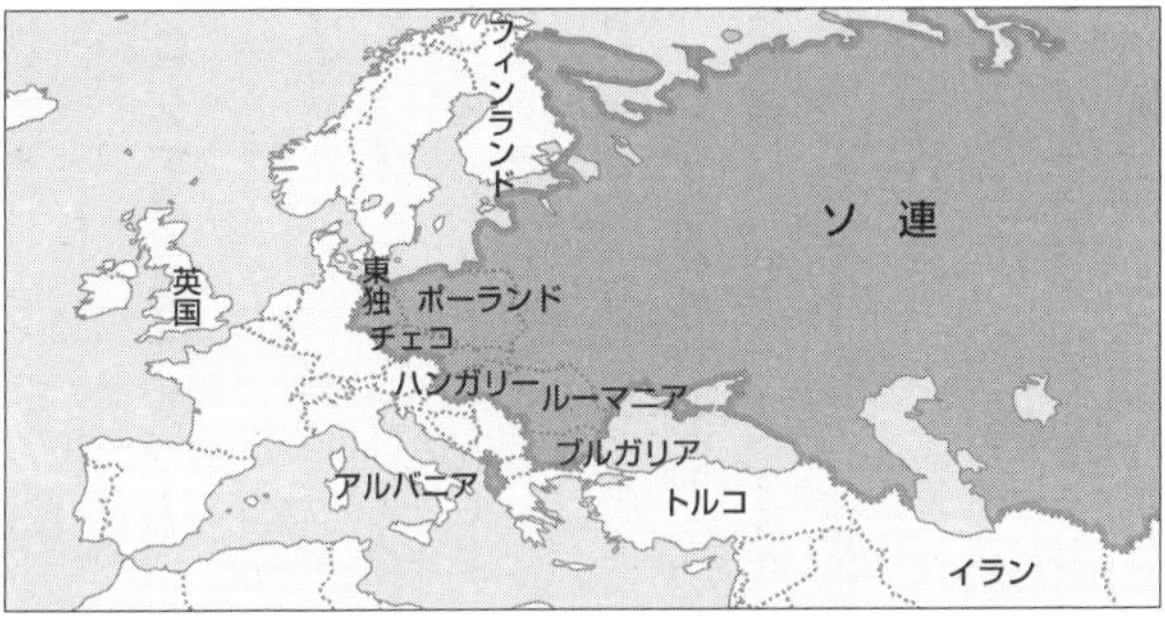

ソ連によって、東欧諸国はひとつのランドパワーに統合され、米英のシーパワーに対峙していた。

金）を通じた財政支援を行なう見返りにエリツィン政権に対して市場開放を要求、ロシアの国営企業や地下資源を買い叩きました。

また、旧ソ連圏の独立国――グルジアやウクライナの民主化運動を支援し、共産党系の政権を次々に退陣させ、親米政権を樹立していきます。1989年の東欧民主化を資金面で支えたのは、米国の金融資本家**ジョージ・ソロス**の財団（オープン・ソサエティ財団）でした。ソロスはハンガリー出身のユダヤ人で、共産主義との戦いを自分の使命と考えたのです。グルジアの「バラ革命」や、ウクライナの「オレンジ革命」にも、ソロスの財団から莫大な資金が流れています。

シーパワー（米英）はカネの力で冷戦に勝利し、カネの力でランドパワーの解体に乗り

出したのです。

強いロシアを掲げるプーチン

2000年代になって揺り戻しが起こりました。

ロシアでプーチン政権が登場したのです。

ソ連時代の秘密警察（KGB）出身のプーチンは「強いロシア」を掲げ、エリツィン政権時代に外資や新興財閥の手に落ちた地下資源を強権発動で取り戻し、経済自由化で拡大した貧困層から熱狂的に支持されました。

こうして取り戻した石油と天然ガスが、プーチンの新たな武器となったのです。

欧州諸国は長い間、政情不安定な中東からスエズ運河経由で石油を買っていました。ロシアからパイプラインで石油やガスが送られれば、安いエネルギーが安定供給されると期待したのです。

ドイツのシュレーダー首相は、NATOの同盟国であるアメリカ（ブッシュJr.政権）が始めたイラク戦争（2003‐11）に明確に反対し、逆にプーチンとの首脳会談を繰り返して独露の蜜月ぶりをアピールしました。退任後はロシア国営のガス会社、ガスプロムの子会社の役員として「天下り」しています。ドイツ初の女性首相となったメルケル首相はやや米英寄りに軌道修正しましたが、ドイツ経済がロシアからのパイプラインに依存していることは変わりありません。ウクライナ紛争では、米露の仲介役を買って出ています。

こうした動きに神経を尖らせているのが米・英です。**ドイツとロシアとの接近は、ランドパワー同盟の復活を意味します。**米・英が口を極めてロシアを非難し、制裁を強化しようとするのは、シーパワーの本能によるものです。

しかし独露接近をもっと恐れているのは、バルト三国、ポーランド、ウクライナなどの親欧米政権です。ポーランドとバルト三国は、ヒトラーとスターリンが結んだ独ソ不可侵条約によって、独ソ両国に分割占領されました。ドイツ軍が西からポーランドに攻め込んだ二週間後、今度はソ連軍が東から攻め込んだのです。独露の提携は、これらの国々にとって悪夢です。

こういうときに頼りになるのはアメリカだけです。ポーランドがＮＡＴＯに加盟し、ロシアが嫌がる迎撃ミサイル基地をアメリカに提供したり、アフガニスタンにまで派兵したりしたのは、アメリカのご機嫌をとるのに必死だからです。

ギリシア危機を地政学で読み解く

「ヨーロッパは半島だ」と本章の最初でお話ししましたが、そのヨーロッパからさらに南に突き出している三つの半島があります。

西から、イベリア半島、イタリア半島、バルカン半島です。

イベリア半島は、対岸のモロッコとの間のジブラルタル海峡が幅14キロメートルしかなく、横断が容易なので、北アフリカのイスラム勢力から脅かされ続けました。中世を通じてイスラム諸王朝が半島を支配し、これに対するキリスト教徒の反撃——レコンキスタ（再征服）が数百年続いた結果、スペインとポルトガルが成立しました。彼らキリスト教徒が逆に北アフリカに打って出たのが、大航海時代の始まりです。

イタリア半島は北部をアルプス山脈によって守られ、フランスやドイツからの侵入者をなかなか寄せ付けませんでした。このことがイタリア人を安心させ、半島内の統一を遅らせた側面があります。ローマ帝国の崩壊以後、19世紀にいたるまでイタリアでは分裂と内紛が続きました。

一番大きなバルカン半島は、山がちではありますが外からの侵入を拒むほどではなく、フン、アヴァール、マジャール、ブルガール、オスマン帝国、オーストリア帝国、ロシア帝国が侵攻を繰り返しました。

この結果、バルカンに住む諸民族の間で分裂が起こったのです。

・クロアチア人（カトリック教徒）……ドイツ・オーストリアと結ぶ。
・セルビア人やブルガリア人（正教徒）……ロシアと結ぶ。
・ボスニア人やアルバニア人（イスラム教徒）……オスマン帝国と結ぶ。

第一次世界大戦の勝者となったセルビアがユーゴスラヴィア（南スラブ人国家）という国を無理に作り上げ、クロアチア人やボスニア人、アルバニア人を抑圧した結果、あの陰惨なユーゴスラヴィア紛争を引き起こしました。

バルカン半島の最南端からさらに突き出た半島がギリシアです。２００９年に始まるギリシアの財政危機は、統一通貨ユーロによる欧州統合を目指すヨーロッパ各国を震撼させました。

半島国家は、その「付け根」を制した大国から常に脅かされています。よってバルカン半島を大国が支配するとき、ギリシアの自由と独立は失われるのです。朝鮮半島の命運を、中国が握っているのと、地政学的には同じことです。

古代においてそれはローマ帝国であり、中世においては東ローマ（ビザンツ）帝国であり、15世紀以降はオスマン帝国でした。ですからギリシア人は進んでローマ人になり、ビザンツ人になり、オスマン人になることで生き延びてきたのです。

バルカン半島をめぐる奪い合い

19世紀、ギリシアからエジプトまでの地中海沿岸を支配したオスマン帝国の衰退が始まります。黒海からの南下政策を取るロシア、エジプトを通ってインドへ向かうルートを握りたいイギリス・フランスが、虎視眈々とギリシアを狙っていました。

半島の「付け根」でA・B二つの大国が交代するとき、半島国家の中でもかならずA派とB派との内紛が起こります。朝鮮王朝末期にも、親清派の事大党と、親日派の開化派の

バルカン半島の最南端、ギリシア

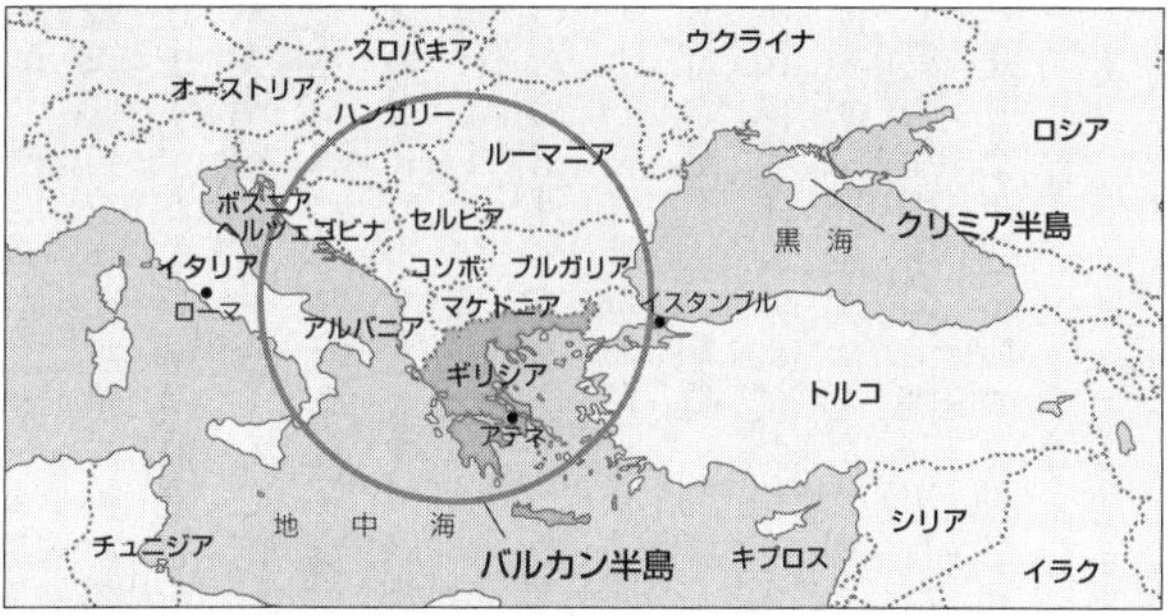

ギリシアは半島国家特有の性格をもつ。過去バルカン半島はさまざまな国の侵入を許してきた。

党争が続きました。日本から独立したあとも、親米派の李承晩と、親ソ・親中派の金日成が激しく対立し、同胞が殺し合う朝鮮戦争を引き起こしました。

ギリシア国内でも親ロシア派と親イギリス派、親フランス派が抗争を続けますが、強力なイギリス海軍の支援でオスマン帝国から独立したあとは、親英王政が続きます。

二つの世界大戦でギリシアを脅かしたのはドイツでした。第一次世界大戦では、ドイツ帝国とオスマン帝国が同盟し、ギリシアはイギリス海軍の力でかろうじて独立を維持します。

第二次世界大戦でギリシアはイタリア軍の侵入を撃退しますが、助っ人として参戦したドイツ軍にあっという間に占領されてしまいます。

大戦末期、ソ連が「付け根」のバルカン半島を占領し、ギリシア本土にはイギリス軍が上陸します。ドイツ軍が敗走したあと、今度はイギリスと結ぶ王党派と、ソ連（ロシア）と結ぶ共産党が、血みどろの内戦を始めます。

東地中海へのソ連の進出を嫌うイギリスのチャーチルは、ソ連のスターリンと直談判し、両者はギリシアをイギリス勢力圏、ブルガリア以北のバルカン半島をソ連勢力圏と相互承認します。

このためソ連の支援を失ったギリシアの共産ゲリラは掃討されました。このときの凄惨な内戦は、朝鮮戦争のギリシア版です。ギリシアを代表する映画監督テオ・アンゲロプロスの名作『旅芸人の記録』の背景となった内戦です。

大戦後はイギリスに代わって米国がギリシア防衛を請け負いました。ギリシア・ブルガリア国境が「38度線」となり、その南のギリシア＝韓国に対して米国は、マーシャル・プランで莫大な軍事経済援助を行ない、**トルコとともにギリシアをＮＡＴＯに加盟させたの**です。ギリシアとトルコを押さえておけば、**ソ連黒海艦隊の地中海進出を阻止できるから**です。

ギリシアに公務員が多い理由

ギリシア国内では、親米右派と反米左派との激しい対立が続きます。１９６４年の選挙で中道左派の（日本で言えば民主党的な）パパンドレウ（祖父ゲオルギオス）政権が生まれると、危機感を抱いた親米右派の軍部がクーデタを起こし（１９６７）、74年まで軍事独裁体制を敷きました。韓国でも１９６１年に朴正煕が軍事クーデタを起こし、79年まで独裁体制を敷きました。

ギリシアは王制だったのですが、19世紀にデンマーク王家からやってきた外国人の王さまなので、国民の支持は薄く、軍事政権と対立した国王コンスタンティノス二世は、あっけなく追放されてしまいます。

１９７４年にキプロス併合問題でＮＡＴＯの同盟国であるトルコと一触即発の状態になり、米国の不興を買った軍事政権が崩壊します。10年ぶりに民主化されたギリシアは、欧州統合への参加が認められて、ＥＣ（のちのＥＵ）に加盟します。

そのあと中道左派のパパンドレウ（父アンドレアス）が政権に返り咲きます。パパンドレウが率いる政党——全ギリシア社会主義運動（ＰＡＳＯＫ／パソック）は公務員の労働組合を支持母体にしていたため、選挙でPASOKに投票する見返りに、公務員や国営企業の社員のポストを「報酬」としてばら撒《ま》きました。この、労組べったりのパパンドレウ政権下で公務員の数が激増し、国民の五人に一人が公務員という異常事態になり、組合が要求する過剰な福祉政策とともに、ギリシアの国家財政を破綻させたのです。

それでもPASOK政権はGDPの13％を超えていた財政赤字を「1％まで削減できた」とEUに報告し、従来の通貨ドラクマから欧州統一通貨ユーロへの切り替えを認められます。同じユーロ圏諸国との貿易が拡大するのはもちろん、ユーロは国際通貨として信用があるので、ギリシア経済自体の健全性の証明にもなり、外国からの投資が拡大し、ギリシア国債もどんどん売れることを期待したのです。

ユーロ危機は「ギリシアの嘘」から始まった

2004年には中道右派のND（新民主主義党）が政権を握り、アテネ五輪を開催しました。しかし五輪景気は束の間で、2008年のリーマン・ショックで外国からの投資も止まります。政権を奪回したPASOK政権（アンドレアス・パパンドレウの息子が首相）は、前政権が**財政赤字をごまかしていた**と暴露し、責任逃れを図ります。しかし、財政赤字の種をまき続けたのはPASOKなのです。

「ギリシアの嘘」がユーロの信用自体を失墜させます。他の加盟国――スペインやポルトガル、イタリアやアイルランドも危ないいんじゃないか、と疑心暗鬼が広がり、世界中でユーロが売られました。**ユーロ危機**の始まりです。

ユーロ防衛のため、ドイツにある**欧州中央銀行（ECB）**が動きます。

ギリシア政府に対するユーロの緊急融資を行なう条件として、「無駄遣いはやめろ」と勧告したのです。無駄な公務員を解雇し、年金支給額を減らせ、ということです。ECBの最大の出資者であるドイツ人から見れば、

「ろくに働きもせず優雅な年金生活を送っているギリシア人のために、真面目に働いているオレたちの税金を使われてはたまらない。ギリシア人は痛みを分かち合え」

という理屈です。これを受け入れたギリシア政府に対し、ギリシア国民は労組を中心にリストラと福祉削減に反対する猛烈な抗議運動を展開し、警官隊との間に衝突まで起こりました。

「カネだけよこせ。内政干渉はするな」

というギリシア人に対してドイツでは、

「だったらユーロ圏から出て行けよ」

という冷ややかな反応が出ていました。ギリシア総選挙を控えた2015年1月には、ドイツのシュピーゲル誌が、

「ギリシアの新政権が（ドイツが求める）財政再建策を拒否した場合、メルケル首相はギリシアのユーロ圏離脱も想定している」

と報道し、メルケル首相があわてて打ち消しています。

同年1月25日の選挙結果は、ドイツが恐れていた通りになりました。「ドイツの内政干渉」に反対する急進左派連合（SYRIZA／シリザ）が勝利したのです。

ツィプラス首相はさっそく、これまでドイツ側が示してきた財政再建プログラムを3年間凍結する、と表明します。しかし欧州中央銀行（ECB）からの融資が止まれば財政が破綻するギリシアは、ECB最大の株主であるドイツに対して、モノを言える立場にはないはず。

ドイツに対し戦時賠償問題を持ち出した

就任式の日、ツィプラス首相は国立戦没者墓地を訪れ、ナチスに処刑された共産党員の

墓に献花を行ない、2月8日の初の議会演説で、ドイツの戦時賠償問題を持ち出し、１３２０億ユーロ（22兆円）を請求しはじめたのです。

ギリシア側が主張するナチス占領下に受けた損害とは、
①ギリシアの中央銀行から金塊を強奪した。
②食料の徴発により、最大30万人の餓死者を出した。
③抵抗運動を弾圧し、一般市民を虐殺した。

というもの。③で有名なのがディストモ村の虐殺。１９４４年、抵抗組織と内通したとして、ナチス親衛隊が村人２００人以上を虐殺した事件です。

敗戦後、西ドイツはナチス・ドイツの戦争犯罪を明確に否定し、日本が行なったような国家間賠償ではなく、個別の被害者に対して補償金の支払いを行なってきました（東独は「わが国はナチスの継承国家ではない」と賠償支払いを拒否）。
①ユダヤ人被害者については、イスラエルとの協定（１９５２）で補償金支払い。

②ドイツ在住の被害者については、連邦補償法（1956）による支払い。
③西欧の周辺諸国に住む被害者については、連邦補償法を順次拡大適用。
④国交がない東欧諸国に対しては、60年代以降、個別の協定で一括支払い。
⑤東西ドイツの統一直前に結ばれた旧連合国（米・英・仏・ソ）との「二＋四条約（ドイツ最終規定条約）」が第二次世界大戦の最終的な講和条約とされたが、ここに賠償に関する規定はない。

ギリシアについては、ナチス同様「反共」政策を続けた軍事政権時代に、西独と協定（1960）を結んで1億1500万マルクの補償金を受け取り、以後の賠償請求権を放棄しました。

これはちょうど朴正熙軍事政権が日韓基本条約（1965）を結び、5億ドルの経済援助の見返りに、対日賠償請求権を「完全かつ最終的に」放棄したのと同じです。

民主化後もEC（EU）加盟を優先するギリシア政府はドイツに気兼ねして賠償を求めず、ディストモ事件の遺族がドイツで起こした賠償請求権訴訟も、「解決済み」と退けられているのです。

ブラント首相がポーランドのワルシャワ・ゲットー記念碑前でひざまずいたことや、戦後40周年のワイツゼッカー大統領演説を事あるごとに取り上げ、「反省したドイツ、反省しない日本」キャンペーンを繰り返す人たちには、こういう歴史的事実をきちんと学んでもらいたいものです。

だからギリシアのツィプラス新政権がいまになって賠償問題を蒸し返したことに、ドイツは憮然《ぶぜん》としています。「賠償のおかわりか?」と。韓国政府が「慰安婦問題に日本は向き合え」と繰り返し、日本側をうんざりさせているのと同じ構図です。

ウクライナをめぐって欧米とロシアとの関係が冷え込む中、ギリシアがEUから離脱することになれば、ロシアを利するだけです。

さいわい石油価格の下落でいまのロシアにはギリシア支援の余力がありませんが、代わりに中国が介入してくる恐れもあります。

中国は2014年にBRICS銀行やアジア・インフラ投資銀行（AIIB）の設立でロシアなどと合意し、欧米日を中心とする従来の国際金融体制に公然と挑戦しています。ギリシアが中露の「ユーラシア・ランドパワー同盟」側につけば、地中海全体の安全が脅かされます。

このような地政学的立場を知り尽くしたギリシアの「開き直り」に対し、ドイツをはじめとするEU側は不快に思いつつ、黙認せざるを得ないのです。これは、韓国に対する日本の立場ともよく似ています。

ヨーロッパは拡大しすぎました。

ギリシアだけでもお荷物なのに、内戦が続くウクライナを抱え込むとなれば、その財政赤字をすべてEUが抱え込むことになります。

さらにロシアとの緊張関係を強いられ、ガス供給も滞ることになるのです。EU指導部（独・仏）の本音はこうでしょう。

「ギリシアはうちが面倒みるが、ウクライナはロシアが面倒見てくれ」

「欧州とロシアは敵対しない。米・英はロシア挑発をやめてくれ」

これは、欧州連合の分裂です。アメリカは苦々しく、一方のロシアはほくそ笑んでこれを見ているのは言うまでもありません。

［第8章］

永遠の火薬庫中東①
サイクス・ピコ協定に
はじまる紛争

introduction

「中東」という言葉には、「紛争」「テロ」というイメージが付きまといます。欧米や日本には、「イスラム教自体が危険な宗教なのではないか」と誤解する人がたくさんいます。

現在、多くの国に切り刻まれている中東地域は、20世紀初頭までは一つの巨大帝国――オスマン帝国によって緩やかに統治されていました。オスマン帝国の支配は400年以上に及び、トルコ人のスルタン（皇帝）はイスラム教スンナ派を国教としつつも、異教徒に対する迫害はほとんどなく、多宗教・多民族の自治が保障されていました。キリスト教徒の出身者でも能力に応じて高級官僚や軍人に採用されたのです。

つまり、中東の不安定は古来のイスラム教に起因するのではなく、オスマン帝国の解体に伴って生じた問題なのです。

この地域の悲劇の原因に、さかのぼってみましょう。

輸送ルートをめぐる争い

19世紀にイギリスがインドを植民地化し、フランスがベトナムを保護国化すると、大量のイギリス・フランス製品がアジアへ流入するようになりました。

最初の「インド・ルート」は、アフリカ最南端の喜望峰をぐるっと回り、インド洋に入っていました。インドまで1万6000キロメートル。地球を半周する距離です。はたしてこれを短縮できないだろうか——。

地中海から紅海経由でインド洋へ出れば、3分の2の1万キロメートルに短縮されま

す。この場合に障害となるのは地中海と紅海を分断するエジプトのスエズ地峡ですが、ここに運河を建設すれば問題ありません。

先手を打ったのはフランスです。エジプトの独立運動を支援してオスマン帝国から切り離すことに成功したフランスは、外交官レセップスを送り込んでエジプト総督のムハンマド・アリー家と交渉し、**スエズ運河を建設**します。

フランスとエジプトの共同出資で建設されたスエズ運河ですが、その後エジプト政府が財政危機に陥ってしまいます。これに目をつけたのが**イギリス首相ディズレーリ**で、**エジプトが所有していた運河会社の株式を買収**し、これ以後スエズ運河は英・仏の共同経営となりました。英・仏両国はエジプト政府に多額の借款を与え、見返りに徴税権を獲得して事実上の植民地にしてしまいます。地中海と紅海を結ぶチョーク・ポイント（→P117）のスエズ運河を防衛するため、イギリスはエジプトに軍隊を置きたかったのです。

左ページの図を見てお分かりのように、スエズ運河は便利ですが、輸送量に限りがありますⒶ。そこで、新たに**地中海東岸のシリアからイラクを通ってペルシア湾へ抜けるルート**Ⓑを開き、鉄道で結ぼうというアイデアが生まれます。

アジアとヨーロッパを結ぶ物流の要所

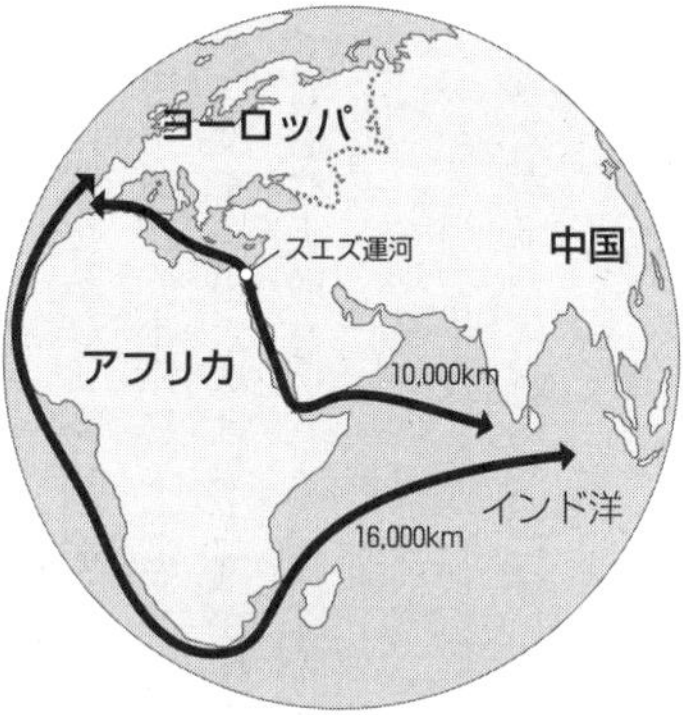

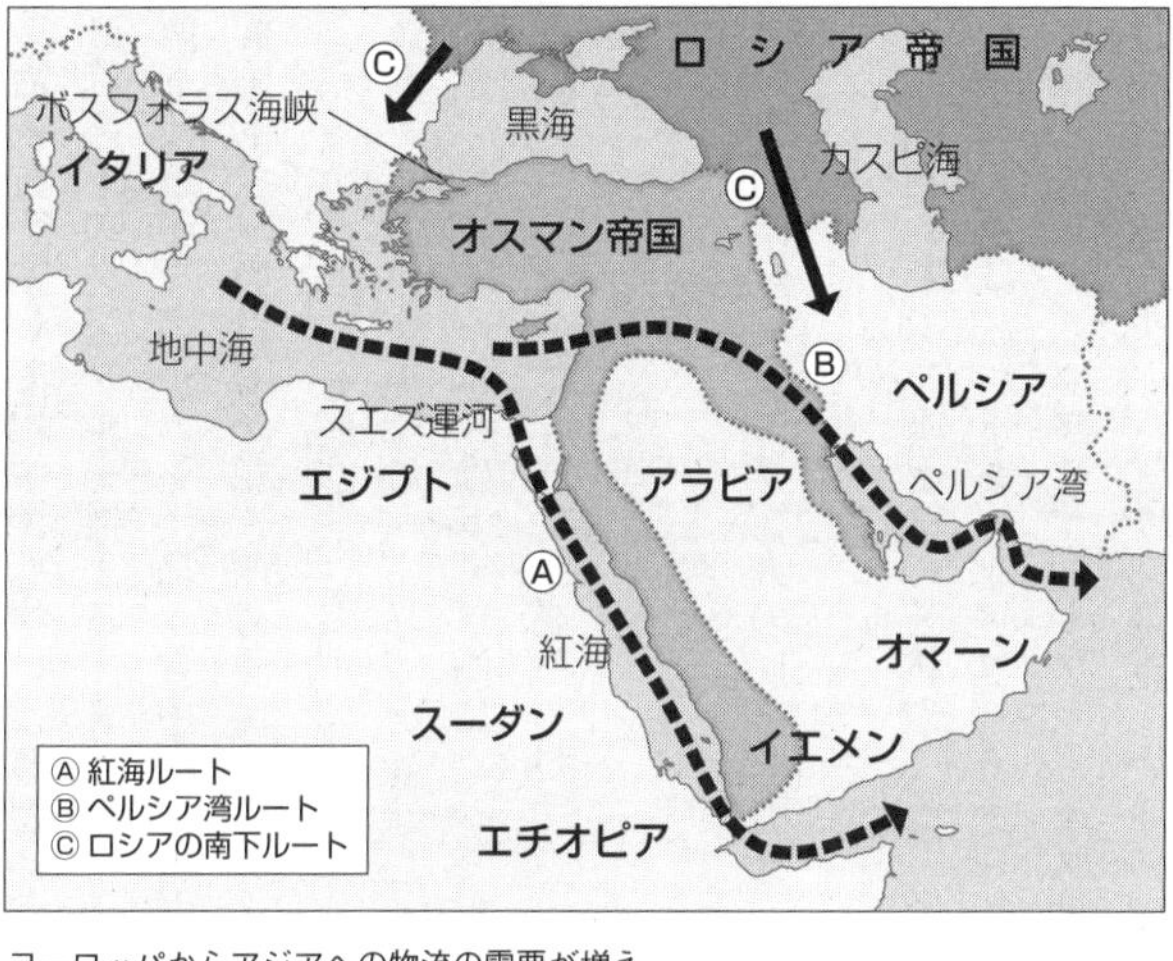

ヨーロッパからアジアへの物流の需要が増えると、中東の交通の要所で地政学的な動きが発生、露仏英の三国協商が結ばれた。

一方、ロシアは**黒海からボスフォラス海峡を経由して地中海へ抜けようという「南下政策」**Ⓒを推進していました。海峡沿いに首都イスタンブルを擁するオスマン帝国に対する侵略の手を伸ばします。このロシアの南下政策が、バルカン半島から中東へ勢力を拡大しようとするドイツとぶつかります。新興国ドイツの台頭を嫌う西の隣国フランスは、東のロシアと同盟を結び（露仏同盟）、イギリスも加わって三国協商が成立しました。

オスマン帝国の不幸は、ロシアの南下政策に対抗するため、ドイツと組まざるを得なかったことです。第一次世界大戦が始まると、オスマン帝国はドイツ側に立って参戦し、ドイツとともに大敗してしまいます。三国協商（英・仏・露）にとってはチャンス到来です。

イギリスが最初に試みたのは、オスマン帝国に対するアラブ人の反乱を引き起こすことでした。

砂漠の遊牧民アラブ人は、イスラム教の開祖ムハンマドとその後継者（カリフ）たちに率いられ、8世紀までに大征服事業を行ない、西はスペイン・北アフリカから、東は中央アジア・パキスタンにいたる大帝国を建設しました。ウマイヤ朝やアッバース朝といった世襲王朝です。やがて内紛で衰え、11世紀以降は中央アジアから西進したトルコ人の騎馬軍団に蹂躙《じゅうりん》されました。オスマン帝国こそは最後のトルコ系王朝であり、アラブ人から見れば、侵略者だったわけです。

「カリフ」とは「預言者ムハンマドの代理人」を意味します。イスラム教（の多数派である）スンナ派の教主のことです。カトリック教会におけるローマ教皇、チベット仏教におけるダライ・ラマのような最高指導者です。

代々、ムハンマドの近親者であるアラブ人の家系からカリフが立てられてきましたが、オスマン帝国が台頭した16世紀以降は空位となり、18世紀以降はオスマン家がカリフを僭《せん》称《しょう》して（勝手に名乗って）きたのです。

中東紛争の種はまかれた――サイクス・ピコ協定

これに不満を持っていたのが、聖地メッカの豪族ハーシム家のフサインという人物です。ハーシム家は、預言者ムハンマドを出した一族。世が世なら、カリフを名乗ってもおかしくないアラブの名門なのです。

エジプト駐在のイギリス外交官マクマホンは、このフサインと接触します。

「フサイン殿。あなたこそアラブの指導者、カリフにふさわしいお方。アラブが挙兵してオスマン帝国からの独立を図るのなら、イギリスは、惜しみない援助を提供しましょう」
高齢のフサインに代わって息子ファイサルが挙兵します。しかしアラブの反乱軍はラクダを機動力とし、戦車や飛行機を配備した近代的なオスマン軍に太刀打ちできません。そこで、イギリス陸軍の情報将校トーマス・ロレンス（アラビアのロレンス）がアラブ軍の訓練を行ない、実戦でも指揮を執り、武器もイギリスが支給しました。こうして100％イギリスがお膳立てをして「アラブの反乱」が仕組まれたのです。アカデミー作品賞を受賞した映画『アラビアのロレンス』では、ピーター・オトゥールがロレンスを演じています。

その一方で、オスマン帝国の敗北が濃厚になると、イギリスはフランス、ロシアとともにアラブ人居住地域の分割を密約しました。いわゆる二重外交です。

大戦中の1916年5月、ロシアの首都ペトログラードで、オスマン帝国の分割に関するイギリス・フランス・ロシアの秘密協定が結ばれました。原案を作成したイギリス外交官マーク・サイクスと、フランス外交官ジョルジュ・ピコの名から、**サイクス・ピコ協定**と呼ばれます。

サイクス・ピコ協定による領土分割は、現地の民族・宗教の分布を無視して行なわれました。**フランス勢力圏とされたシリア**の場合、内陸部にはイスラム教多数派のスンナ派アラブ人。地中海沿岸にはイスラム教少数派のアラウィ派やキリスト教徒（マロン派）のアラブ人。

イギリス勢力圏とされたイラクの場合、シリア国境に近い西部にはスンナ派のアラブ人、ペルシア湾に面した南部にはシーア派のアラブ人、北部にはスンナ派のクルド人がイランとの国境にまたがって住んでいます。

現在のアラブ諸国の国境線は、このときの分割線を引き継いだもの。現在にいたる幾多の紛争と戦争の種が、このときまかれたのです。

地中海沿岸のパレスチナは国際管理とされ、ユダヤ人国家の建設予定地となりました。翌年イギリスの外相バルフォアが、ロンドンのユダヤ系金融資本ロスチャイルド家に宛てて書簡を送り、**パレスチナにおけるユダヤ人の「ホームランド」建設**を公式に支持する、と約束しました。これがバルフォア宣言です（→P288）。

「永遠の友も、永遠の敵もない。あるのは永遠の利益である」

19世紀のイギリス外相（のち首相）でアヘン戦争を起こしたパーマストン子爵の名言で

す。このようなイギリスの現実主義外交は、第一次世界大戦中に芸術的領域にまで達します。サイクス・ピコ協定こそは、その最高傑作でした。

サウジアラビアの誕生

このような密約があるとは知らず、ハーシム家のファイサルに率いられたアラブ軍はシリアのダマスカスまで北上します。しかしすでに同地を占領していたフランス人はアラブ軍の侵入を許さず、ファイサルは騙《だま》されたことにようやく気づきます。しかしアラビア半島では、ハーシム家を脅かす新たな勢力が台頭していました。半島中部のオアシス都市リヤドを拠点とする豪族**サウード家**です。

これより150年ほど遡《さかのぼ》る18世紀の前半、サウード家のもとを、一人のイスラム法学者が訪れました。ワッハーブと名乗るこの先生がサウードに語ります。

「かつて預言者ムハンマドに唯一神アッラーの啓示が下り、我らアラブは兵を挙げた。西はモロッコから東はヒンドゥスタン（インド）まで我らの軍門に降《くだ》り、コーランに基づく

第一次大戦とサイクス・ピコ協定

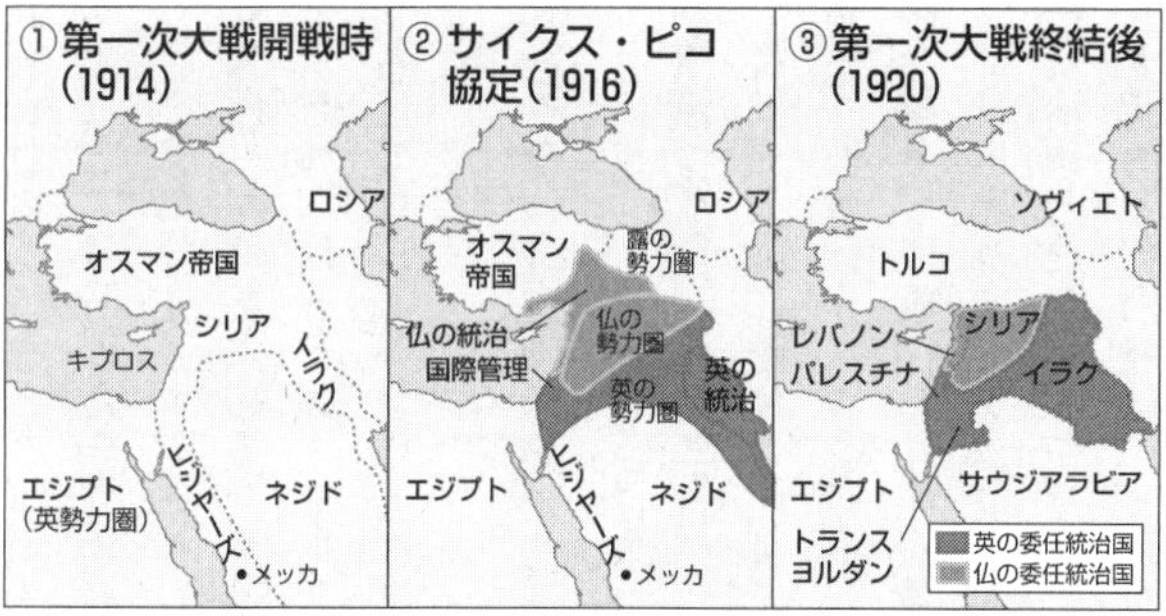

現在のアラブ諸国の国境線となる分割線が、1916年のサイクス・ピコ協定で決められた。民族・宗教の分布を無視して行なわれたため、のちの紛争の種となった。

正しき教えがあまねく広まった」

「あれから900年。イスラム世界はトルコ人に支配され、アラブはトルコの召使いも同然である。なぜこうなったのか？」

「それは我らアラブが『コーラン』に記された神の法《シャリーア》を軽んじ、神に見放されたからだ。サウードよ、かつてムハンマドが立ち上がったようにいま、我らも立ち上がり、神の法を実現するため真のイスラム国家を再建しようではないか！」

　ワッハーブに感化された**サウード家が、アラビア半島に打ち建てたサウード王国**は、オスマン帝国から討伐を受けますが、二度にわたって蘇《よみがえ》ります。**サウジアラビアの起源**です。

　サウード家から見れば、オスマン帝国の一

地方長官に甘んじてきたハーシム家のフサインが、今度はイギリスの手先としてカリフを僭称するなど、許しがたい冒瀆《ぼうとく》行為となります。

サウード家の当主イブン・サウードは、フサイン討伐の兵を挙げメッカを攻略します。イギリスは、助けを求めるフサインをキプロス島へ亡命させ、アブドラ王子・ファイサル王子を、それぞれトランスヨルダン王・イラク王として擁立、彼らをサウード家から守るという名目でヨルダンとイラクに対する実効支配（軍事占領）を進めたのです。

英仏がアラブ諸国に対して間接支配を行なった

分割統治Divide and Ruleは、イギリス植民地支配の鉄則です。

第一次世界大戦に勝利した英・仏は、サイクス・ピコ協定をベースにしたセーブル条約を起草し、敗戦国オスマン帝国に押し付けました。英・仏は、新たに発足した国際連盟の主導権を握り、敗戦国の領土を没収して戦勝国に配分する委任統治という仕組みを設けました。シリアとレバノンはフランスの委任統治領、イラクとトランスヨルダンはイギリスの委任統治領となり、イギリスはイラク王、トランスヨルダン王と協定を結んで、**形式的な独立を認める代わりに、イギリス軍の駐留や石油採掘権を認めさせた**のです。独立とは名ばかりの傀儡国家（↓P251）でした。

10年後、日本が満州事変を起こします。

辛亥革命で清朝が崩壊した後、中国では国民党、共産党、軍閥の三つどもえの内戦が続きました。国民党の蔣介石が北京に迫ると、日本軍は日露戦争で確保した鉄道・鉱山など満州の利権を守るため、清朝最後の皇帝であった宣統帝溥儀《せんとうていふぎ》を擁立して満州国を樹立します。名目上は独立国家でも、実態は日本軍と日本人官僚、日本企業が運営する傀儡国家でした。

蔣介石政権の訴えにより国際連盟はイギリス人のリットン卿を団長とする調査団を満州へ派遣します。リットン卿はインドのベンガル総督を務めた植民地官僚で、バルフォア外相の義弟に当たります。イギリス植民地統治の実務者を満州事変の調査に派遣したわけです。泥棒が別の事件の犯罪調査をしたようなものです。満州の調査の前に、イラクを調査しろ、と日本は主張すべきでした。

自分のことは棚に上げる、というのもイギリスの得意技です。第二次世界大戦が始まると、チャーチル首相はアメリカ大統領フランクリン・ローズヴェルトと会談、いわゆる大西洋憲章を発表します。米・英両国はナチス・ドイツの侵略を非難し、強奪された主権の返還を求めると高らかに宣言しましたが、チャーチルは「この宣言は、イギリス植民地には適用しない」と、しれっと言いのけています。

満州国は日本の敗戦によって崩壊しました。しかし英・仏は戦勝国となったため、戦後もアラブ諸国に対する間接支配を続けます。これを打ち破ったのが、エジプトのナセル大佐でした。

ナセルの偉業——スエズ戦争の勝利

エジプトには油田はほとんどありません。その代わりにスエズ運河があります。ちょうどイラクやヨルダンに形式的な独立を認めた頃、イギリスはエジプト総督のムハンマド・アリー家を国王とするエジプト王国の形式的な独立を認め、同国との協定によってスエズ運河地帯にイギリス軍の駐留を認めさせました。運河経営権は相変わらず英・仏が握り、船舶が支払う通行料も英・仏の利権となっていたのです。

世界を読み解くポイント

傀儡《かいらい》国家（Puppet State）

傀儡Puppet《パペット》とは、「操り人形」のこと。**形式的には独立国家だが、内政・外交に自己決定権がなく、外国の支配を受けている国。**中米諸国（米国の傀儡）、第一次世界大戦後のアラブ諸国（英・仏の傀儡）、第二次世界大戦後の東欧諸国（ソ連の傀儡）が典型。第二次世界大戦後も駐留米軍に国防を肩代わりされている日本・韓国を、米国の傀儡とする見方もある。

条約を結んで、正式に外交権を放棄した国を保護国 Protectorateと呼んで区別する。

米軍は日米安保条約と日米地位協定（旧日米行政協定）に基づき、戦後も日本国内に駐留する。写真は沖縄の普天間基地から飛び立つオスプレイ。
写真：共同通信

欧米諸国がパレスチナにユダヤ人国家イスラエルの建国を承認し、これをアラブ諸国が阻止しようとして敗北した**パレスチナ戦争**（**１９４８**）でアラブ系難民（パレスチナ難民）が発生しても、親英王政は有効な対処ができず、アラブ民衆の怒りを買っていました。

このような状況下のエジプトで決起したのが、**ナセル大佐らの自由将校団**でした。彼らは親英王政を打倒し、エジプトの共和政を宣言します。英・仏は猛反発し、ナイル川上流のアスワン・ハイダム建設への世界銀行の融資を止めるなどの嫌がらせを行ないました。しかしナセルの運動を支援する大国が現われます。ソヴィエト連邦（共産主義ロシア）です。

ナチス・ドイツに勝利して、東ヨーロッパに勢力を拡大したソ連は、これまで英仏が支配してきた中東への勢力拡大を画策しました。フルシチョフ首相は、アジア・アフリカの独立運動への連帯を訴え、カストロのキューバ革命や、ナセルのエジプト革命に対する経済・軍事援助を始めたのです。**ソ連の支援に力を得たナセルは**、**英・仏が管理していたスエズ運河の国有化を宣言**します。

スエズ戦争（1956）は、英・仏が支援するイスラエルと、ソ連が支援するエジプトのナセル政権との東西代理戦争でした。英・仏は、アメリカを中心とする軍事同盟NATOの加盟国です。アメリカを参戦させれば、勝利は間違いないと考えました。

しかしアメリカのアイゼンハウアー政権は、ソ連が呼びかけていた関係改善、いわゆる「雪どけ」に応じようとしていました。せっかくの米ソ和解のチャンスを、英・仏の軍事行動で潰されたくない。それにエジプトは伝統的にイギリスの勢力範囲であり、アメリカの利権はほとんどなかったのです。結局、アメリカはソ連と一緒になって英・仏・イスラエルを非難し、撤退させました。軍事的には敗北していたエジプトですが、国際政治の力学によって勝者になってしまったのです。アラブ諸国の民衆は「ナセルの偉業」に歓喜し、英・仏が引いた国境線を越えて**アラブ統一を目指すアラブ民族主義**が台頭します。

アラブ民族主義の時代

ナセルのあとに続いたのが、シリアのアサド（父）、リビアのカダフィ、チュニジアのベン・アリ、パレスチナのアラファト、そしてイラクのサダム・フセインです。彼らはいずれも**アラブ統一**、**反欧米**、**反イスラエル**、**外資の国有化**、**社会主義**、**親ソ政策**を掲げる指導者たちです。統治スタイルは**軍事独裁による近代化政策**であり、イスラム原理主義に対しては抑圧的でした。例えば政教分離、女性解放などの点では、欧米諸国と同じ価値観を持っていたのです。

一方、アメリカの庇護を受けたサウジアラビアやペルシア湾岸諸国のほうが、国王専制のもとで言論の自由も議会も存在せず、イスラム法の適用により女性たちは顔を隠すことを強いられてきました。しかし彼らアラブの王族たちは石油利権を欧米の石油資本と分け合ったために、欧米諸国から非難されることは、決してなかったのです。

スエズ戦争の敗北で英・仏が撤退したあと、中東の覇権を握ったのはアメリカでした。**アメリカにとって中東の価値はスエズ運河ではなく、石油利権**でした。ペルシア湾と紅海には太平洋艦隊（第七艦隊）を、地中海には第六艦隊を派遣して睨みをきかせ（1995年以降、紅海とペルシア湾に配備する第五艦隊を独立）、トルコ、イラク、イラン、パキスタンをNATOの中東版であるMETO（中東条約機構）に編成してソ連の南下に対する防波堤としました。ロックフェラー系の国際石油資本5社が、サウジアラビアを中心として油田開発に莫大な投資を行なってきました。イギリス系のBP（英国石油）、オランダ系のロイヤル・ダッチ・シェルとともに「セブンシスターズ」と呼ばれ、国際石油価格を決定してきました。

アラブ民族主義の台頭とイラン革命

(上)1950年代エジプト革命に続いてアラブ民族主義を掲げる反米政権が、次々に出現した。
(下)1979年のイラン革命はイスラム過激派の時代の始まりだった。

サウジアラビア・イラク・イランなど産油国は原油を安値で買い叩かれることに反発し、OPEC（石油輸出国機構）を結成し、第四次中東戦争（1973）の際の石油危機を機に、石油価格決定権は産油国が握ります。しかし、産油国の多くは独裁政権であり、石油輸出の利益は王族が独占していました。

イラクでは軍事クーデタで国王が処刑されたあと、アラブ民族主義のバース党が政権を握り、石油を国有化します。バース党政権最後の大統領がサダム・フセインです。

イラン革命（1979）は、中東最大の親米政権であるイランのパフレヴィー王政が倒れ、ホメイニが指導するシーア派のイスラム原理主義政権が成立するという大事件でした（→P283）。これに乗じて**ソ連のブレジネフ政権がアフガニスタンの内戦に軍事介入**し、アメリカの中東支配に大きな打撃を与えます。

アメリカのレーガン政権は「毒を以《もっ》て毒を制す」ことで対処しようとしました。ソ連軍に対してはアフガニスタンのイスラムゲリラ（ムジャヒディーン）を軍事援助し、イランのイスラム政権に対しては、隣国イラクのサダム・フセイン政権を軍事援助して対抗させたのです。サダムは、イラン革命がイラク南部のシーア派住民に波及することを危惧していました。南部の分離独立は、イラクが油田の多くを失うことを意味するからです。しか

ソ連のアフガニスタン侵攻とイラン・イラク戦争

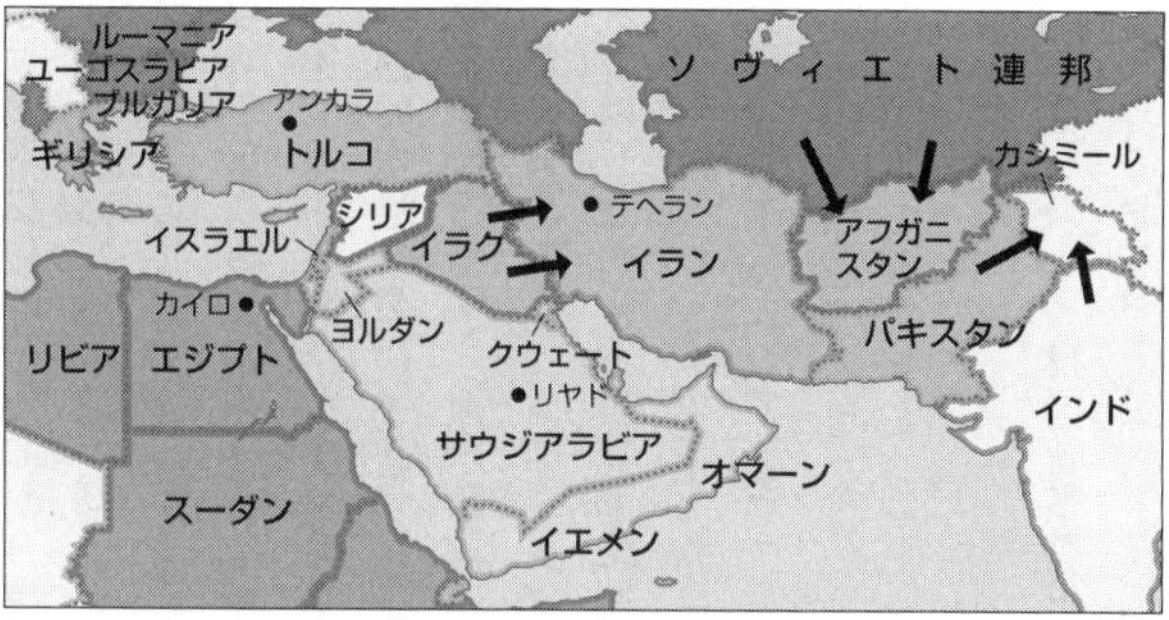

イスラム革命を恐れたソ連がアフガニスタンに、イラクがイランに攻め入ったが、いずれも泥沼化した。

し、イランのホメイニ政権の打倒を画策したサダムが起こした**イラン・イラク戦争**（1980-88）は、油田が少なく財政基盤の弱いイラクを疲弊させただけに終わりました。

90年代に始まる
アラブ民族主義政権への打撃

冷戦の終結とソ連の崩壊は、アラブ民族主義政権に致命的な打撃を与えました。ソ連からの軍事援助が止まってしまったからです。アメリカはこれを、アラブ民族主義政権を一掃する絶好の機会と考えました。その端緒となったのが**湾岸戦争**（1991）です。

　イラン・イラク戦争で財政難に陥った**サダム・フセイン政権が、油田を確保するため隣**

国クウェートに侵攻したのが湾岸戦争のきっかけです。クウェートもペルシア湾岸の油田を確保するために、現地の部族長を王としてイギリスが建てた傀儡国家です。サダムから見れば、「イギリスの引いた国境線は無効である」という理屈です。

クウェートからの訴えを受けて、国連安保理事会がイラクに対する軍事制裁を決議しました。第三次中東戦争（1967）でイスラエルがシリアに侵攻し、占領地を拡大したとき、国連安保理事会はイスラエルに対する軍事制裁を否決しています。アメリカが拒否権を発動したからです。親米政権の侵略は容認するが、反米政権の侵略に対しては軍事制裁するという見事なダブルスタンダードです。

サダムはソ連の拒否権発動に期待しますが、すでに冷戦終結へ舵《かじ》を切っていたソ連のゴルバチョフ政権はサダムを見捨て、対イラク軍事制裁に賛成したのです。

米英軍の空爆によってイラク軍はクウェートから排除され、イラク本土も空爆されました。その後10年間、イラクは国連による経済制裁の対象となり、国内はさらに疲弊します。

2001年の9・11同時多発テロの後、アメリカは「イラクが国際テロ組織アルカイダとつながっており、大量破壊兵器を備蓄している」と告発。査察に応じようとしないサダム政権に対して攻撃を開始しました。**イラク戦争（２００３－１１）**です。

国連安保理事会の承認を得られず、米・英及び親米アラブ諸国の有志連合によるイラク攻撃という形で始まったイラク戦争では、米軍が首都バグダードを攻略、サダム大統領を拘束し、シーア派の民兵に引き渡して絞首刑にしてしまいます。しかしアルカイダとの関係は証明されませんでした。そもそもアラブ社会主義を掲げるサダム政権下では、イスラム過激派は弾圧されていたのです。化学兵器は発見されたのですが、これはイラン・イラク戦争時に米国がイラクに供与したものでした。

米軍占領下で「イラクの民主化」が進み、南部のシーア派から大統領を、北部のクルド人から国会議長を出す形で新政権が発足、イラクは半世紀ぶりに親欧米政権に戻りました。

サダム・フセインの末路を見た他の反米アラブ諸国は、生き残りのため米国に擦り寄ります。リビアのカダフィ政権は核開発を断念、エジプトのムバラク政権は債務帳消しと引き換えに、ＩＭＦが要求する経済自由化を容認、シリアのバッシャール・アサド（息子）政権も国営企業の民営化を試みます。

しかし経済の自由化は貧富の格差の拡大と汚職の横行を生みました。独裁体制への批判が高まり、民主化を求める親欧米派と、イスラム回帰を求めるムスリム同胞団などの超保守派とが、いずれも携帯電話、SNSなど国家の統制を受けにくいメディアを通じて急速に台頭しました。

「アラブの春」が招いた新たな混乱

チュニジアで、ベン・アリ政権の汚職に抗議する学生の焼身自殺事件が起こると、その映像は瞬く間に拡散し、大規模なデモが発生して軍は鎮圧を拒否し、ベン・アリ政権を崩壊させました（**ジャスミン革命　2011**）。この後、エジプト、リビア、シリアでも大規模な反政府運動が起こり、エジプトでは軍が離反したため**ムバラク政権が崩壊**、リビアでは軍が分裂して内戦が勃発、カダフィは反政府軍に捕らえられて処刑されます。シリアでも内戦が勃発し、国土の大半が反政府勢力の手に落ちました。

西側メディアはこれら一連の動きを「アラブの春」と呼んで賞賛しました。しかし、西側諸国が期待したような民主主義は定着せず、リビアとシリアでは絶え間ない内戦が続いています。エジプトでは選挙で選ばれたムスリム同胞団系の政権を、世俗主義の軍部がクーデタで倒して戒厳令を敷くなど、アラブ世界全体が無秩序に向かっているようです。

アラブ人は、19世紀に英・仏からの支援を受けてオスマン帝国の支配を脱しようとした結果、英・仏の植民地に転落しました。第二次世界大戦後は、ソ連の支援を受けて英・仏の支配を脱し、ソ連型の一党独裁社会主義体制を樹立しましたが、冷戦終結とソ連崩壊でこのモデルも破綻します。米国が求める民主化に応じた結果、経済的には再び外国資本に従属して貧富の格差が拡大、独裁政権が次々に崩壊した結果、国内では宗教対立や部族紛争が多発しているのです。外国にモデルを求める試みはすべて失敗に終わったわけです。となれば本来のイスラムの伝統に回帰しようという動きが出てくるのは当然でしょう。

「イスラム原理主義」という解決策？

欧米メディアが「イスラム原理主義」と呼ぶ運動は、18世紀のワッハーブ運動に始まり、サウジアラビア王国を成立させました。親英王政下のエジプトでは、ハッサン・アルバンナーという医師が創設した**ムスリム同胞団**が、**イスラム精神に基づく互助組織**としてじわじわと勢力を拡大しました。貧しき者への施しは、巡礼や断食とともに『コーラン』に明記された信徒の義務なのです。同胞団ははじめナセルの革命に協力していましたが、ソ連と結んで政教分離、社会主義化を強行するナセル政権に反発を強め、メンバーがナセル暗殺未遂事件に関わったため、大弾圧を受け非合法化されてしまいます。

同胞団の中の過激派はジハード団という秘密結社を組織、エジプト軍の中に潜り込んで、ナセルの後継者**サダト大統領の暗殺**に成功しました。軍事パレードを閲兵《えっぺい》中のサダト大統領に向かって、銃を乱射するという凶行でした。サダトは、イスラエルとの和平協定（1979）に調印したため、「裏切り者」とみなされたのです。事件のとき、サダトの隣の席に座っていながら難を逃れた副大統領のムバラクが大統領に昇格し、過激派に対する徹底的な弾圧を行ないます。この結果、エジプトのイスラム過激派はアフガニスタンに流れ、アルカイダの結成に加わったのです。

第5章で触れたサウジアラビア出身のテロリスト、**オサマ・ビン・ラディン**もワッハーブ派です。ソ連軍と戦うためイスラム義勇兵に志願してアフガニスタンにやってきました。ビン・ラディン家は、サウジアラビア最大のゼネコン経営者であり、その豊富な資金でアメリカ製の武器を買い集めたオサマはソ連軍撃退に貢献し、アフガニスタンの英雄となりました。

ソ連軍の撤退と入れ替わりに中東に乗り込んできたのが米軍です。湾岸戦争の際、アメリカはサウジアラビアに軍事基地を建設しました。「聖地メッカとメディナを擁するサウ

アラブの春、その後

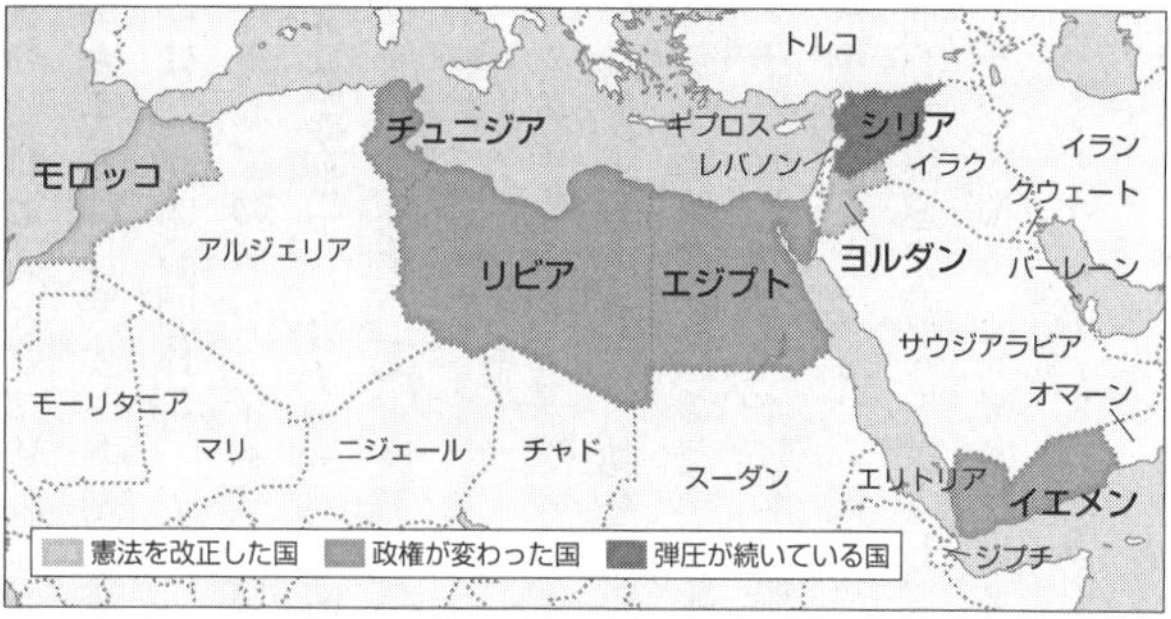

各国は民主化に向かうかに見えたが、イスラム過激派の台頭で紛争が多発し、政情が不安定な地域になってしまった。

ジアラビアに、異教徒の軍隊が駐留するのは許せない。われわれはソ連軍を撤退させた。次は米軍を撤退させなければならない」とオサマは考えました。

オサマは聖戦《ジハード》の基地としてアフガニスタンを利用し、世界中から義勇兵を募って軍事訓練を施します。この武装集団は、アラビア語で「基地」を意味する**アルカイダ**と呼ばれました。1990年代にはケニアとタンザニアの米大使館爆破事件、イエメンでの米艦艇爆破事件、ニューヨークの世界貿易センターの地下爆破事件などさまざまなテロ活動を行ないました。

2001年の9・11同時多発テロについても「アルカイダの仕業」とアメリカ政府は発表していますが、公開されている資料が少なすぎるので断定はできません。

アルカイダはピラミッド型組織ではなく、アメーバ型のネットワークです。アルカイダの信条に同調する団体が、アルカイダを名乗ってテロ活動を起こすのです。北アフリカでは「マグレブのアルカイダ」、西アフリカでは「**ボコ・ハラム**」（→P326）、中東では「**イラクの聖戦アルカイダ**」、東南アジアでは「**ジェマ・イスラミア**」などが名乗りを上げてテロ活動を行なっていますが、アルカイダ本部からの指令や資金援助があるわけではないようです。

「イラクの聖戦アルカイダ」は、イラク戦争以後、イラクに駐留する外国軍隊と外国人、シーア派を標的にテロ活動を開始しました。イラクの復興支援として小泉純一郎《こいずみじゅんいちろう》政権が陸上自衛隊を派遣したことを非難し、バックパッカーの日本人青年を殺害して首を切断するビデオを流して、日本にも衝撃を与えた組織です。のち「イラクのイスラム国」と改称し、隣国のシリアでアサド政権に対する内戦が始まると、スンナ派を中心とする反政府軍に参加して急速に勢力を拡大し、「**イラクとシリアのイスラム国**（ＩＳＩＳ）」と改称します。アサド政権は、最後の反米アラブ民族主義政権ですから、アメリカからも圧力を受けており、シリアにおいてはアメリカと「イスラム国」は共闘関係にありました。

世界を読み解くポイント

イスラム原理主義

原理主義Fundamentalismは、本来はキリスト教の用語。『聖書』の記述を絶対的な真理と信じ、その教えに一字一句従おうとする立場のこと。特に米国のプロテスタント教会でこの傾向が強く、進化論や妊娠中絶、同性愛を『聖書』に反するものとして排撃する。

イスラム世界でも『コーラン』に記された神の法が時代の経過とともに軽視されるようになり、これに対する反動としてイスラム復興運動が起こった。禁酒、断食、女性のスカーフ着用などの戒律を絶対視する。イラン革命（1979）の衝撃を受けた欧米のメディアが「イスラム原理主義」という言葉でこの現象を説明し、日本でも一般化した。

1979年11月、イラン革命でテヘランの米大使館を占拠して、米国人を人質にし、屋上で星条旗を焼く若者たち。
写真：共同通信

2014年以降、ISISはイラクのスンナ派（旧サダム・フセイン政権の支持基盤）にも急速に勢力を拡大し、シリアとイラクにまたがる「**イスラム国**（IS）」を樹立し、指導者のバグダディは、「カリフ」就任を宣言しました。

これは、**サイクス・ピコ協定の明確な否定**です。

ISは、占領地における掠奪行為、ナイフで首を切断するという残虐な処刑、異教徒やシーア派に対する容赦ない弾圧、歴史的建造物の破壊など、現代文明では理解不能な行動を繰り返していますが、いずれもムハンマドの時代に定められたイスラム法《シャリーア》にのっとって行動しているつもりなのです。彼らの最終目標は、イラクとシリアのみならず、**モロッコからインドに至るかつてのイスラム帝国の復活**です。

「反米」で共闘する旧フセイン政権の軍人たちもISに参加しているため、その戦闘力は侮《あなど》れません。ISの豊富な資金源は北部の油田地帯からの石油収入のほか、サウジアラビアなど湾岸諸国の富裕層からの送金があるようです。彼らはシーア派のイランの台頭を恐れ、シーア派を排撃するISを利用しているのです。サウジアラビアは、石油利権でつながるアメリカを公式には支持しつつ、心情的にはISを支援するという二面性を持っています。財閥ビン・ラディン家は、ブッシュ家が経営する石油会社に投資をしているビジネスパートナーでしたが、その息子が反米テロリストになりました。これはサウジアラビアの縮図なのです。

イラクからの米軍撤退を決断し、ノーベル平和賞を受賞してしまったアメリカのオバマ大統領は、いまさらイラクに派兵するとは言えず、空爆だけでお茶を濁そうとしています。この煮え切らない態度が、ＩＳを増長させたのは事実です。

シリアのアサド政権にてこ入れするロシアのプーチン政権が、ＩＳの拠点に対する容赦ないミサイル攻撃をはじめたことで、この「カリフ国家」は崩壊に向かいました。米国のトランプ政権は、「シリア問題はロシアに任せた」と言わんばかりに米軍の撤収を決断しました。

ソ連崩壊により、ソ連に対する防波堤としての中東の地政学的役割は消滅しました。アメリカの中東に対する関心は、もはや石油利権だけです。シェールガス革命がアメリカを完全に中東から手を引かせることになれば、反米を掲げるイスラム過激派は、その大義名分を失います。あるいはアメリカに代わって中国が中東に進出し、イスラム過激派と衝突する日が来るかもしれません。すでにＩＳは、中国からのウイグル解放をその目的に掲げています。

いずれにせよ、サイクス・ピコ協定によるイラクとシリアという人工国家の建設は、失敗だったのです。国連の監視下で武装解除を進めるとともに、民意を反映した国境線の引き直しを行なわない限り、混乱は際限なく続くでしょう。

［第9章］

永遠の火薬庫中東②
トルコ、イラン、イスラエル

introduction

英・仏に切り刻まれて崩壊したオスマン帝国の残骸が、いまのトルコ共和国です。

第一次世界大戦で敗れたオスマン帝国政府は、帝政の維持――いわば「国体護持」を条件に連合国と交渉を続けた結果、セーブル条約（1920）に調印します。

これは英・仏を中心とする連合国が、オスマン帝国を勢力圏として分割するというものです。英・仏の密約だったサイクス・ピコ協定の内容をオスマン帝国に押しつけたわけですが、革命中のロシアが抜けて、代わりにイタリアとギリシアが分割に加わっています。

オスマン帝国はセーブル条約で切り刻まれた

この分割はたとえて言えば、第二次世界大戦の末期に昭和天皇が連合国と交渉し、国体護持と天皇の免罪を条件に、北海道はソ連へ、九州は中国へ、西日本はアメリカへ割譲することに同意した、というような話です。もしそんなことになっていたら日本国民は激昂《げっこう》し、天皇打倒の世論が沸き起こっていたでしょう。

実際の昭和天皇は、終戦の詔勅《しょうちょく》で「時に利あらず。耐え難きを耐え、忍び難きを忍び」、敗戦受け入れを宣言するとともに国民の団結を訴えました。また占領軍を率いるマッカーサーと面会し、「敗戦責任は自分が一身に負う」と明言。日本は植民地を失い、沖縄、小笠原を米軍の軍政下に置かれますが、日本本土の分割を免れ、祖国再建に着手できたのです。

トルコの場合はオスマン家の皇帝が、保身のため国土の分割を認め、軍に武装解除を命じたのです。この命令を拒否して抵抗を続けたのがケマル将軍でした。

ムスタファ・ケマルは、トルコでは**アタチュルク**（父なるトルコ人）という称号で呼ばれます。首都イスタンブルに迫ったイギリス軍を撃退したガリポリの戦いで名を上げた英雄でした。皇帝政府からの武装解除命令を拒否したケマル将軍は、トルコ国民の圧倒的支持を得てアンカラに新政府を樹立し、ギリシア軍を撃退して帝都イスタンブルに迫ります。

「アッラーの代理人と自称するオスマン家は、実はイギリス政府の代理人だったのだ！」

このトルコ革命（1922）でオスマン帝政は崩壊し、アンカラを首都とする**トルコ共和国**が成立します。ケマルが初代大統領に就任してセーブル条約を破棄しました。

「**アラブ人地域は放棄するが、アナトリア（トルコ本土）は渡さない！**」

台湾や朝鮮は手放すが日本本土は渡さない、というのと同じことです。

英・仏との和平交渉は難航を極めます。ケマルは二者択一を迫りました。

「この交渉がまとまらない場合、トルコ共和国はソヴィエト・ロシアと交渉する」

新生トルコ共和国がソヴィエト側につくということは、ソヴィエト軍の地中海進出を意味します。英・仏はあわててケマルと**ローザンヌ条約**（1923）を結び、連合国軍はアナトリアから撤収しました。いまのトルコの国境はこのとき決まったのです。

ケマルは、トルコの地政学的意味をよくわかっていたのです。

セーブル条約によるオスマン帝国の分割

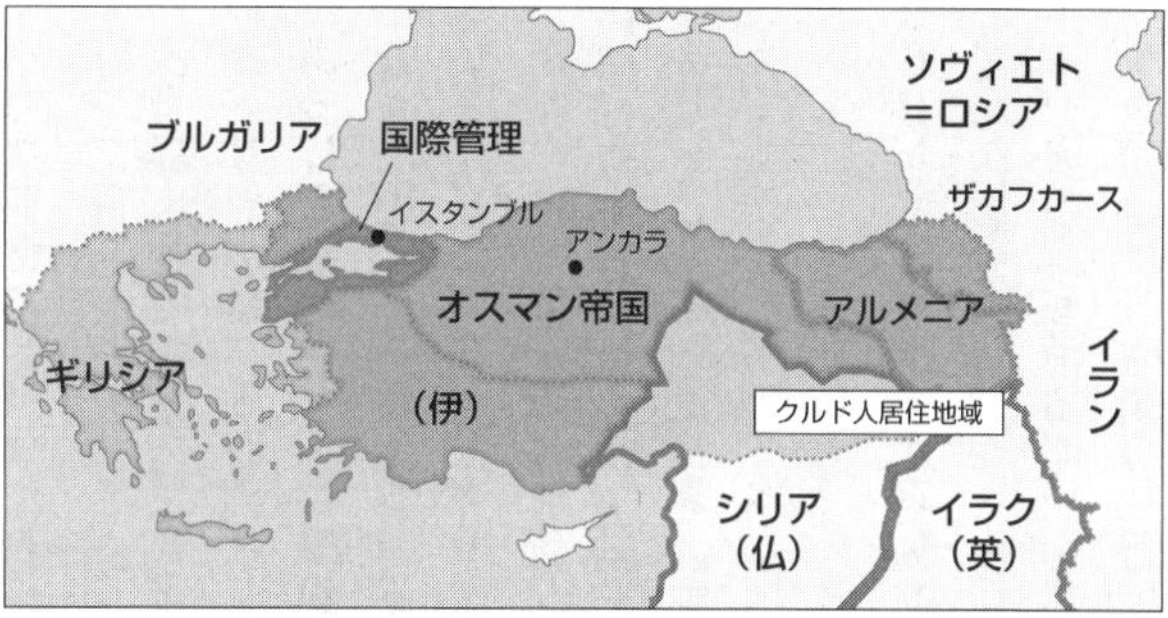

英・仏を中心とする連合国に敗北したオスマン帝国は各国の勢力圏として分割された。

日韓関係とそっくりなトルコ・ギリシア関係

第二次世界大戦後のトルコは、アメリカから軍事援助を受けてNATOに加盟し、ソ連の脅威から地中海を守る防波堤の役割を果たしてきました。ちょうど日本が、ソ連・中国の脅威から西太平洋を守る防波堤の役割を果たしてきたのとよく似ています。

ギリシアは、中世まではビザンツ帝国（東ローマ帝国）、14世紀以降はオスマン帝国の支配下に置かれ、19世紀にようやく英・仏の支援を受けて独立を達成しました。ナショナリズムに目覚めたギリシア人は、「トルコ人による圧政」を糾弾し、ギリシア系住民が多いアナトリア西部のオスマン帝国からの奪回までも叫ぶようになります。

第一次世界大戦でのオスマン帝国の敗戦は、ギリシア人にとっては好機到来。連合国側についたギリシアは、戦勝国としてトルコ本土（アナトリア）に進軍して領土を要求しますが、あっけなくケマル軍に撃退されてしまいます。結局、ギリシア軍の介入は何も得ることがなかったどころかトルコ人の恨みを買い、逆にトルコ領内のギリシア人は追放されてしまいます。このとき、ギリシア領内のトルコ人も追放されています。

こうして、やっかいな隣人同士となってしまった**ギリシアとトルコ**。しかしいずれも**黒海の出口に位置し、ロシアの南下に対する防波堤になる**、という地政学的役割は同じです。アメリカは、第二次世界大戦直後にギリシアとトルコに対する大規模な軍事援助を開始し（マーシャル・プラン）、両国をＮＡＴＯに加盟させます。

１９６０年にイギリスから独立したキプロス島（島民の８割がギリシア系、２割がトルコ系）では内戦が発生し、トルコ軍が介入してトルコ系の北キプロス共和国を樹立します。エーゲ海の海底油田開発を巡っても両国はにらみ合いを続けています。

キプロス紛争はＮＡＴＯ加盟国同士の領土紛争ですから、アメリカも頭を抱えます。ギ

ソ連の脅威から地中海を守る二国

トルコとギリシアは、地政学的にはともに共産勢力から地中海を守る役割を負っていた。

リシアを韓国、トルコを日本、キプロスを竹島、ロシアを中国と考えれば、よくわかります。日韓両国も歴史的な対立を抱えていますが、いずれも「中国に対する防波堤」という地政学的役割を持っています。両国が争うことはアメリカの国益に合致しません。竹島問題や慰安婦問題でアメリカが煮え切らない態度を取るのは、そういうわけです。

「トルコはヨーロッパではない」と見ている欧州諸国

トルコにはもう一つ、日本とよく似た点があります。もともと非西欧文化圏に属していながら、19世紀に欧米列強の侵略にさらされ、かなり無理して西欧文化を受容した、という点です。日本の場合は伝統的な君主制度とともに独自の文字体系――漢字仮名交じり文を維持し、西欧語を漢語に翻訳することによって西欧文化を移植しました。しかしトルコの場合はケマルが革命で君主制を廃止し、伝統的なアラビア文字を廃してラテン文字（ローマ字）に替えてしまったのです。そのほうが西欧文明の受容には手っ取り早いと考えたのです。

ケマルはイスラムをトルコ近代化の障害と考えていたので、徹底的な政教分離体制を敷きました。公立学校での宗教教育の禁止、公務員のスカーフ着用禁止、宗教政党の活動禁止などです。脱イスラムにより、トルコを西欧近代国家に脱皮させようとしたのです。

しかしこれは、木に竹を継ぐような無理な話です。

欧州統合が進む過程で、トルコは欧州連合（ＥＵ）加盟をずっと求めてきました。ところがＥＵ側はトルコの加盟をずっと拒絶してきたのです。トルコ国内の人権状況などを口実にしていますが、本音ではトルコとの経済格差による安い労働力の流入、それによる自国民の失業率増大を恐れているのです。その背景には、「いかに近代化しても、トルコはヨーロッパではない」という意識があるのは明白です。

これは、捕鯨問題や歴史認識で事あるごとにバッシングを受ける日本の立場とよく似ています。西欧化しても西欧社会から拒絶されるもどかしさ、欧米型の自由主義経済がもた

世界を読み解くポイント

アルメニア問題、クルド問題

アルメニア人はキリスト教徒の少数民族。トルコ東部からカフカースに分布する。第一次世界大戦末期にイギリスに支援を受けて独立運動を起こしたが鎮圧され、トルコ共和国に併合された。この際、トルコ軍によってアルメニア人虐殺が行なわれたとアルメニア側は主張している。

トルコ側は虐殺ではなく内戦による犠牲者であるとしているが、欧米諸国にはアルメニア系移民が多く、アルメニア側の主張が受け入れられている。

クルド人はイスラム教徒。トルコ、イラン、イラクの国境地帯にまたがって住む。アルメニア人と同様にオスマン帝国の崩壊過程で独立運動を起こしたがトルコ共和国に再征服された。

イラク在住のクルド人は、サダム・フセイン政権の崩壊過程で自治権を獲得したが、トルコ政府はクルド人の自治を認めず、クルド愛国党の武装闘争が続くなどトルコにおける最大の不安定要因となっている。

シリア内戦では、イスラム武装組織ISと戦うクルド人民兵を米国オバマ政権が支援したため、トルコのエルドアン政権が米国に反発、ロシアに接近するなどトルコの「NATO離れ」を引き起こしている。

らす貧富の格差、冷戦終結による対ソ防波堤意識の希薄化。これらを背景に1990年代からトルコ人の間に**伝統回帰、イスラム復興の風潮**が高まってきました。この流れに乗って登場したのが、**エルドアン政権**です。

イスラム神学校に学んだエルドアンは、イスタンブル市長時代にイスラム賛美の詩を朗読したとして宗教扇動罪で告発され、実刑判決を受けて服役したこともあります。

イスラム色の強い公正発展党を率いて2003年に首相に就任。米英のイラク戦争や、イスラエルのガザ攻撃を激しく批判し、反米、反イスラエル感情の高まりと好景気に支えられて**10年を超える長期政権**となりました。イランの核開発問題で仲裁役となるなど独自外交を展開し、中東の大国としての存在感を増しています。

2014年には初の直接選挙で大統領に選ばれました。任期5年で再選可能なので首相時代と合わせて20年の長期政権になる可能性があり、欧米諸国は警戒を強めています。これは「日本を取り戻す」をスローガンに再登板した安倍政権とも相通ずるところがあります。

トルコ民族は中央アジアで兵を起こし、数百年かけて現在のトルコまでたどり着きました。だからトルコ共和国から中央アジアのウズベキスタン、中華人民共和国新疆ウイグル自治区まで、同じトルコ語が通じるのです。トルコには亡命ウイグル人が流れ込んでいますし、ウイグル独立問題は、中国・トルコ関係の間に埋め込まれた時限爆弾です。

一方、トルコ人の親日感情は明治初年のエルトゥールル号事件以来で、日露戦争の勝利をトルコ人は我が事のように喜び、ケマルは明治天皇を賞賛していました。

エルトゥールル号事件とは、１８９０（明治23）年、日本を親善訪問したオスマン帝国海軍の軍艦エルトゥールル号が紀伊半島沖で暴風のため座礁、沈没し、五百数十名の犠牲者を出した事件のことです。和歌山県串本《くしもと》の漁民たちは生存者69名の救出に全力を尽くし、遭難者は日本海軍の軍艦で無事に帰国できたのでした。

イスタンブルのボスフォラス海峡に架かる吊り橋も、海峡の下を通るトンネルも、日本企業が受注しています。西欧化した非西欧国家の成功例として、日本とトルコの連携は歴史の必然ともいえるでしょう。

ペルシア帝国の復活を目指すイラン

古代においては、ギリシアのアレクサンドロス大王や歴代ローマ皇帝たちと互角に戦ったペルシア帝国。近代になって過酷な運命をたどることになります。

イランの地政学的な意味は、**インド洋へのロシアの南下ルート**に当たるという点です。19世紀、イギリスによって地中海方面への南下を断たれたロシア帝国は、イランからインド洋方面へ抜けようと試み、触手を伸ばしたのです。

ロシアからイランへ抜けるルートは二つあります。一つは**黒海とカスピ海の間のカフカース地方**。もう一つは、**カスピ海の東のウズベキスタン**です。

カフカース地方はバルカン半島によく似て、カフカース山脈の山麓《さんろく》に多くの少数民族が混在しています。これらの諸民族をロシア帝国が飲み込んでいき、イランへの侵略ルートとしたのです。カスピ海で油田が発見されると、この動きは加速します。

ソ連崩壊（１９９１）でカフカース山脈の南側――グルジア、アルメニア、アゼルバイジャンは独立しましたが、山脈の北のチェチェン、イングーシなどトルコ系諸民族はロシア領に留め置かれました。独立を求めるチェチェン共和国をロシア軍が制圧したのが**チェチェン紛争**です。

カスピ海の東のウズベキスタンは、草原の遊牧民の世界です。トルコ系のカザフ人やウズベク人が遊牧王国を建てましたが、19世紀末までにロシアに併合されます。再び独立するのはやはりソ連崩壊後です。ウズベキスタンの南がアフガニスタン。その南がパキスタン、当時は英領インド帝国の一部です。イギリスはインド防衛のためアフガニスタンに出

ロシアの南下を防げ！

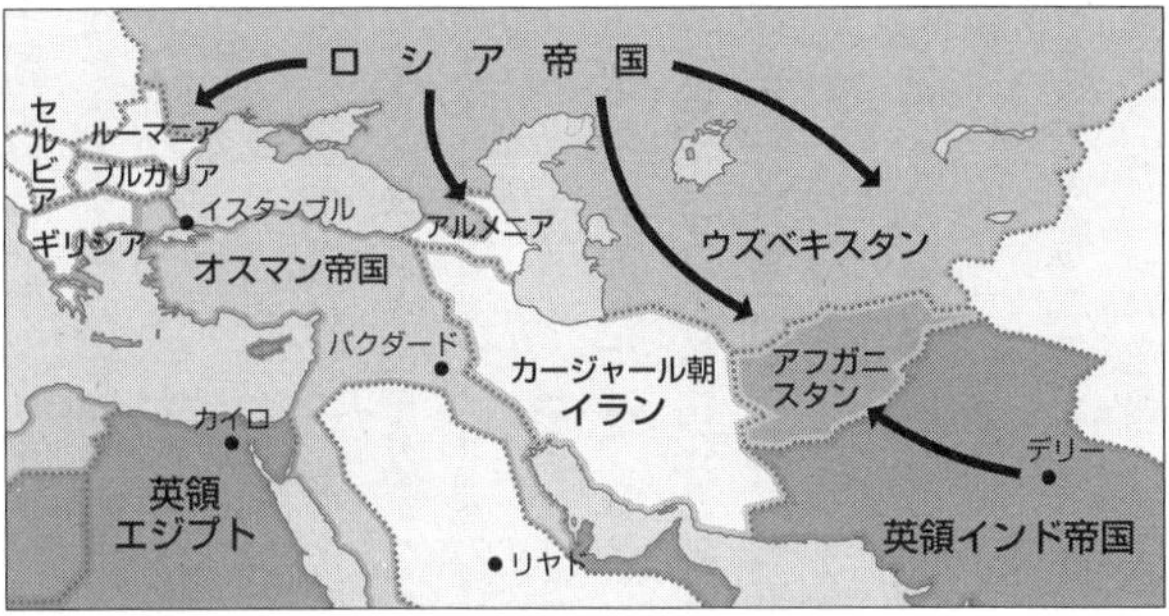

イランは南下するロシアと、これを阻止しようとするイギリスとの、狭間の位置にあった。

兵し、保護国化しました（↓Ｐ１６０）。

このようにイランは、**南下するロシアと、これを阻止しようとするイギリスとの狭間《はざま》**にあり、両国の草刈場となったのです。

日露戦争に敗北して東アジアからの南下を阻止されたロシアは、イギリスと妥協してイランを両国で分割することに合意します（英露協商）。イランのカージャール王朝は両国に従属し、イギリス系の**アングロ・イラニアン石油（現在のＢＰ）**がイランにおける石油採掘権を独占します。

トルコ革命の影響を受けた民族派の軍人レザー・ハーンは、ロシア革命でロシア軍が撤収したのに乗じてクーデタを起こし、カージャール王政を倒してみずから王位につきます（パフレヴィー朝）。イギリスの圧力を受けたレザー国王は、ナチス・ドイツに接近。独ソ戦争が始まると、イギリスはインド洋方面からソ連を支援するためのルートとしてイランを再占領し、レザーを追放して息子のパフレヴィー二世を王位につけ、傀儡政権としました。

第二次世界大戦後、エジプトを中心にアラブ民族主義が盛り上がった1950年代、イランでも**民族主義者のモサデグ**が首相に選ばれ、**アングロ・イラニアン石油会社の国有化**を試みます。ここでアメリカのCIA（中央情報局）とイギリスのMI6（秘密情報部）が介入し、モサデグ打倒のクーデタを演出、**国王パフレヴィー二世に独裁権**を握らせます。イランの石油利権は、BP（英国石油）と米系の石油大手数社で分割することになりました。国王は経済自由化と石油収入によるイランの西欧化・近代化を図りますが、石油利権は王族と外資に握られ、貧富の格差が拡大します。

イラン革命が世界に与えた衝撃

イランはイスラム教シーア派の盟主です。シーア派の法学者ホメイニは、親米王政の統治をイスラムからの逸脱と見なし、王政打倒を呼びかけました。独裁政治と貧富の差の拡大に対して不満を持っていた国民は、シーア派を中心に国王に対して全国で活発な抗議行動を行ないます。その結果1979年、国王は国外に退去し、イラン・イスラム共和国が樹立されました。

ナセル、カダフィらアラブ諸国の革命がソ連の支援を受けて社会主義を目指したのに対し、この**イラン革命（1979）はイスラム回帰を目指した運動**で、世界に衝撃を与えました。その余波は、東はアフガニスタン内戦に飛び火して**ソ連軍のアフガニスタン侵攻とアルカイダの結成**につながり、西はイラク国内のシーア派の分離運動に火をつけ、これを恐れたイラクの**サダム・フセイン政権によるイラン侵攻（イラン・イラク戦争）**を引き起こしました。

アフガニスタン侵攻は**ソ連の崩壊**を早め、サダムの暴走は**湾岸戦争とイラク戦争**を引き起こし、アルカイダの台頭はアメリカの一極支配を脅かすようになったのです。これらはすべてイラン革命の余波だったといえます。

イラン革命によって、アメリカはイランの石油利権を失ったのみならず、中東における最大の同盟国だったイランと敵対することになりました。ブッシュJr.政権は、「イラン・イラク・北朝鮮は悪の枢軸」と非難しましたが、体制転覆に成功したのはイラクだけです。人工国家イラクに対し、古代ペルシア帝国以来の歴史を誇るイラン国民のナショナリズムは強烈ですし、経済制裁も、産油国イランにとっては馬耳東風です。

イランの目標は、シーア派の盟主としての地位を、アメリカやアラブ諸国に認めさせることです。トルコのように西側諸国の一員となるのではなく、**インドや中国のような地域覇権国家としての地位**を目指す、古代のペルシア帝国のような存在です。そのためには自主防衛が必要で、だから核武装を目指す。そのように公言はしていませんが、イランほどの産油国が原発建設とウラン濃縮に熱心なのは、発電のためだけではないだろうと世界中が見ています。

イランと日本との関係は、悪くはありません。モサデグ政権時代、イギリスの経済制裁をかいくぐって日本の出光興産がイランにタンカーを送り、石油を買い付けたエピソードは、百田《ひやくた》尚樹《なおき》さんの『海賊と呼ばれた男』にも描かれています。**イランのアザデガン油田への日本からの投資を、アメリカの横槍で止められた**という経緯もあります。

日本にとって心配なのは、イランと北朝鮮がつながっていることです。アメリカから「悪の枢軸」とみなされたイランと北朝鮮、体制は全く違いますが、**イランの核開発技術と北朝鮮のミサイル開発技術**を双方が必要としているのです。北朝鮮のミサイル発射実験

世界を読み解くポイント

シーア派とスンナ派

教祖ムハンマドの血統だけを指《イ》導者《マーム》と認めるイスラム教の少数派がシーア派。3代イマームにササン朝ペルシアの王女が嫁いだという伝承から、とくにイランで支持され、ペルシア湾岸諸国に多いが、イスラム教徒全体の約10%の少数派であるため、長く迫害を受けてきた。

第12代イマームが「お隠れ」になり、やがて救世主として再臨するという終末論と救世主待望という独特の教義を持つ。イマーム再臨までの間は、隠れイマームの代理人としてイスラム法学者の支配を認める。一方、多数派のスンナ派（スンニ派）は血統より経典を重視する。『コーラン』やスンナ（ムハンマドの言行録に基づく慣習法）に正しく従う者なら、能力次第で誰でも教団指導者（カリフ）になれるという合理的な考え方だ。実際、タリバンの指導者ムハンマド・オマルも、ISの指導者バグダディも、「カリフに就任した」と発表している。

サウジ東部やペルシア湾岸諸国にはイランに親近感を持つシーア派の住民が多い。この地域は世界最大の油田地帯でもあるため、スンナ・シーアの宗派対立に石油利権が絡み、いつ戦争が起きてもおかしくない状況だ。

サウジアラビアを中心とするスンナ派諸国は、シーア派大国イランの核武装を強く警戒している。イランが核武装すれば、サウジもパキスタンあたりから核兵器を購入し、イスラム世界に核兵器が拡散する恐れがある。

には、イランの関係者が招待されています。

イラクとシリアにまたがるイスラム国（ＩＳ）の出現は、イランにとっても脅威です。スンナ派のイスラム国家を目指すＩＳは、シーア派のイランを異端とみなしているからです。ＩＳ封じ込めではアメリカとイランの利益が一致し、イラン革命以来はじめて両国の関係改善の動きが見られます。日本は両国の橋渡し役を務め、イランを孤立から救い、逆に拉致や核開発をめぐる北朝鮮との交渉にイランを仲介させれば、日本の国益につながるでしょう。

なぜパレスチナにユダヤ国家が建設されたのか

パレスチナ問題も第一次世界大戦から始まります。

オスマン帝国の統治下では、アラブ人とユダヤ人とは平和共存していました。ユダヤ教の神ヤハウェは、イスラム教の神アッラーと同じ唯一神であり、『コーラン』ではユダヤ教徒、キリスト教徒を同じ神の言葉を信じる「啓典《けいてん》の民」であるから尊重せよ、と説いているからです。

一方、ヨーロッパに流浪したユダヤ人はいくたびも迫害を受けてきました。中世のキリスト教は、イスラム教ほど寛容ではなかったのです。

土地所有を禁じられたヨーロッパのユダヤ人は、医者や金融業者として生計を立てる者が多かったのです。才覚一つでどこででも開業できるからです。ユダヤ教の経典『旧約聖書』は、同胞――同じユダヤ教徒から利子を取ることを禁じていますが、異教徒から利子を取るのは自由なのです。こうして18世紀までに、**ロスチャイルド家に代表されるユダヤ人金融資本**が出現しました。同家は、**スエズ運河株の買収資金をイギリス政府に提供する**など政商としての地位を確立しました。逆にこのことが、「カネに汚いユダヤ人」という偏見を助長することにもなったのです。

実際には大多数のユダヤ人が貧困層で、逆に資本家を敵視する社会主義運動に身を投じました。『共産党宣言』を発表したマルクスがその代表です。「万国の労働者、団結せよ」で終わるこの宣言は、暴力による既成の国家秩序の転覆を呼びかけています。「労働者は祖国を持たない」というマルクスの言葉は、祖国なき民ユダヤ人の実感だったのでしょう。

19世紀末のロシアで、皇帝アレクサンドル二世が爆弾テロで暗殺されます。犯人の中にユダヤ人がいたため、報復として各地で**ユダヤ人虐殺事件（ポグロム）**が起こりました。

フランスでは、ユダヤ系の軍人がドイツのスパイ容疑で逮捕され、反ユダヤ主義が燃え上がる事件がありました。**ドレフュス事件**です。ドレフュスが有罪か、無罪かはフランス世論を二分する大騒ぎとなり、結局再審で無罪となったのです。事件を取材したユダヤ人ジャーナリストのヘルツルが『ユダヤ人国家』という書物を著わします。「ヨーロッパに安住の地はない。ユダヤ人は約束の地シオンに、祖国を再建すべきだ」これが、**シオニズム運動**の始まりです。

シオンとは聖地エルサレムのこと。古代ユダヤ国家の首都でしたがローマ軍に破壊され、中世以来イスラム教徒に支配されてきた街です。「約束の地」の「約束」とは、『旧約聖書』の中で、唯一神ヤハウェがユダヤ人の祖アブラハムと交わした契約のこと。「エジプトの川（ナイル川）からユーフラテス川まで、すべての土地をお前に与える」シナイ半島からパレスチナ、シリアに至る広大な領土です。

現実にはここはオスマン帝国領でしたから、ユダヤ国家の建設など夢物語でした。しかし第一次世界大戦中に、例のサイクス・ピコ協定で英仏がオスマン帝国の解体を密約したところから事態は一変しました。ロスチャイルド家はイギリスの戦時国債を引き受ける代わりに、**パレスチナにおけるユダヤ国家の建設**をイギリスに確約させます。**バルフォア宣**

言（1917）は、イギリス外相バルフォアからシオニスト連盟会長ロスチャイルド宛の公式書簡として発せられたものです。戦後、パレスチナはイギリスの委任統治領（国際連盟が統治を委任するという形式だが、事実上の植民地）となり、ユダヤ人の受け入れが始まります。

パレスチナに流れ込むユダヤ人たち

しかしヨーロッパの文明国で育ったユダヤ人たちは、水道も電気も通っていない荒涼たる「約束の地」を見て愕然とします。だから彼らの多くは、パレスチナではなくアメリカ合衆国へと移住していったのです。今日なお、**世界最大のユダヤ人口を抱える国はイスラエルではなく、アメリカ合衆国**なのです。

アメリカのユダヤ人たちは人口の3％に満たず、ニューヨークなどの都市部に集中しています。それでも金融業とマスメディアを握り、人的ネットワークを駆使して、大きな政治力を持つに至ります。

アメリカの伝統的支配層——英国系プロテスタント（ワスプ）の支持者が多い共和党に対抗し、移民受け入れに積極的だったのが民主党です。**ユダヤ票と資金力は、民主党の躍**

進に大きく貢献したのです。これを危惧した共和党政権は、移民受け入れ制限に舵を切ります。移民法（1924）は日本人移民の禁止で有名ですが、ロシアからのユダヤ人移民にも門を閉ざしたのです。行き場を失ったユダヤ人は、パレスチナへ流れ込むことになったのです。

1930年代、世界恐慌で混乱するドイツで、ユダヤ人排斥を掲げるナチスが政権を握りました。**ユダヤ人虐殺（ホロコースト）**が始まり、ナチスの東欧侵略の過程で大量のユダヤ難民が発生し、そのままパレスチナに流れ込みました。

パレスチナでは、押し寄せるユダヤ難民と、土地を守ろうとするアラブ人との衝突が始まり、ユダヤ人武装組織がアラブ人を襲撃し、その逆の事例も発生しました。混乱収拾に失敗したイギリスは、第二次世界大戦後に発足した国際連合にゲタを預け、パレスチナから逃げ出したのです。

「約束の地」は地政学的には最悪だった

日本の東北地方ほどの面積しかないパレスチナ。ここをユダヤ国家とアラブ人国家に分けようという**パレスチナ分割案**が国連総会で可決されます。アラブ諸国は反対しました

世界を読み解くポイント

ホロコーストと日本

ホロコーストは「生け贄《にえ》の羊を焼くこと」。戦後、ナチスによるユダヤ人虐殺の意味で使うようになった。日本はドイツの同盟国だったが、ホロコーストに加担するどころか、ユダヤ人の脱出に協力した日本人も多い。リトアニア領事代理の**杉原《すぎはら》千畝《ちうね》**は、ポーランドから脱出したユダヤ難民にシベリア経由の日本通過ビザを発給し、結果的に6000人の命を救った。戦後、イスラエル政府は杉原を叙勲している。

満州国ではハルピン陸軍特務機関長の**樋口《ひぐち》季《き》一郎《いちろう》**少将が、シベリア経由で満州にユダヤ難民を受け入れ、上海へ脱出させた。ナチスは親衛隊のマイジンガー大佐を東京に派遣し、上海のユダヤ人の虐殺を提案したが、日本政府は拒絶している。

その人命救助のエピソードから「東洋のシンドラー」とも呼ばれる杉原千畝。
写真：共同通信

が、ユダヤ人を迫害してきた欧州諸国が賛成に回り、アメリカ合衆国も賛成に回りました。時の合衆国大統領トルーマンは民主党で、大統領選挙を翌年に控えていました。ホワイトハウスを全米ユダヤ人協会の代表が訪れ、大統領選挙への協力を約束していたのです。こうして、**アラブ諸国の反対を押し切ってユダヤ国家イスラエルが建国され、4回にわたる中東戦争を引き起こした**のです。

イスラエルの地政学的条件は最悪です。周囲を敵国に囲まれ、油田もなく、国土の大半は荒涼たる荒地です。水源のヨルダン川は水量に乏しく、水源地のゴラン高原はシリア領です。石油はペルシア湾→紅海→アカバ湾ルートで輸入するしかなく、**スエズ戦争**（1956）ではエジプト軍にアカバ湾を封鎖されたことが開戦のきっかけとなりました。なお、スエズ戦争でアメリカがイスラエルを支援しなかった理由の一つは、アイゼンハウアー大統領が共和党政権だったからです。

それでもイスラエルは不敗でした。ユダヤ人の多くは第二次世界大戦中にイギリス兵やアメリカ兵として従軍経験があり、イギリス軍が撤収する際に置いていった武器で戦ったのです。アメリカ民主党政権はイスラエルに対する莫大な軍事援助を行なうとともに、国連安保理事会における拒否権発動でイスラエルを助けます。

パレスチナ分割とイスラエルの建国

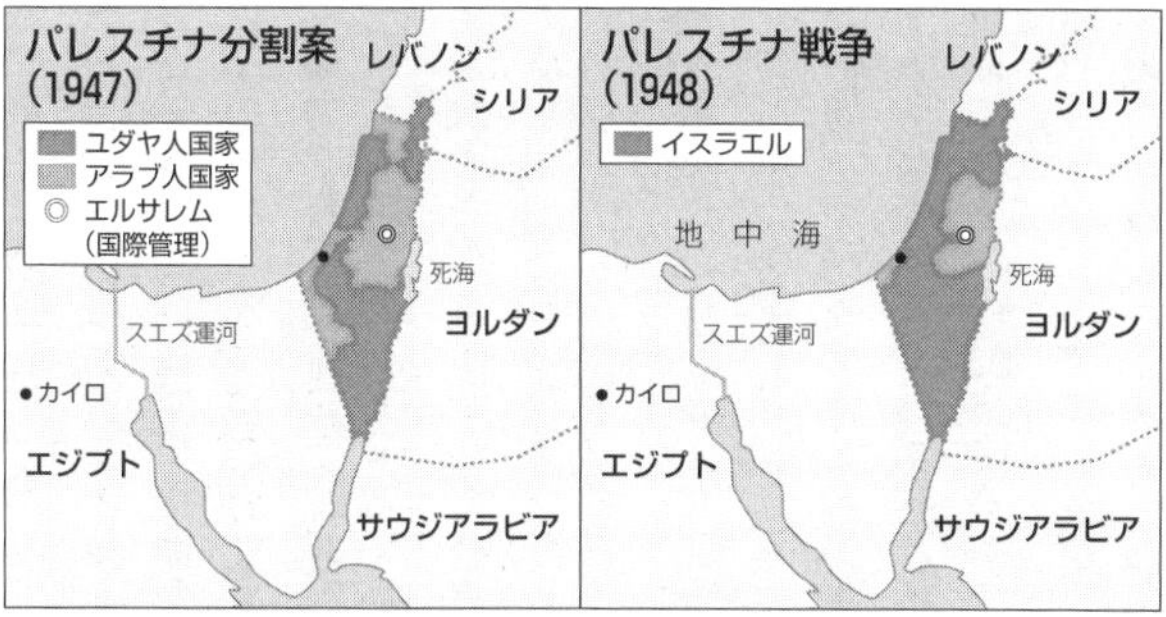

人工国家イスラエルは、1948年、アラブ諸国の反対を押し切って建国された。

第三次中東戦争（1967）はイスラエル軍によるエジプト・シリアへの奇襲攻撃で始まり、シリアから水源地のゴラン高原、エジプトからは広大なシナイ半島を奪いました。両国はイスラエルによる侵略行為として国連安保理事会に提訴し、イスラエルを非難する安保理決議が出されますが、イスラエルに対する軍事制裁、経済制裁については見送られました。アメリカが拒否権を発動したからです。時のジョンソン大統領は、民主党政権です。

　のちにイラクがクウェートを侵略したとき、アメリカは国連安保理事会でイラクに対する軍事制裁決議を主導し、湾岸戦争を引き起こしました。このユダヤびいきとダブルスタンダードに対する怒りが、アラブ諸国の反米感情の根底にあります。

ソ連がアラブ諸国に軍事援助を続けるなか、アメリカは政権交代でイスラエルを支援したりしなかったりする。こんなアメリカに国家の生存を委ねるわけにはいきません。フランスの協力を得て、**イスラエルが核兵器開発を始めた**のは、スエズ戦争の直後からです。今日、イスラエルは200発程度の核ミサイルを保有していると推定されていますが、イスラエル政府がこれについて公表したことは一度もありません。核保有を匂わすことで、周辺アラブ諸国からの攻撃をためらわせる——抑止力にしているのです。

冷戦が終結に近づくと、イスラエルの戦略的地位も低下します。アメリカのカーター大統領、クリントン大統領はともに民主党政権ですが、中東和平を実現してイスラエルという「お荷物」を手放そうと考えました。

カーター政権は、**エジプトとイスラエルの和平**(1979)を仲介してシナイ半島を返還させました。冷戦終結後のクリントン政権は、**パレスチナ暫定《ざんてい》自治協定**(1993)を仲介します。イスラエルが占領地ガザとヨルダン川西岸から撤退し、パレスチナ人(アラブ人)の自治政府を認める。その代わりに、武装闘争を続けてきたパレスチナ解放機構

冷戦の終結とパレスチナ

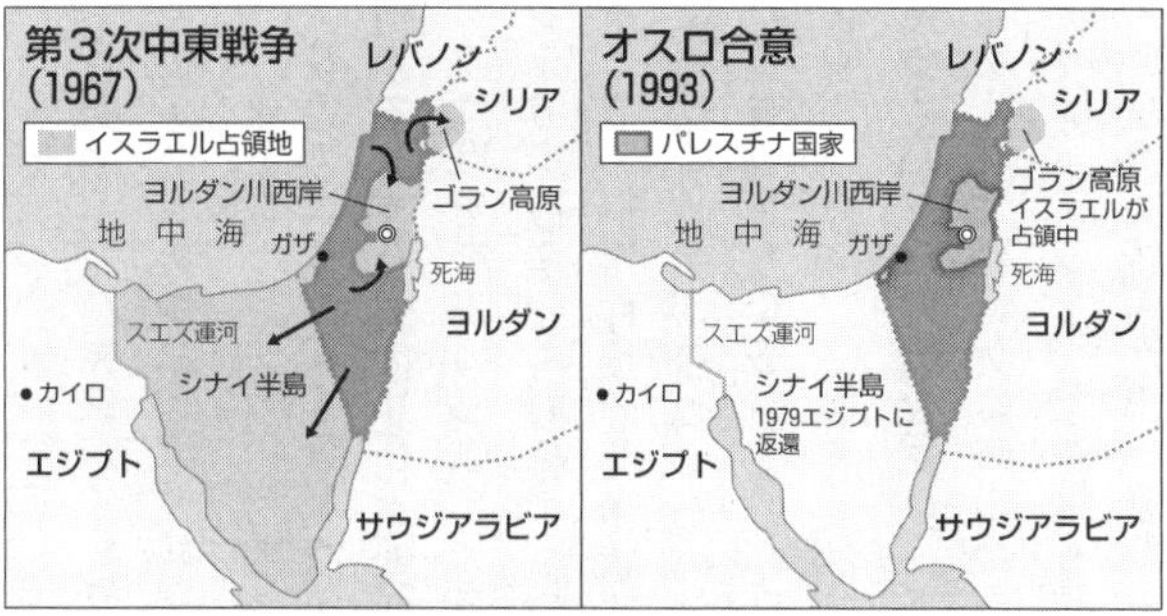

アメリカ民主党政権は中東和平に積極的だった。カーターはシナイ半島をエジプトに返還させ、クリントンはパレスチナ自治をイスラエルに認めさせた。

（PLO）がイスラエルを承認し、テロ活動を停止する、という内容です。

しかしイスラエルも一枚岩ではありません。『旧約聖書』の「約束の地」をすべてイスラエル領土とし、アラブ人を追放するべきと主張する**右派連合のリクード**と、アラブ人との共存という現実を受け入れ、軍事費を福祉予算に回すべきだという**左派の労働党**との対立です。

ヨルダン川西岸に入植地を拡大してきたユダヤ人入植者は、労働党のラビン首相が進めた暫定自治協定に猛反発し、右派の学生がラビンを暗殺してしまいます。総選挙の結果、リクード政権が発足し、自治協定を反故《ほご》にして占領地への居座りを続けます。

これに対してパレスチナ側でも住民の抵抗

運動（インティファーダ）が始まり、**ガザ地区を拠点に武装闘争の再開を主張するイスラム過激派勢力――ハマス**がイスラエル領内へのロケット砲攻撃を行ない、これに対する報復としてイスラエル軍がガザに侵攻する、という悪循環が続いています。

アメリカのユダヤ人も分裂しました。**カーター、クリントン政権の対アラブ政策を弱腰と批判するユダヤ人**は共和党支持に回り、共和党政権の閣僚や政策アドバイザーとなって、イラク戦争を主導します。**ネオコン（新保守主義者）**と呼ばれる人々で、１９８０年代のレーガン政権から政権中枢に潜り込んでいましたが、その全盛期はブッシュJr.政権です。９・11事件後の興奮状態の中で、ブッシュJr.政権はアフガニスタンとイラクで戦線を拡大し、結局潤《うるお》ったのは軍需産業とイスラエルだけでした。アメリカ中西部や南部の富裕層からなる本来の「草の根」保守層は、ネオコンの暴走に眉《まゆ》をひそめるようになります。

民主党オバマ政権の発足は、イスラエルにとって衝撃的でした。初の黒人大統領というだけでなく、父親はケニア出身のイスラム教徒、ミドルネームが「フセイン」で、イスラム国家インドネシアで幼少期を過ごしたアメリカ大統領の出現です。将来、中華系や韓国系のアメリカ大統領が出現したときに、日本人が受けるであろう衝撃も、こういうものでしょう。

オバマはイスラム諸国に和解を呼びかける反面、イスラエルに対しては極めて冷淡です。これは、在米ユダヤ人の世論そのものが、イスラエルから離れてしまったことも背景にあります。イスラエルを助けても票に結びつかなければ、冷淡になるのは当然です。

リクード政権の拡張政策は、それ自体が矛盾を抱えています。イスラエル国内において、ユダヤ人よりアラブ人の出生率が高く、将来的にはイスラエルはアラブ化していきます。占領地の拡大は、アラブ系住民をますます抱え込むことになります。リクードのシャロン政権がガザ地区から撤退したのは、ガザの住民のほとんどがアラブ系だからです。

最大の支援国アメリカがイスラエルへの興味を失い、国内ではアラブ系が増殖していく。ユダヤ人の人工国家イスラエルの前途には、暗雲が立ち込めているのです。

［第10章］

収奪された母なる大地　アフリカ

introduction

アフリカ大陸は、人類のふるさとです。

世界に分布するすべての人種は、共通の母系遺伝子（ミトコンドリアDNA）を持っています。米カリフォルニア大の分子生物学者アラン・ウィルソンは、約15万年前の東アフリカに存在した一人の女性が、理論的には全人類の共通祖先であるという仮説を立て、彼女を「ミトコンドリア・イヴ」と名付けました。「イヴ」は『旧約聖書』の冒頭に出てくる最初の人間アダムの妻ですね。アダムとイヴは、美味しい木の実がたくさんなっているエデンの園で何不自由なく、純真無垢《むく》な暮らしをしていました。ところが悪魔にそそのかされた二人は、食べてはいけない「知恵の実」

を食べてしまい、神に等しい知恵を持つようになります。

怒った神は、アダムとイヴを荒野へ追放します。その日から人類は、額に汗して働くことを強いられたのだ、と『旧約聖書』は語っています。

この神話は、アフリカを出た人類の運命を象徴的に語っているような気がします。最終章では、そんな人類のふるさとについてお話ししましょう。

人類の母なる大地

人口が増えたためか、あるいは冒険心からか。人類は、何らかの理由で豊かなアフリカを後にし、砂漠地帯が広がる中東を経て寒冷なヨーロッパに広がり、白い肌と彫りの深い顔のコーカソイド（ヨーロッパ人種）に変化しました。また、東の広大なアジア地域に広がったグループは、黄褐色の肌にのっぺりした顔のモンゴロイド（アジア人種）に変化しました。アフリカに残ったグループが、ネグロイド（アフリカ人種）となったのです。これは環境に合わせた「変化」であって、「進化」ではありません。遺伝子レベルでは、全人類が同じＤＮＡを持つ同一種なのです。チワワとダックスと秋田犬は、体格も毛色も違いますが、「犬」という同一種です。だから混血もできるわけです。それと同じことです。

豊かなアフリカを出て、過酷な環境に適応した人類は、やがて道具によって自然を征服し、管理する社会を生み出しました。農耕・牧畜のはじまりです。

文字が生まれ、金属加工がはじまり、文字が生まれた段階を**文明**といいます。最古の文明はエジプトとメソポタミア（イラク）で始まりました（前３０００年頃）。

これ以前のアフリカ大陸は湿潤で、サハラ砂漠は巨大な草原でした。サハラ中央部のタッシリ・ナジェール遺跡には、ゾウやキリンの姿を刻んだ岩絵が残っています。

ところが徐々にサハラの砂漠化が進み、砂漠が拡大した結果、いまのナイジェリアあたりに住んでいた**バントゥー語族**と総称される農耕牧畜民が、鉄器を携《たずさ》えて南へ大移動をはじめ、赤道付近の森や草原に住んでいた狩猟採集民を徐々に征服していきます。この「アフリカ版民族大移動」の過程で農業技術が広まり、国家の形成が行なわれたようです。

バントゥー語族の大移動

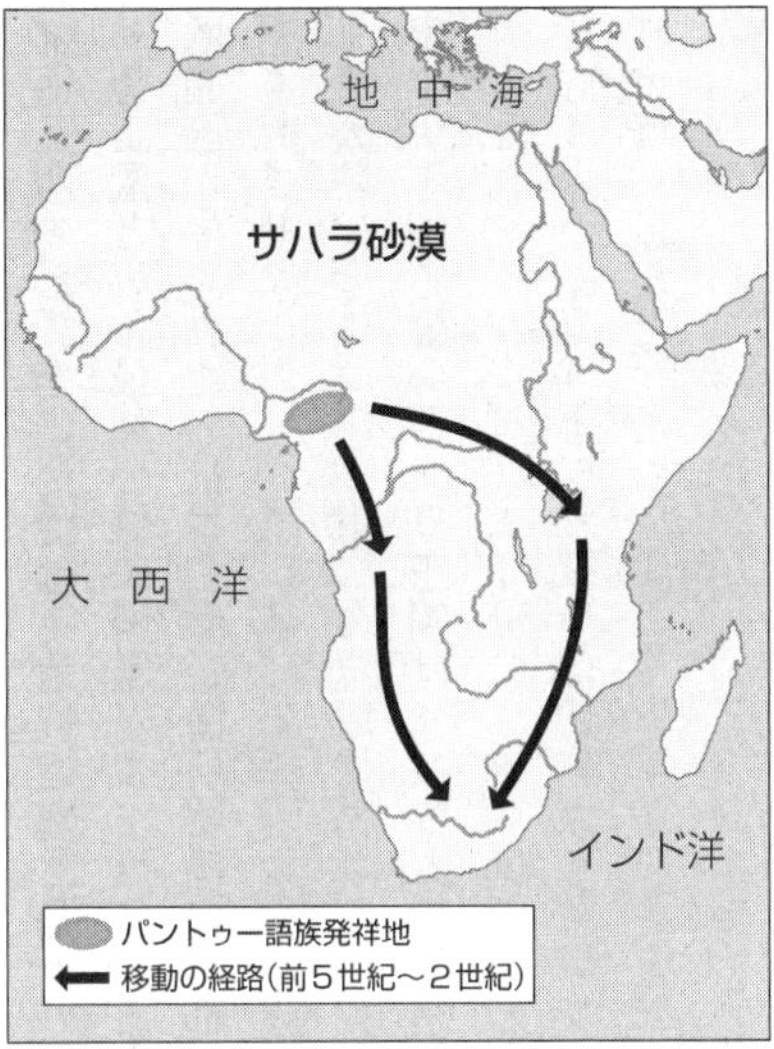

農耕牧畜民バントゥー語族がサハラの砂漠化の影響で南へ大移動していった。移動の過程で農業技術が広まっていった。

なお、サハラ以北の北アフリカは、前3世紀以降はローマ帝国の、後7世紀以降はイスラム帝国の領土となり、サハラの南のブラック・アフリカとは別の道を歩みます。

エジプト文明の影響を直接受けた地域は別として、西アフリカではようやく8世紀頃までに**ガーナ王国**という最初の統一国家が生まれています。もっとも、イギリス、フランスなど西欧諸国が生まれたのはローマ帝国崩壊後の9世紀ですから、アフリカ諸国の形成時期と大差ありません。

アフリカ大陸は金（ゴールド）の宝庫であり、歴代王朝は「黄金の国」として繁栄しました。ガーナ王国を継いだ**マリ王国**はイスラムに改宗しますが、14世紀に聖地メッカを巡礼したマリ王国の王マンサ・ムーサは、途中通過したエジプトで大量の金を貧者への施しとしてばらまいた結果、エジプトでは10年以上インフレが続いたという記録があります。

アフリカは、豊かだったのです。

黒人奴隷狩りの真相

大航海時代にポルトガル船、ついでオランダ船、イギリス船が西アフリカに来航し、鉄砲を伝えました。ちょうど、日本の種子島《たねがしま》に鉄砲が伝来したのと同じ時代です。

織田信長が鉄砲隊を組織して長篠《ながしの》の戦いで武田《たけだ》の騎馬軍団を破ったように、西アフリカ沿岸諸国も鉄砲隊を組織して内陸諸国を征服しました。そのときの捕虜を、西欧の商人が奴隷として買い取り、アメリカ大陸で売り飛ばしたのが**奴隷貿易**のはじまりです。戦国時代の日本でも、ポルトガル商人に奴隷として売り飛ばされた日本人がたくさんいました。豊臣秀吉が、宣教師追放令を出した動機の一つが、「宣教師が奴隷貿易に関わっているのはけしからん」ということでした。秀吉の英断によって、日本人奴隷貿易は禁止されます。

ところがベニン王国（現在のナイジェリア）、アシャンティ王国（現在のガーナ）など西アフリカの国々は、奴隷を最大の輸出品として征服戦争を続け、代価として武器輸入を続けました。「白人が黒人を奴隷狩りした」という単純な話ではなく、**黒人国家自体が奴隷狩りに手を染めていた**というのが実態です。この結果、推定１２００万人が奴隷としてアメリカ大陸に運ばれました。現在、アメリカに住む黒人たちはその子孫です。労働力の不足は、西アフリカの経済発展に深刻な影響を与えました。

本当の危機は19世紀後半にやってきました。ベルギー国王のコンゴ領有に各国が反発、ドイツのビスマルクが開催した**ベルリン会議**（１８８４－８５）でアフリカ分割の原則が定められました。アフリカ大陸を「無主《むしゅ》の地」と考え、**欧州諸国による軍事占領（実効支配）の事実を根拠に領有権を認め、先に占領した国の権利を尊重すべし（先占権）**というものです。

つまり現地の「未開人」には国家主権を認めない、ということです。

紅海ルートに注目した欧州列強

イギリスにとって最大の貿易相手はインドであり、インド貿易の観点からは、アフリカ大陸はその途中に横たわる邪魔な大陸でしかありません。アフリカを迂回《うかい》するルートとして、はじめは大西洋を南下して喜望峰・インド洋へ抜けるルートが使われましたが、エジプトに**スエズ運河**が開通すると、**地中海・スエズ・紅海・インド洋へ抜けるルート**がメインになりました（↓P197）。

19世紀の末、イギリス、フランスに加え、ドイツ、イタリアも植民地争奪に乗り出します。列強が最も注目したのは、この**紅海ルート**でした。

紅海は英語でもRed Seaといい、北の「黒海」に対して「南の海」というほどの意味です。地中海とは繋がっていないため、古代エジプト時代から運河建設が何度か試みられて

世界を読み解くポイント

ブラック・アフリカ

北アフリカはアラブ人やベルベル人（ともに人種的には白人＝コーカソイド、宗教的にはイスラム）が多数を占めるのに対し、サハラの南のアフリカは人種的には黒人＝ネグロイドが多数を占める。後者を**ブラック・アフリカ**といい、宗教的には伝統的な多神教や、19 世紀以降に欧米の宣教師がもたらしたキリスト教が主流になっている。

なお、イスラム教徒はブラック・アフリカ全体を**「スーダン」**と呼ぶ。これはアラビア語で「黒い人」の意味。現在のスーダン共和国はその一角を占めるにすぎない。

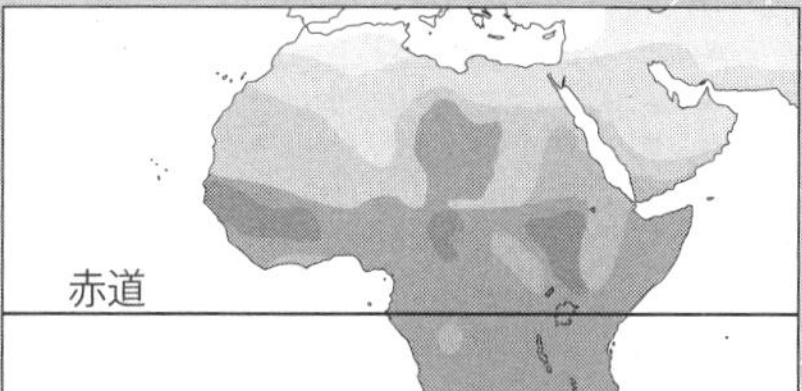

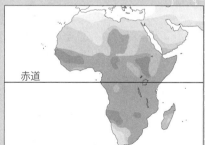

先住民の肌色で地域を分けたもの。サハラ以南の大半に、最も肌の色が黒いネグロイド（黒人）が住む。サハラの北は、「白いアフリカ」である。
図は「von Luschan's chromatic scale」を元に編集部にて作成

いますが、実現したのはフランス・エジプト共同出資による**スエズ運河**（開通　１８６９）です。

実際に運河を利用するのは圧倒的にイギリス船でしたから、イギリス政府は運河の買収を画策しました。やがてエジプト政府が財政難に陥ると、彼らが保有する**スエズ運河株の買収**に成功します（１８７５）。これ以後、英・仏が運河を共同経営し、エジプトには何の利益ももたらさなくなったのです。のちにエジプト革命政権を立てたナセル大統領が、運河の国有化を宣言し、英・仏との間でスエズ戦争（１９５６）を引き起こしました（↓Ｐ２５３）。

紅海がインド洋とつながるバブ・エル・マンデブ海峡も極めて重要です。そこを占領してしまえば紅海全体をコントロールできるチョーク・ポイント（↓Ｐ１１７）だからです。アラビア語の「悲しみ（マンデブ）の門（バブ）」という名は、帆船時代にここが交通の難所だったことを意味します。

アラビア半島をブーツに譬《たと》えると、そのかかとの部分がこの海峡に面しています。イギリスがこの「かかと」の**イエメン**を占領（１８３９）します。ライバルのフランスは、その対岸のジブチ市を建設（１８８８）し、「仏領ソマリランド」と名付けて植民地化します（１８９６）。実に地政学的な動きです。

イギリスの縦断政策とフランスの横断政策

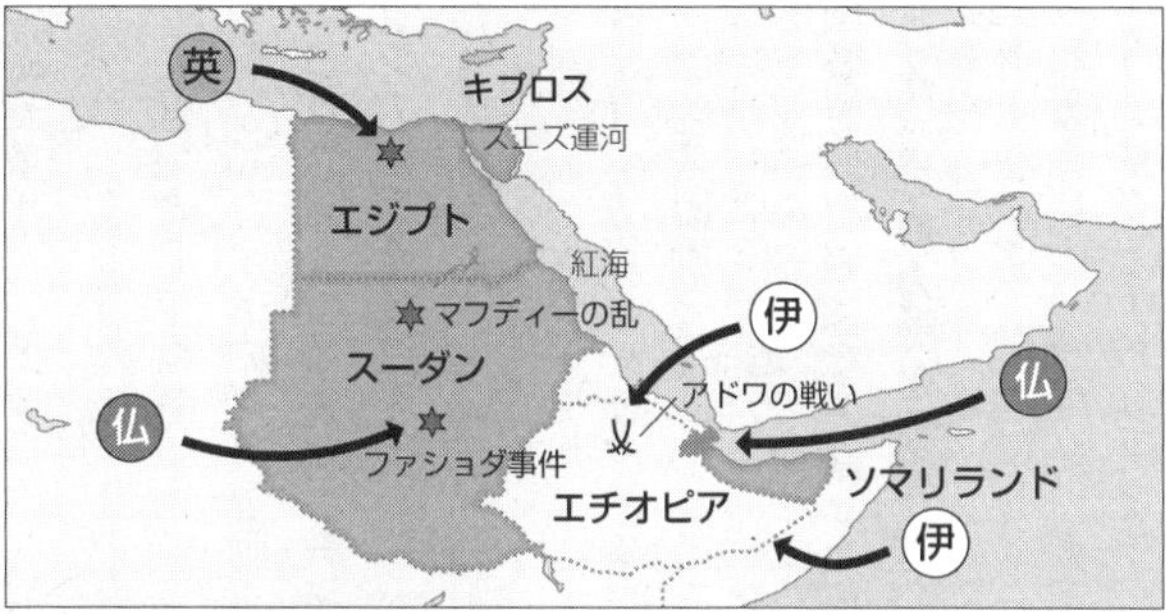

ヨーロッパ列強は民族紛争を巧みに利用して、紅海沿岸諸国の植民地化を進めていった。なかでも英仏はしのぎを削っていたが、1904年の英仏協商で勢力圏を確定させた。

ジブチの東、角のように突き出た半島がソマリアで、**「アフリカの角《つの》」**とも呼ばれます。その西がエチオピア帝国で、『旧約聖書』のソロモン王（前１０００年頃）にまで遡《さかのぼ》る世界最古の王朝を持つ国でした。エチオピア人もソマリ人も、アラビア半島から渡ってきたアラブ人に近い民族です。しかしキリスト教徒のエチオピア人と、イスラム教徒のソマリ人は折り合いが悪く、エチオピア皇帝はソマリ人が住むオガデン地方を併合します。このような民族紛争を巧みに利用して、列強は植民地化を進めたのです。

　植民地獲得でフランスに遅れをとったイタリアは、ソマリアを占領したうえ、エチオピアの紅海沿岸部分（エリトリア）を奪います。ジブチを守りたいフランスは、エチオピアに大砲やライフル銃を提供してイタリア軍と戦わせ、勝利に導きます（**アドワの戦い**1896）。日清戦争と同時期に起こったこの戦争は、アフリカの国が唯一、白人国家に勝利した戦いとして有名です。

この間、エジプトの反英運動を弾圧した**イギリスは縦断政策**をとり、エジプトの南のスーダンに攻め込んでイスラム教指導者マフディーの軍と死闘を続けていました。これを見た**フランスは横断政策**をとり、大西洋岸からコンゴを抜けて、ジブチに至るルートを開こうとします。この二つの矢印が南スーダンでぶつかったのが、**ファショダ事件**（1898）でした。

マルシャン大尉率いるフランス軍200人がようやくナイル川上流のファショダに到達し、フランス国旗を掲げたところ、北方からキッチナー将軍が率いるイギリス軍2万人が迫り、フランス軍の退去を要求したのです。

本国政府同士の協議の結果、形勢不利を悟ったフランスが撤退。のち**両国は英仏協商（1904）で勢力圏を確定し、イギリスの縦断政策が完成する**のです。

「アフリカ人に唯一負けた白人国家」の汚名をそそぐべく、40年後に再びエチオピアを侵略したのが、イタリアの独裁者ムッソリーニでした。日本が満州事件を起こしたちょっとあとです。国際的に孤立した日本とイタリア、ヒトラーのドイツが手を結び、枢軸国と称しますが、第二次世界大戦で惨敗。日本は満州から、イタリアはエチオピアから撤退しますが、イタリア領ソマリランドは戦勝国のイギリスが接収してしまいます。

しかし、大戦で疲れ果てたイギリスは植民地帝国の維持が困難になり、インドの独立（1947）を認めてしまいます。もともとインド・ルート防衛のためのアフリカ政策だったわけですから、インドを手放した後はアフリカへも興味を失います。

ただし欧州への石油供給ルートとしての紅海の役割は、ますます重要になっていきました。米・ソの冷戦がはじまると、**ソ連は中東・東アフリカ諸国の革命運動を煽《あお》ることによって、この石油供給ルートの喉元を締め上げようと画策**するのです。ナセルのエジプト革命（1952）を支援したのはこのためです。

ソマリアvsエチオピアという米ソ代理戦争

1960年にはフランス領を中心にアフリカ17カ国が独立し、「アフリカの年」といわれました。しかし多くの国で、独立直後から内戦が勃発したのです。内戦の原因は、「民族」と「資源」でした。

独立したばかりのソマリアでも、親ソ派の軍人がクーデタ（1969）で政権を握ります。エチオピアでも、親ソ派のメンギスツ将軍がクーデタ（1974）で政権を握り、最後の皇帝ハイレ・セラシエは翌年、遺体で発見されました。日本の皇室より長く、2900年続いたソロモン王朝の崩壊です。

アメリカは焦りました。

「西欧諸国の命運を、ソマリアとエチオピアの共産主義者が脅かすことは許さない！」

ところがソマリア革命政権が「ソマリ人の団結」を煽り、エチオピア領内オガデン地方のソマリ人の分離独立運動を支援。激怒したエチオピア革命政権との間で**オガデン戦争**が始まります。

頭を抱えたソ連は、より忠誠心の強いエチオピア革命政権を支援したため、ソマリア革命政権はソ連に反発してアメリカ側に寝返り、米ソ代理戦争となります。オガデンで油田が見つかったこともあって紛争は長期化し、両国をすっかり荒廃させました。

冷戦終結とソ連崩壊で武器の供給が止まったため両国は停戦しますが、逆に国内で反政府勢力との内戦が勃発します。エチオピアは反政府軍の勝利で混乱は収まりましたが、問題はソマリアです。

両国は長い内戦で国土は荒廃の極みにありますが、エチオピアが古代より統一国家を保

アフリカの角に住む人々の苦悩

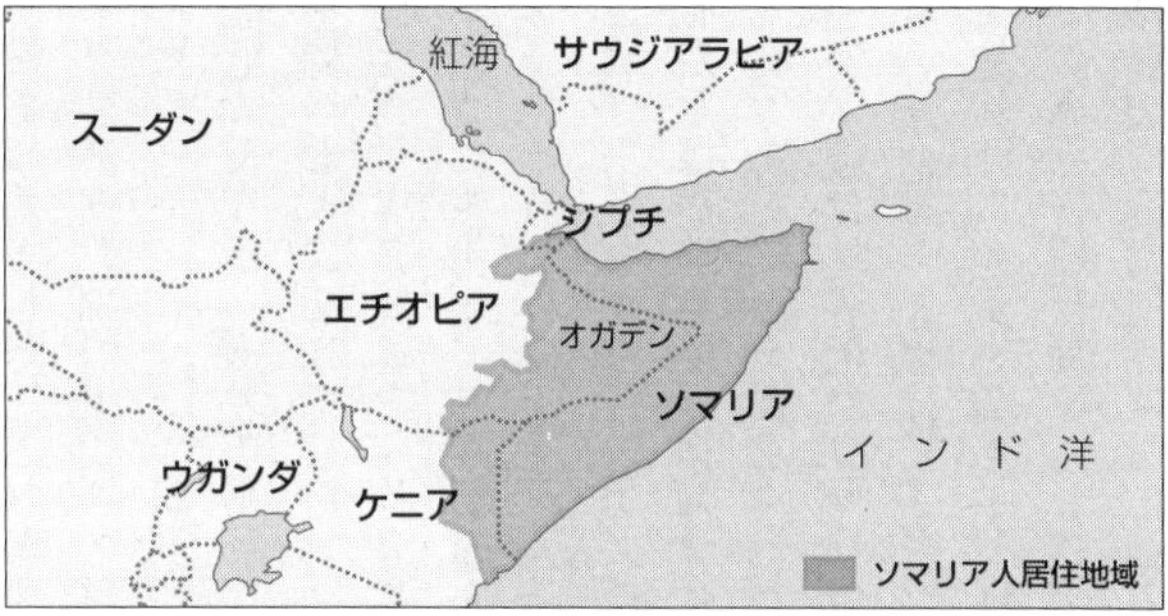

ソマリ族の居住区域の上に人工的に引かれた国境線。氏族意識の強い彼らには国家への帰属意識は薄い。

ち続けたのに対し、ソマリアは言語の異なる**民族分布を無視してイタリアが作りあげた人工国家ソマリランドが独立したもの**です。国民には国家に対する帰属意識はほとんどなく、氏族意識があるだけです。親ソ政権の崩壊（１９９１）後、反政府勢力はたちまち内部分裂を引き起こし、誰が敵で誰が味方かわからぬような、泥沼の内戦が続くのです。

国連安保理決議を受け、アメリカのクリントン政権は米軍主体の国連平和維持軍を組織し、ソマリアに派兵しました（１９９３）。これをアメリカによる侵略とみなす民兵組織アイディード将軍派が激しく抵抗した結果、米軍は軍用ヘリのブラックホーク２機と兵士18名を失います。２名の米兵の遺体をソマリア民兵が引きずりまわす映像が流され、米国民に衝撃を与えました。この事件を描いたのが、リドリー・スコット監督の映画『ブラックホーク・ダウン』です。

今世紀に入ると、イスラム過激派の民兵組織「イスラム法廷」が台頭し、アルカイダと関係を持つようになりました。ソマリアのアフガニスタン化です。

内戦はソマリアの産業も崩壊させる一方、大量の武器を流通させることになりました。治安は極度に悪化し、**沿岸部の人々は海賊を稼業にして生計を立てる**ようになります。

ソマリア沖のアデン湾は紅海の入り口。年間に2万隻のタンカーや貨物船が往来します。これは当然ながら、スエズ運河の通航量とほぼ同じです。

海賊たちは高速艇で「獲物」に接近、火器で脅して乗組員を拉致し、あるいは船ごと奪って、莫大な身代金を要求するわけです。

国連安保理は、各国がソマリア沖で警察行動をとることを容認し、米・英・トルコなどの「有志連合軍」、仏・独主力のEU軍に加えて、ロシア軍、中国軍などが協力して海賊取り締まりに当たっています。日本も海賊対処法を制定（2009）、防衛大臣がソマリア沖での海上警備行動を発令し、海上自衛隊の護衛艦2隻と航空自衛隊の哨戒機P‐3Cを2機展開。活動拠点としているジブチの国際空港警備のため、陸上自衛隊も常駐してい

海賊を取り締まれ！　海自の海上警備

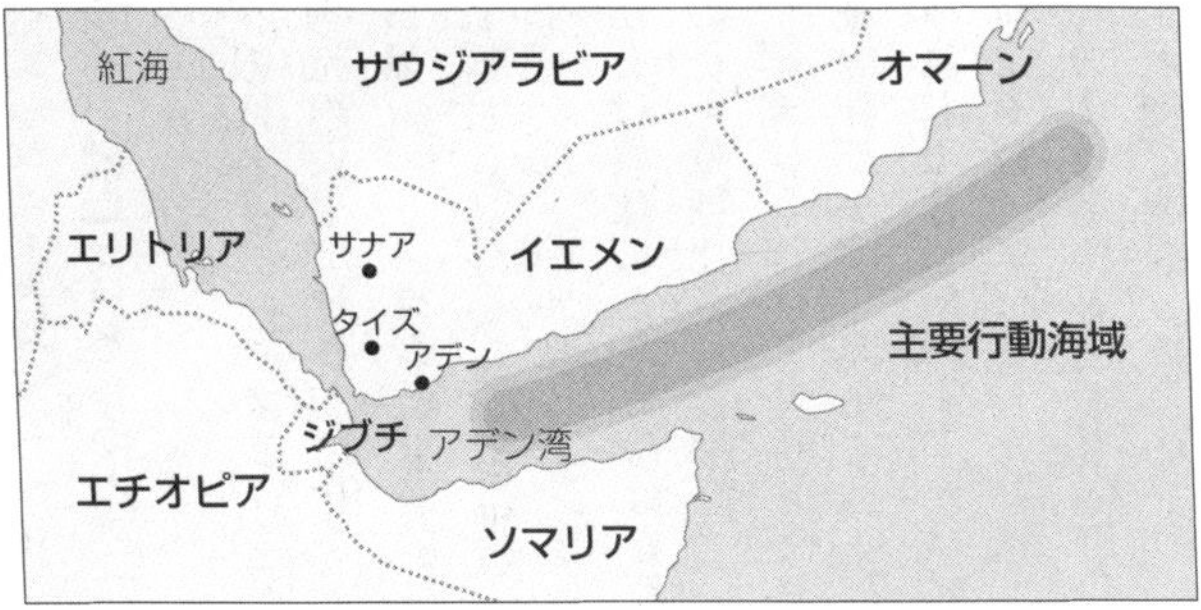

ソマリア沖のアデン湾に出没する海賊を取り締まるため、ジブチを拠点として海上自衛隊を展開させている。

ます。

自衛隊はこれまでにもシリアのゴラン高原や、インドネシアの東ティモール、イラクのサマワで人道支援活動を行なってきましたが、約600名の大部隊が警察任務で長期間、海外に駐留するというのは初めてです。

かつてのフランス帝国主義の軍事拠点ジブチが、いまでは**破綻国家ソマリアから溢れ出てくる海賊に共同対処するための、国際警察活動の拠点**になっているのです。

航空機の時代になっても、安く大量の貨物を運べる船舶運輸が廃《すた》れることはありません。船舶の航路は地形に制約されますから、地政学の重要性も変わらないのです。

スーダンは一日として統一国家だったことはない

現在のスーダンは、イギリス植民地「アングロ・エジプト・スーダン」が独立したもの。国土の大半がサハラ砂漠で、北部ではアラブ人のイスラム教徒、西部のダルフール地方では黒人のイスラム教徒が多いのに対し、南部では黒人が多数派で、伝統的な自然崇拝（多神教）とキリスト教徒の世界です。

スーダンは、19世紀に**エジプト**の支配下に入り、奴隷と金を取り立てられました。イスラム法では奴隷にできるのは異教徒だけですが、実際には西部ダルフール地方の黒人イスラム教徒も奴隷化されました。

19世紀末に、神学者ムハンマド・アフマドが、エジプトおよびイギリスの侵略者に対する聖戦《ジハード》を呼びかけ、救世主《マフディー》と自称します**（マフディーの反乱）**。

約20年に及ぶ激戦の末、マフディーの病死でマフディー教団国家は崩壊。イギリス植民地「アングロ・エジプト・スーダン」が成立します。イギリスはインドで行なった分割統治のやり方をスーダンでも応用し、北部のイスラム教徒を厳しく管理する一方、南部のキリスト教徒を優遇しました。

ですから第二次世界大戦後に独立運動を起こしたのは北部のイスラム教徒でした。彼らはイギリスがスエズ戦争に失敗したのを見て、同年にスーダン独立を宣言します（1956）。ところが、北部中心のスーダン政府に対し、**南部キリスト教徒が分離独立運動**を開始し、第一次内戦が始まるのです。

エジプトのナセルに影響された親ソ派のヌメイリ将軍が軍事クーデタで独裁権を握り（1969）、社会主義による民族融和を図ります。しかし計画経済は失敗、80年代にはイスラム原理主義に転向し、南部キリスト教徒にイスラム法を適用しようとしたため内戦再開。

ヌメイリの失脚後は、**イスラム原理主義勢力の支持を受けたバシール将軍**が大統領となります（1989）。要するにこの国は独立以来、統一国家だったことは一日もなく、内戦と軍事政権が続いているという状態です。南部は完全に放置され、乳児死亡率は10％以上、小学校を卒業できる子どもは20％以下という現状です。だから南部をスーダンから切り離して、独立国家にすればうまくいくだろうと、南部の人々は考えてきたのです。

石油利権の陰に中国が

2011年、南スーダン独立の是非を問う住民投票が行なわれ、99%が賛成票を投じました。そもそも独立阻止の内戦で200万人殺しておいて、「あなたは独立に賛成ですか?」と聞いたら、全員賛成に決まっています。こういう住民投票をチベットやウイグルでやれば、同じような結果になるでしょうが、中国政府はそのような住民投票を絶対に認めません。

それではなぜスーダン政府は、住民投票を認めたのか?

バシール大統領という人は、「人権意識の高い、開明的な人物」なのか?

とんでもありません。

民族イスラム戦線（ムスリム同胞団のスーダン支部）を支持基盤とする軍人大統領です。1989年のクーデタで政権を握ると、全政党を解散。軍司令官、大統領、首相を兼任。

イスラム原理主義者の支持を得るため、南部のキリスト教徒に対して異教徒税（ジズヤ）を課そうとしたうえ、混乱に乗じて独立を企てた西部ダルフール地方の黒人イスラム

油田をめぐる争いが絶えない南北スーダン

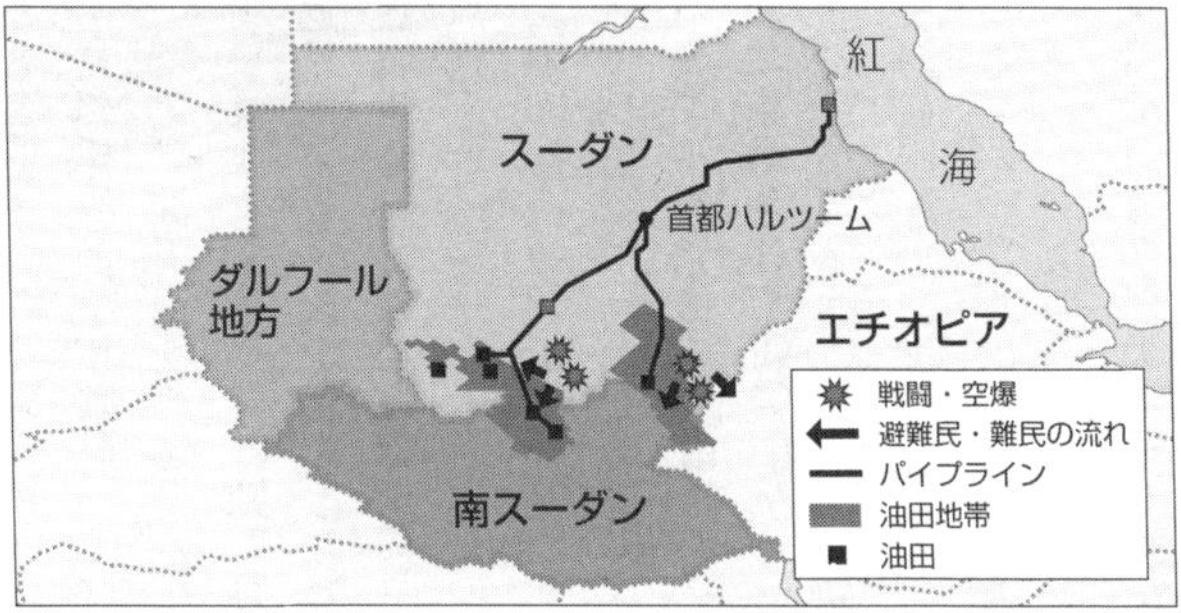

南北の国境付近にある油田地帯で、軍事衝突が多発しており、予断を許さない。

教徒に対しては、アラブ人民兵を送りこんで30万人を殺し（ダルフール紛争）、「人道に対する罪」、「大量虐殺」容疑で国際刑事裁判所から訴追され（２００８）、アメリカ政府によってスーダンは「テロ支援国家」に認定されています。

ちなみにテロ支援国家は、アメリカ国務省が年次報告書で指定します。指定されると、経済援助、武器援助、世界銀行の融資が停止されます。２０１１年現在、キューバ、イラン、シリア、スーダンが指定されています。北朝鮮の指定はブッシュJr.政権が解除し（２００８）、拉致問題を重視する日本の第一次安倍政権との軋轢《あつれき》を生みました。

国際的に孤立無援になったバシール政権を支えたのが、中国です。

もともとアメリカのシェブロン石油がスーダンの油田を開発しましたが、イスラム過激派のテロの標的となり撤退。代わって入ってきたのが、**中国国営の中国石油（ペトロチャイナ）**です。油田と鉄道建設のため、数万人の中国人労働者を引きつれてスーダンに乗り込んでいます。スーダンの最大の輸出品は石油、その80％が中国向けになったのです。**見返りにスーダンが求めるものが、安い中国製の兵器**です。これを使って南部や西部の独立運動を潰してきたのです。

ところがその中国が、最近になってバシールから距離を置き始めました。

スーダンの油田の75％は南部にあります。南スーダンの独立を止められないのであれば、バシールを見捨てて南スーダンに乗り換えたほうが得策……。

中国に見離されて弱気になったバシールに、米国がささやきます。

「南部の独立を認めたら、テロ支援国家の指定を解除するよ。経済援助も再開できるし、米国製の武器も……」

こうしてバシールは、南部での住民投票実施をしぶしぶ認めたわけです。

南スーダンは２０１１年に独立を宣言しました。

しかし心配されていた通り、南北の境界線上にある油田地帯で軍事衝突が起こっています。国連は多国籍の平和維持軍を展開し、日本もインフラ整備など人道支援の目的で400名の陸上自衛隊員を派遣していますが、憲法の制約により行動を縛られています。

2013年には南スーダン軍内部で内戦が発生、駐留韓国軍の弾薬が不足し、自衛隊が1万発の銃弾を貸すという出来事がありました。集団的自衛権の行使ではないかと非難する声が日韓両国で起こり、韓国政府は謝意も示しませんでした。戦地で味方が危機にさらされたとき、武器を融通したり、場合によっては応戦したりするのは当然です。自衛隊の任務を憲法解釈で無理に制限してきたからこういう奇妙なことが起こるのです。

さて、南スーダンの弱みは海です。

海に面していないので、北スーダンを通るパイプラインを使って紅海に積み出すしかありません。当然、北はパイプラインの使用料を要求してくる。そこで南スーダンは、ケニア経由でインド洋、エチオピアからジブチ経由で紅海へ出るパイプラインを計画しています。これにはトヨタ自動車の子会社が出資しています。

マグリブ諸国とナイジェリア

アルジェリアを中心とする北アフリカ諸国（マグリブ諸国）は、19世紀以来、フランスの植民地でした。コロン（入植者）と呼ばれるフランス系住民が大農園を営み、イスラム教徒の先住民（アラブ人・ベルベル人）を抑圧してきたのです。北アフリカ諸国の国境に直線が多いのも、フランスが住民を無視して勝手に引いた線だからです。

第二次世界大戦後、フランス領インドシナ（ベトナム）で起こった独立戦争が、アルジェリアに飛び火しました。民族解放戦線（FLN）が挙兵し、エジプト革命を起こしたナセルとも共闘して、フランスのド・ゴール大統領にアルジェリア独立を認めさせます。

初代大統領のベン・ベラは、エジプトのナセルやリビアのカダフィと肩を並べるアラブ民族主義の指導者として、ソ連から支援を受け、反欧米・反イスラエルの立場を明確にしました。このため**ソ連が衰退すると支援が滞り、ソ連型社会主義をモデルにした非効率な計画経済も経済成長の妨げになり、党官僚の腐敗が深刻化**します。革命の熱気も薄れ、FLN長期独裁政権から人心が離反していきます。

出稼ぎ労働者という名の経済難民が生まれ、フランス語を話せるアルジェリア人やチュニジア人、モロッコ人は旧宗主国のフランスへ流れ込みました。パリの近郊には北アフリカ諸国からの労働者を受け入れる団地が建設されますが、第一次石油危機（１９７３）を機にフランス経済が低成長期に入ると移民労働者が真っ先に解雇され、**パリ近郊の失業問題と治安の悪化**が深刻化していきます。

フランス革命後、政教分離を徹底したフランスでは、公立学校に通うイスラム教徒の女生徒が、スカーフで髪を隠すことさえ問題視されます。こうした文化的な軋轢《あつれき》を背景にして、パリ近郊では移民の若者が大規模な暴動を起こし（２００５）、フランス社会には移民排斥運動が高まって、フランス政府も滞在資格を厳格化します。

本国でも、フランスでも行き場をなくした人々に、希望と自信を与えたのが過激イスラム思想でした。ネットを通じてアルカイダやＩＳ（イスラム国）の戦闘員に志願する移民の若者も多く、フランス社会が抱える時限爆弾となっています。イスラムの預言者ムハンマドを風刺した新聞社が襲撃され、記者多数が殺害される事件（２０１５）も起こりました。高齢化が進む日本でも、財界を中心に労働力確保のため移民労働者を受け入れるべきだ、という意見がありますが、欧州の失敗を踏まえた議論を進めるべきでしょう。

アルジェリア本国ではイスラム救国戦線（ＦＩＳ）が組織され、１９９１年の選挙では

FLN政権を脅かす勢力として注目されました。しかし投票直前に軍事クーデタが発生して選挙は中止され、FISは非合法化されます。

選挙による政権獲得を封じられたイスラム過激派は武力による政権奪取を目指し、軍事政権との間で10年以上に及ぶ凄惨な内戦が始まったのです。犠牲者は4万人以上といわれます。

しかし、政府側とみなされた町や集落の住民にたいする無差別虐殺によって、イスラム過激派は草の根の支持を失っていきました。軍部も民政移管に応じ、独立戦争の闘士ブーテフリカが大統領に当選、投降したゲリラには恩赦を与えることで、内戦はようやく終結しました（2002）。

なおも抵抗を続けるグループは、「**イスラム・マグリブ諸国のアルカイダ**」と名乗り、モロッコからリビアまでの北アフリカ（マグリブ地方）を異教徒や不信心者から「解放」し、『コーラン』を法とするイスラム国家の樹立を掲げます。

「アラブの春」の影響を受けてリビアで内戦が起こると、反政府勢力の傭兵として参加し、崩壊したカダフィ政権の武器庫から大量の武器を奪いとったのです。

2013年、リビアと国境を接するアルジェリア南東部の**天然ガス精製プラントが武装集団に襲撃**され、日本企業・日揮《にっき》の駐在員10人を含む48人が犠牲になりました。アルジェ

過激イスラム思想が広がる西アフリカ

ボコ・ハラムをはじめとしたイスラム過激派が、次から次へと現われている。

リア政府の収入源を断って政権を揺さぶるのが目的だったようです。

　隣国マリでは、南部の黒人政権（キリスト教徒）に対して**北部アザワド地方**のイスラム教徒が独立運動を起こし、これに乗じてイスラム過激派が北部に実効支配を拡大、**世界遺産トンブクトゥ遺跡の聖廟を破壊**しました。イスラムの聖者をまつる聖廟は、『コーラン』が禁じる「偶像崇拝」であるという理由ですが、観光業に打撃を与え、外国人観光客を排除するという目的もあります。

　イスラム過激派の手は、さらに南に及んでいます。イギリス植民地から独立したナイジェリアも多民族国家で、南部の黒人政権（キリスト教徒）に対して北部のイスラム教徒が独立運動を展開。２００２年以降、イスラム過激派の**ボコ・ハラム**が活動を始めました。「ボコ」は「西洋式教育」、「ハラム」は「罪」。最初は警察署や軍関係施設への襲撃を繰り返していましたが、やがてターゲットを学校に移し、大学の学生寮で銃を乱射したり、240人の女子学生を拉致し、「奴隷として売り飛ばす」と声明を出したりするなど、犯行をエスカレートさせています。2015年にはIS（イスラム国）のカリフ（指導者）に忠誠を誓っています。

このような狂信者の集団が、叩いても、叩いても、雨後のタケノコのように次から次へと現われるのは、それを生み出す社会的な理由があるからです。石油収入があるナイジェリアは、アフリカでは比較的豊かな国ですが、富の不均衡が是正されず、官僚の腐敗が蔓延しています。ナイジェリアの現状は、まさにアフリカの縮図といえます。

アフリカが抱える問題の基本構造は同じ

以上、直接日本との関わりがある地域としてソマリアとスーダン、マグリブ諸国を取り上げましたが、他のアフリカ諸国が抱える問題も根本的にはみな同じです。

①帝国主義の時代に、**民族・言語分布を無視した国境線**が引かれ、そのまま独立してしまった結果、ほとんどすべての国が民族紛争を抱えていること。

②**豊富な地下資源と武器市場**を狙って、大国が介入を続けてきたこと。ソ連崩壊でロシアが引いたあとは、**中国のアフリカ進出**が加速している。

この結果、豊富な資源は独裁政権と外資に吸い上げられ、国民の多くは貧困の中に放置され、十分な教育を受けられずにきました。無知と貧困が独裁政権を支え、富が吸い上げられ……という悪循環。最終的にはアフリカの人々の覚醒を待つしかないのですが……。

中国は近年、莫大な額のアフリカ投資をしてきました。しかし中国企業は、労働者まで中国から連れてくるので、現地人の雇用には繋がらず、あるいは現地人労働者を低賃金で雇用し、不当に安く資源を手に入れている、という不満が高まり、ザンビアでは中国資本の鉱山で暴動が発生しています。

日本にできることは何か？

政府開発援助（ＯＤＡ）などの形で相手国政府に現金を渡すと、そのカネがどこかに消えてしまって国民に行き渡らないことが途上国ではよくあります。だから日本企業が進出して現地の人々を雇い、職業訓練をして、直接給与を支払うほうがよいのです。

嘘をつかない、仕事に責任を持つ、といった日本人が持つ倫理観こそが、資源のない日本を、欧米諸国と並ぶ大国の地位に押し上げました。このことをアフリカの人々に理解してもらえたら、それが最大の援助になると思います。

また、アフリカのどんなに貧しい小国でも国連総会では1票を行使できます。日本が目指す国連安保理の改革（日本やドイツ、インドの常任理事国入り）には、アフリカ諸国の協力が必要なのです。

エピローグ　2050年の世界と日本

英国の『エコノミスト』誌が「2050年の世界」という未来絵図を描いています（2013）。

・世界人口は20億人増えて90億人を突破。アフリカの成長が著しい。
・経済大国は、中国・米国・インド・ブラジル・ロシア・インドネシア・メキシコになる。
・EU諸国、日本は高齢化で衰退する。日本の平均年齢は52・3歳。GDPは3分の1に減少している。

この予測が出たのは2013年、日本では3年続いた民主党政権が崩壊し、自民党の第2次安倍内閣が発足したばかりでした。世界金融危機のあと、2009年に発足した民主党政権が放置した円高株安によるダメージで日本経済は底を打った状態にあり、逆に中国は2010年にGDPで日本を抜いて世界第2位の経済大国に躍り出たばかりでした。『エコノミスト』誌の中国礼賛、BRICS礼賛、日本に対する悲観的な見方は、このような時代背景によるものです。

その後、第2次安倍政権が「アベノミクス」を始動し、日銀の大規模な金融緩和によって日本経済は円安株高に転じ、7000円台だった日経平均株価は2万円台に達しました。逆に中国は不動産バブルが失速し、元高と労働コストの上昇によって「世界の工場」の地位を失いつつあります。石油価格の暴落により、産油国のロシア、ブラジルは青息吐息。一時はもてはやされたBRICSという言葉も、ほとんど聞かれなくなりました。かつて「中国進出に乗り遅れるな!」と煽っていた経済誌が、いまでは「いかに中国から撤退するか」という記事を書いています。

わずか2~3年後のことさえ予測が困難だということです。

ですから、2050年の世界を予測しても、多分当たらないでしょう。ただ、これだけは言えます。各国は相変わらず生存競争を続けており、世界政府みたいなものは成立していない。衰退するアメリカに取って代わるだけの超大国は現われず、EU、ロシア、イラン、インド、中国などの地域覇権国家による世界分割が進んでいるだろうと。

日本はどこへ行くのか。

戦後70年以上、日本はアメリカの「保護国」として日米安保体制に依存しつつ経済成長に専念し、西側（シーパワー）陣営の一角に地位を築いてきました。戦後日本の主流派であった「親米保守」の立場です。しかしアメリカの覇権は臨界点を超えて衰退期に入っており、日本が今後もこの地位にしがみつけば、やがて泥舟と運命を共にすることになるでしょう。

これからは中国と手を組むべきだ、という主張もあります。元中国大使の丹羽宇一郎《にわういちろう》氏、元外交官の孫崎享《まごさきうける》氏、元民主党代表の岡田克也《おかだかつや》氏らの主張です。日本が中国の保護下に入れば、日中関係は劇的に好転するでしょう。丹羽氏が会長を務めた伊藤忠商事、岡田氏の兄が経営するイオンをはじめ、中国進出企業には利益をもたらすかもしれません。

しかしそれは、日中両国民の幸福には繋がりません。中国は共産党の一党独裁体制であり、言論・集会の自由はもちろん、財産権さえ制限されています。チベット・ウイグルなどの少数民族はもとより、漢民族の一般大衆が正当な権利を主張できないでいるのです。複数政党制と公正な選挙を訴えた作家の劉暁波《りゅうぎょうは》氏は２０１０年のノーベル平和賞を受賞しましたが、北京政府に拘束されて授賞式に出席できず、いまも獄中にいます（２０１７年没）。

日本が中国の保護国になることは、これまで日本が守ってきた政治的・経済的自由を失うことにほかなりません。「日中友好派」の言論人・財界人が唱える「友好」とは、北京の独裁政権との友好です。彼らは北京政府による人権抑圧に抗議することはありません。中国共産党が好んだ表現を使えば、「日中友好派は、日中両国人民の共通の敵」なのです。

アメリカ頼むに足らず、中国近寄るべからず、とすれば、「第三の道」は明らかです。日本が自主防衛を実現し、東アジアにおける自由主義諸国のリーダーになることです。

南シナ海の権益を中国と争うフィリピンは日本からの巡視船の提供を求め、オーストラリアは日本からの潜水艦の輸入を求めています。将来は、米軍に代わって自衛隊（名称は変わるかもしれません）の駐留を求めてくるかもしれません。これら西太平洋の海洋諸国家（シーパワー）を束ねてＮＡＴＯ（北大西洋条約機構）の太平洋版——西太平洋条約機構（ＷＰＴＯ）を結成し、日本がその要《かなめ》になるのです。２０５０年までという戦略目標を立て、それまでに憲法改正を含む国内法の整備、兵器の国産化を進める。そして防衛費を支えるために年率２～３％の経済成長を維持する。

未来は確定的なものではなく、これから作っていくものです。本書執筆時（２０１５）に20歳の若者が、35年後に55歳になったときの国のイメージを、いまから作っていく。

明治維新（１８６８）から約35年後、日本はロシアとの戦争に勝利して列強の一員になりました。

絶望的敗戦（１９４５）から約35年後、日本は経済力でアメリカを脅かし、ＧＤＰ世界第二位の経済大国になりました。

日本人には、どん底から立ち上がるという底力があります。

「第二の敗戦」といわれたバブル崩壊の後遺症からようやく脱却しつつある日本。再び新たな「坂の上の雲」を目指して、はい上がる時代を迎えたのです。

地政学を学ぶための参考図書

『地政学入門』曽村保信　中公文庫
冷戦末期に書かれた本なので国際情勢分析は古いが、地政学の理論を知るための手軽な入門書としては便利。

『地政学で世界を読む』ブレジンスキー／山岡洋一訳　日本経済新聞社
著者は米国カーター政権の大統領補佐官。「日本は米国の属国」というキッシンジャー以来のアメリカ親中派の本音がよくわかる本。

『地政学　アメリカの世界戦略地図』奥山真司　五月書房

『〝悪の論理〟で世界は動く！　地政学——日本属国化を狙う中国、捨てる米国』奥山真司　李白社
著者は、地政学およびリアリズム国際関係論の翻訳と普及のため活躍中。ニコニコ動画でも地政学解説の番組を持っている。

「スタンダード・ジャーナル」http://ch.nicovideo.jp/strategy

「地政学を英国で学んだ」http://geopoli.exblog.jp/

『地政学の論理　拡大するハートランドと日本の戦略』中川八洋　徳間書店

英米系地政学を「正統」、ドイツ地政学を「異端」とする立場から、舌鋒鋭く異端審問を展開する。

『マッキンダーの地政学　デモクラシーの理想と現実』 マッキンダー／曽村保信訳　原書房

英米系地政学の古典的名著だが、翻訳が非常に読みやすい。

『マハン　海上権力論集』 麻田貞雄編・訳　講談社学術文庫

マハンの大著『海上権力史論』も翻訳があるが、読みにくいのでこちらをお勧めする。

『地政学の逆襲』 ロバート・D・カプラン／櫻井裕子訳　朝日新聞出版

著者は米国人の国際ジャーナリストで民間情報機関の分析官。古典地政学をベースに、21世紀初頭の国際情勢を概観する名著。

祥伝社黄金文庫

世界史《せかいし》で学《まな》べ！ 地政学《ちせいがく》

平成31年4月20日　初版第1刷発行

著　者　茂木《もぎ》　誠《まこと》
発行者　辻 浩明
発行所　祥伝社《しようでんしや》
〒101－8701
東京都千代田区神田神保町3－3
電話　03（3265）2084（編集部）
電話　03（3265）2081（販売部）
電話　03（3265）3622（業務部）
http://www.shodensha.co.jp/

印刷所　堀内印刷
製本所　ナショナル製本

Printed in Japan　©2019, Makoto Mogi　ISBN978-4-396-31754-6 C0120